宏观经济政策与发展规划研究

庞云鹏　李海勇　王皓钰◎主编

图书在版编目（CIP）数据

宏观经济政策与发展规划研究 / 庞云鹏, 李海勇, 王皓钰主编. -- 长春 : 时代文艺出版社, 2023.12
ISBN 978-7-5387-7251-7

Ⅰ. ①宏… Ⅱ. ①庞… ②李… ③王… Ⅲ. ①宏观经济－经济政策－研究－中国②经济规划－研究－中国 Ⅳ. ①F120

中国国家版本馆CIP数据核字(2023)第205776号

宏观经济政策与发展规划研究
HONGGUAN JINGJI ZHENGCE YU FAZHAN GUIHUA YANJIU
庞云鹏　李海勇　王皓钰　主编

出 品 人：吴　刚
责任编辑：孟宇婷
装帧设计：文　树
排版制作：隋淑凤

出版发行：时代文艺出版社
地　　址：长春市福祉大路5788号　龙腾国际大厦A座15层　(130118)
电　　话：0431-81629751（总编办）　0431-81629758（发行部）
官方微博：weibo.com/tlapress
开　　本：710mm × 1000mm　1/16
字　　数：300千字
印　　张：16.25
印　　刷：廊坊市广阳区九洲印刷厂
版　　次：2023年12月第1版
印　　次：2023年12月第1次印刷
定　　价：76.00元

编 委 会

主 编

庞云鹏 山东省淄博市博山区社会保险事业中心
李海勇 山东省潍坊市临朐县公路事业发展中心
王皓钰 广西壮族自治区云宝宝大数据产业发展有限责任公司

副主编

房 琨 山东省济南市长清区自然资源局
侯传朋 山东省华通建设发展集团有限公司
胡春阳 山东省科技馆
李 政 北京市国能生物发电集团有限公司
刘兴贺 综合开发研究院
孙红国 山东省临沂市莒南县政务服务中心
吴小兰 中国船舶工业综合技术经济研究院

编 委

刘娉婷 广东省广州市珠江城置业有限公司

（以上副主编排序以姓氏首字母为序）

前　言

当今社会，世界各国经济联系日益密切，生产和交换等经济活动呈现国际化趋势，资本流动和其他生产要素均在全球范围内进行，国际市场进一步扩大，人们称之经济全球化。在此背景下，宏观经济政策的国际协调问题成为经济全球化中的重要课题。我国在加入 WTO 后，与世界经济联系进一步加深。

自从 20 世纪 50 年代以来，学术界在论述内外均衡时，产生了有名的“米德冲突”思想、“丁伯根法则”、斯旺内外均衡模型、蒙代尔 - 弗莱明模型。特别是蒙代尔 - 弗莱明模型（MF 模型），将体现财政政策和货币政策的 IS、LM 曲线和体现汇率政策的 BP 曲线联系起来，集中分析了不同汇率制度和资本流动下财政政策和货币政策在内外市场均衡中的协调配合。他们得出一个重要的结论：固定汇率制和资本完全流动下，财政政策比货币政策更有效；在浮动汇率和资本完全流动下，货币政策非常有效。1962 年，蒙代尔提出“政策配合说”，强调以货币政策促进外部均衡，以财政政策促进内部均衡。这些理论，已成为现代经济全球化形势下世界各国进行宏观经济政策国际协调的理论基础。

目 录

第一章　宏观经济管理

第一节　市场需求

市场经济是一种经济体系，在这种体系下市场在资源配置中起决定性作用。市场经济中价格主要由供给和需求决定，并通过价格引导资源的配置，解决生产什么、怎样生产以及为谁生产的问题。

一、需求、供给与均衡价格

（一）市场需求

1. 需求的含义

需求是指在一定时间内和一定价格条件下，消费者对某种商品或服务愿意而且能够购买的数量。需求的构成要素有两个：一是消费者有购买意愿，二是消费者具有支付能力，二者缺一不可。

某种产品的市场需求是指在一定时间内和一定价格条件下，所有消费者对某种商品或服务愿意并能够购买的数量。

2. 影响需求的基本因素

（1）消费者偏好。

（2）消费者的个人收入。一般而言，消费者收入增加将引起需求增加。反之，则需求减少。

（3）产品（或服务）价格。

（4）替代品的价格。在相互替代商品之间，某一种商品价格上升，消费者就会把其需求转向替代品，从而使替代品需求增加，被替代品需求减少。

（5）互补品的价格。在互补商品之间，一种商品价格上升，需求数量降低，另一种商品需求数量也会降低。

（6）预期。如果消费者预期价格上涨，会刺激人们提前购买；反之则推迟购买。

（7）其他因素。如商品的品种、质量、广告宣传、地理位置、季节、国家政策等。

3. 需求规律和需求曲线

一般情况下，需求数量和价格的变动呈反方向变化。价格与需求数量之间这种反方向变化的关系构成需求规律，反映这种关系的曲线称作需求曲线。

（二）市场供给

1. 供给的含义

供给是指在一定时间内和设定价格水平下，生产者愿意并能够为市场提供某种商品或服务的数量。市场供给是指所有生产者供给某种商品或服务的总和。

2. 影响供给的基本因素

（1）产品价格。在其他条件不变的情况下，某种产品的价格和其供给数量的变动呈正方向变化。

（2）生产成本。在其他条件不变的情况下，成本降低，供给数量会增加。反之，则供给减少。

（3）生产技术。技术水平在一定程度上决定着生产成本并进而影响供给数量。

（4）预期。生产者或销售者的价格预期往往会引起供给数量的变化。

（5）相关产品的价格。

（6）其他因素。包括生产要素供求变化以及国家政策变化等。

3. 供给规律和供给曲线

市场上商品或服务的供给数量和市场价格呈正方向关系变化。这种供给数量与价格之间的正向关系构成供给规律，反映这种关系的曲线称作供给曲线。

（三）均衡价格

1. 均衡价格及其形成

均衡价格是指一种商品需求量与供给量相等时的价格。此时，消费者为购买一定商品量所愿意支付的价格与生产者为提供同一商品量所愿意接受的价格一致。在图形上，均衡价格是商品的供给曲线与需求曲线相交时的价格。

如果市场价格高于均衡价格，市场上出现超额供给，超额供给会使市场价格趋于下降至均衡价格；如果市场价格低于均衡价格，则市场上出现超额需求，超额需求会使市场价格趋于上升至均衡价格。在供给和需求力量的相互作用，使市场价格趋于并稳定于均衡价格。与均衡价格对应的供给量称为均衡产量。

均衡价格的形成就是价格决定的过程，是在市场上供求双方互动过程中自发形成的。如果有外力的干预（如垄断力量、政府价格干预），所形成的价格就不是均衡价格。

2. 最高限价与保护价格的影响

最高限价和保护价格（最低限价）是世界上许多政府为响应公众要求而经常采用的、有理由的价格干预措施。但仅从经济角度看，其后果通常是：当实行最高限价时，会出现市场短缺现象、排队现象、以次充好和缺斤短两等变相涨价现象。在对生活必需品持续实行最高限价后，政府往往不得不放弃最高限价或实行配给制；当实行保护价格时，会出现过剩现象，如果没有伴随政府收购，就会出现变相降价。

3. 需求与供给变动对均衡价格的影响

均衡价格会随着市场供求关系的变化而变化。

（1）需求变动对均衡价格的影响。当需求增加时，会引起均衡价格上升，均衡产量增加；当需求减少时，会引起均衡价格下降，均衡产量减少。也就是说，需求变动引起均衡价格与均衡产量同方向变动。

（2）供给变动对均衡价格的影响。当供给增加时，会引起均衡价格下降，均衡产量增加；当供给减少时，会引起均衡价格上升，均衡产量减少。也就是说，供给变动引起均衡价格反方向变动，均衡产量同方向变动。

二、市场如何解决三大基本问题

任何一个经济体，都面对着三个基本问题，即“生产什么、生产多少”“如何生产”“为谁生产”。以价格机制为核心的市场机制，能自发解决这三个基本问题。市场解决这三个基本问题的过程，也就是市场经济的自组织过程。

1. 市场怎样解决“生产什么、生产多少”的问题

如果市场上某种产品相对于其用途过于稀缺，其价格会过高，传递出供不应求的信息，生产者就会产生多生产该产品的动机，而消费者就产生少用或不用该产品的动机，进而引起价格下落，直到其稀缺程度符合其用途为止。

如果某种产品相对于其用途过于丰裕，其价格会过低，传递出供过于求的信息，消费者就产生多使用该产品的动机，而生产者则产生少生产或不生产该种产品的动机，进而带来价格上涨，直至其稀缺程度符合其用途为止。由此，市场自动解决了“生产什么、生产多少”的问题。

2. 市场怎样解决“如何生产”的问题

“如何生产”是指生产者如何组合配置资源。生产既定产品，采用相

对劳动密集的组合方案，抑或相对资本密集的组合方案，企业会通过成本核算，选择成本最低的要素组合方案进行产品生产。市场竞争环境，促使生产者不断追求技术进步，降低要素组合成本，提高资源利用效率。由此，市场自动解决了“如何生产”的问题。

3. 市场怎样解决“为谁生产”的问题

“为谁生产”是指产品在社会成员之间如何分配的问题。它取决于市场上的家庭、个人的收入状况。市场经济条件下的收入分配格局，取决于各种生产要素在生产过程中的贡献以及生产要素的占有结构。收入格局将决定人们对各种产品的消费意愿和支付能力，并使产品在社会成员（要素所有者）之间进行分配。由此，市场自动解决了“为谁生产”，即产品在社会成员之间的分配问题。

三、市场效率与市场失灵

（一）市场效率

市场效率是指资源配置效率。在完全竞争状态下，当整个经济的价格体系恰好使宏观经济政策与发展规划所有的商品供求都相等时，经济就处于一般均衡状态。此时，资源配置实现了“帕累托效率”，一种理想的状态。如果既定的资源配置状态能够在其他人福利不下降的情况下，通过重新配置资源，使得至少一个人的福利水平有所提高，则这种资源重新配置被称为“帕累托改进”。帕累托效率状态是不存在帕累托改进可能的资源配置状态。

（二）实现市场效率的条件

整个经济实现一般均衡，资源配置达到帕累托效率状态，是一种理想状态。这种理想状态的实现是有条件的。市场效率实现的条件在于完全竞争市场。在完全竞争市场中，有大量的买者和卖者；市场上同种商品的每一个厂商生产的产品是无差异的；所有的经济资源在各行业间完全自由流动；市场上从事交易的每一个人掌握的信息是完全的；经济主体是完全理性的。在上述条件约束下，市场上每一个消费者和生产者都是既定市场价格的接受者。

（三）**市场失灵**

现实市场经济中，市场机制在一些场合不能导致资源的最优配置，这种情况称为“市场失灵”。

1. 不完全竞争市场

在完全竞争条件下，任何企业或个人都无法影响价格。而当买者或卖者能够左右一种商品的价格时，就出现了不完全竞争。例如，一个电话公司大到足以影响电话服务收费水平。不完全竞争市场分为三种类型，即垄断市场、寡头市场和垄断竞争市场。它们的垄断程度依次降低。

（1）垄断市场。是指整个行业只有一个厂商的市场结构。在这个市场中，排除了任何竞争，垄断厂商控制了整个行业的生产和销售，可以控制和操纵市场价格。

（2）寡头市场。是指少数几家厂商控制产品生产和销售的市场结构。

（3）垄断竞争市场。是指一个市场中有许多厂商生产和销售有差别的同种产品，而每个厂商对自己的产品价格都具有一定的垄断力量。

竞争是导向经济效率的基本环节。不完全竞争市场不能实现最有效率的资源分配，垄断产量和垄断价格均不满足帕累托最优条件。其中垄断市场的效率最低。

2. 外部性

在很多时候，某个人（生产者或消费者）的一项经济活动会给其他社会成员的福利带来好的或坏的影响，而他本人又未因此获得补偿或支付费用。这种对其他社会成员的福利影响称为“外部性”。

外部性又因经济活动主体的不同分为：生产的正外部性、生产的负外部性；消费的正外部性、消费的负外部性。

（1）正外部性。当一个人（生产者或消费者）的经济活动给其他社会成员带来好处，但他自己却不能由此获得全部补偿。这个人从其活动中获得的利益小于该活动带给全社会的利益。如许多技术创新使全世界受益，而创新者只获得了交易中的利润。

（2）负外部性。当一个人（生产者或消费者）的经济活动给其他社会成员带来危害，但他自己却未为此支付足够抵偿这种危害的成本。这个人为其活动所支付的私人成本小于该活动带来的社会成本。如航空公司制造了大量噪声，但其并未对机场附近的居民予以补偿。

在存在各种形式的外部性影响的情况下，完全竞争条件下的资源配置将偏离帕累托最优状态。原因在于：在存在正外部性的情况下，某人采取某项行动的私人利益小于社会利益，这个人会不进行或少进行这项活动，尽管这项活动对社会福利的改进是有利的；在存在负外部性的情况下，某人采取某项活动的私人成本小于社会成本，获取的私人利益大于社会利益，这个人会积极于这项活动，尽管这项活动有损于社会福利的改进。

3. 公共物品

经济社会生产的产品大致可以分为两类，一类是私人物品，一类是公共物品。

私人物品具有两个鲜明的特点：第一是“排他性”，只有对商品支付了价格的人才能享受该商品；第二是“竞争性”，如果某人已经消费了某商品，则其他人就不可能再同时消费该商品。市场机制的配置只有在具备上述两个特点的私人物品场合才能真正有效率。

公共物品具有两个鲜明的特点：第一是“非排他性”，第二是“非竞争性”。“国防”是缺乏排他性和竞争性的典型例子。一个公民拒绝支付国防费用，依然可以享受国防的好处（非排他性）；一个新生人口的出现，并没有减少原有人口的国防消费水平（非竞争性）。由于非排他性与非竞争性的存在，消费者会产生不支付或少支付公共物品价格的动机和行为，导致私人厂商不愿进入公共物品领域，最终导致公共物品供给量通常会低于最优数量。公共物品的存在，是导致市场失灵的一个重要原因。

4. 信息不完全和不对称

信息的作用在于减少经济主体的决策风险和失误。完全竞争市场的一个重要假定是完全信息。在现实生活中，信息常常是不完全的，在买方与卖方之间有时是不对称的，此时市场机制不能很好地起作用，生产者可能带有一定的“盲目”性，导致实际产量过分高于或低于均衡产量；消费者的消费选择也会出现“失误”，购买了坏产品或错过了好产品。

当市场信息不充分和不对称时，还会产生“逆向选择”问题。逆向选择是指由于交易双方信息不对称和市场价格下降产生的劣质品驱逐优质品，进而出现市场交易产品平均质量下降的现象。例如，在产品市场上，特别是在旧货市场上，由于卖方比买方拥有更多的关于商品质量的信息，买方由于无法识别商品质量的优劣，只愿根据商品的平均质量付价，这就使优质品价格被低估而退出市场交易，结果只有劣质品成交，进而导致交易的停止。

按常规，降低商品的价格，该商品的需求量就会增加；提高商品的价格，该商品的供给量就会增加。但是，由于逆向选择的存在，有时降低商品的价格，消费者也不会增加购买；提高价格，生产者也不会增加供给。对于市场机制来说，逆向选择意味着市场的低效率，意味着市场的失灵。

四、市场经济中的国家（政府）职能

（一）国家（政府）干预的逻辑依据

1. 市场经济本质上是法治经济。市场在资源配置中决定作用的发挥，有赖于国家法律制度捍卫产权尊严，维护市场秩序，保障公平竞争。

2. 对于市场失灵（不完全竞争、外部性、公共物品、信息不完全与不对称）的问题，需要政府相应法规及微观干预措施加以克服。

3. 有效率的经济仍然可能存在公平方面的缺憾，市场经济并不必然带来公平（均等）的收入分配。公平与否属于伦理规范性问题，是一个政治问题。

4. 宏观经济运行的周期性波动。

在市场经济中，基于上述逻辑，政府的作用主要表现在：维护市场秩序、提供公共服务、影响收入分配、稳定宏观经济。

（二）市场经济中的国家（政府）职责

1. 用法律制度维护市场经济秩序

法治经济，是指国家通过制定法律、法规，调整经济关系，维护经济秩序，规范经济行为，使整个经济在法律的约束下运行。用法律捍卫产权、维护契约、统一市场，保障平等交换、公平竞争。用负面清单管理市场，法无禁止皆可为；用正面清单约束公权，法无授权不可为。

2. 针对市场失灵的公共政策

矫正市场失灵的政府政策措施，概括为提高市场效率的微观经济政策。

（1）针对不完全竞争（垄断）的对策。

1）反垄断法。用反垄断法来规范垄断企业的市场力量，确保经济自由，尤其是要保护小企业进入市场和生存的自由。

2）价格管制。价格管制可以通过设定最高利润率、固定资本收益率、最高价格（限价）等方式进行。

3）设立公共企业。在自然垄断环境下设立公共企业，曾在欧洲被认为是有效工具，而在美、日被赋予的作用较小。目前对公共企业的看法趋于消极。

（2）针对负的外部性的公共政策。外部性问题的根源在于私人成本不等于社会成本。解决外部性问题的核心是使行为主体造成的社会成本内部化。可以通过以下方式来达到目的：

1）对产生负外部性的活动征税。

2）提供消除负外部性的激励措施（包括通过补贴促市场上使用净化技术、改用清洁能源、原材料等，减少污染）。

3）可转让产生负的外部性的权力（污染许可证）。

4）规范经济主体的行为（管制）。

（3）公共物品与公共政策。纯粹的公共物品是少而又少的，非排他性和非竞争性都只是程度问题。同时具有一定公共物品和私人物品特性的产品被称为“混合物品”。

1）纯公共物品要通过公共部门预算来提供。

2）由公共部门预算提供，并不意味着必定由公共部门生产。可以把该产品的生产承包给私人部门生产。

3）混合物品或服务的供给，一部分可以由私人部门通过市场提供，另一部分也可以通过政府部门直接提供，或是由政府部门给予补贴的办法通过市场提供。

（4）针对信息不完全和不对称问题的政策。市场机制本身可以解决“信息不完全和信息不对称”带来的相当一部分问题。如厂商会自觉地在信息不完全和不对称环境下追求建立“信誉”。所谓信誉，是消费者对企业行为的一种主观评价。消费者可以根据自己购买和消费某种产品的亲身体验以及来自其他消费者的“忠告”，对企业的诚信程度做出判断，并依据这种判断来进行购买决策。

政府有必要加强信息方面管理，促进信息公开，增加市场的“透明度”，以便让消费者、生产者以及投资者能够得到充分和正确的市场信息进而做出正确的选择。例如，政府应制定明确的规则：发行新股票或新债券的公司必须公布公司的相关信息；产品广告必须有详细的使用说明书；香烟包装必须标明“吸烟有害健康”字样等等。

3. 收入调节

国民收入最终分配结果通过初次收入分配和二次收入分配达成。初次分配主要是通过市场机制按要素（劳动、资金、土地、技术等）的贡献分配。政府凭借权力在初次分配中取得生产税。初次分配是国民收入分配的基础。只有按要素贡献分配才能保证市场效率，使各项财富源泉充分涌流。二次分配指在初次分配结果的基础上，各收入主体之间通过各种渠道实现转移的收入再次分配，是政府对初次收入进行再调节的过程。再分配转移渠道包括：

（1）收入税。政府通过所得税、利润税、资本收益税等对初次分配收入进行流量调节。

（2）财产税。政府通过房产税、遗产税等对居民收入进行存量调节。

（3）社会缴款和社会福利。前者指居民为维持未来的福利，而对政府组织的社会保险计划所缴纳的款项，如失业保险、退休保险、医疗保险等；后者指居民从政府获取的、维持最基本生活的收入，主要包括社会保险福利金和社会救济金。

（4）其他转移收支。包括政府转移收支；本国政府与外国政府、国际组织之间的援助、捐赠、会费缴纳等，对私人非营利性机构的捐赠、赞助等转移收支；居民之间的转移收支等。

政府进行必要的收入调节，是保持社会稳定、促进收入公平的基本机制。

4. 经济稳定职能

经济波动带来国民财富巨大损失、生产力巨大浪费以及社会动荡。政府有责任采宏观经济政策与发展规划取宏观经济管理政策，减轻周期振荡幅度，保持宏观经济总量平衡，促进国民经济长期稳定增长。

第二节　宏观经济学基础

宏观经济学旨在研究一个经济体的总体运行表现，包括整个国家的产出、就业和价格，并以此区别于关注单个产品的价格、数量和市场的微观经济学。宏观经济学重点关注整个经济的短期波动（经济周期）和长期变动趋势（经济增长），为政府制定经济政策，减少短期波动的影响，保持经济稳定及长期增长提供依据。

一、宏观经济运行的衡量

反映宏观经济运行的关键变量包括产出、就业和价格，分别通过不同指标加以衡量。

（一）产出的衡量

1. 国内生产总值

国内生产总值（GDP），指一个国家（或地区）所有常住单位在一定时期内生产活动的最终成果。从价值形态看，它是所有常住单位在一定时期内生产的全部货物和服务价值超过同期投入的全部非固定资产货物和服务价值的差额，即所有常住单位的增加值之和；从收入形态看，它是所有常住单位在一定时期内创造并分配给常住单位和非常住单位的初次收入之和；从产品形态看，它是所有常住单位在一定时期内最终使用的货物和服务价值减去货物和服务进口价值。国内生产总值是衡量一国产出最全面的指标。

（1）名义 GDP 和实际 GDP。名义 GDP 是用实际市场价格衡量的 GDP。实际 GDP 则按固定价格或不变价格（如 2010 年价格）来计算。实际 GDP 被广泛用来监测一国的增长情况。

（2）三种 GDP 统计核算方法。在实际核算中，国内生产总值有三种计算方法，即生产法、收入法和支出法。三种方法分别从不同的方面反映国内生产总值及其构成。

1）从生产方面统计 CDP（生产法）：对经济中所有企业在一定时期内的增加值进行加总。所谓增加值是企业产出价值减去企业购买的中间产品价值。对于整个经济来说，所有企业的增加值之和必定等于所有最终产品和劳务的价值。

国内生产总值（GDP）= 第一产业（企业）增加值 + 第二产业（企业）增加值 + 第三产业（企业）增加值

2）从收入方面统计 GDP（收入法）：统计经济中一定时期内所有生产要素的收入（工资、利息、地租、利润）的总和，加上折旧和政府间接税收入。

国内生产总值（GDP）= 工资 + 租金 + 利息 + 利润 + 折旧 + 间接税

3）从支出方面统计 GDP（支出法）：把一个国家或地区在一定时期内所有个人和部门购买最终产品和劳务的支出进行汇总。素”来出刺我国内生产总值（GDP）= 消费（C）+ 投资（I）+ 政府购买（G）+ 净出口（×）

（3）潜在 GDP。潜在 GDP 是指经济处于充分就业时的产出。它由可获得的投入（资本、劳动、土地等）及技术效率决定。它是在保持价格相对稳定的情况下，一国经济所能生产的最大产量。潜在 GDP 多呈现较为稳定的增长，，因为劳动和资本等投入以及技术水平的变化是缓慢的。相反，实际 GDP 会由于消费模式、经济周期以及经济制度、政策等变化出现较大的变动。

2. 国民总收入（GNI）

国民总收入（GNI）即国民生产总值，指一个国家（或地区）所有常住单位在一定时期内收入初次分配的最终结果。一国常住单位从事生产活动所创造的增加值在初次分配中主要分配给该国的常住单位，但也有一部分以生产税及进口税（扣除生产和进口补贴）、劳动者报酬和财产收入等形式分配给非常住单位；同时，国外生产所创造的增加值也有一部分以生产税及进口税（扣除生产和进口补贴）、劳动者报酬和财产收入等形式分配给该国的常住单位，从而产生了国民总收入的概念。它等于国内生产总值加上来自国外的净要素收入。与国内生产总值不同，国民总收入是个收入概念，而国内生产总值是个生产概念。

国民总收入（GNI）=GDP+ 来自国外的要素收入 – 向国外的要素支付

3. 其他衡量产出与收入的指标总家家

（1）国内生产净值（NDP）与国民生产净值（NNP）：GDP 扣除折旧以后的余额。它们是一个国家或地区一定时期内财富存量新增加的部分。

国内生产净值（NDP）= 国内生产总值 – 折旧

非国民生产净值（NNP）= 国民生产总值 – 折旧

（2）国民收入（NI）：NNP或NDP扣除间接税后的余额。它体现为一个国家或地区一定时期内生产要素收入，即工资、利息、租金和利润的总和。

国民收入 = 国民生产净值 - 企业间接税孩价分

（3）个人收入（PI）：一国以当年价格（或不变价格）计算的个人一年内所得到的收入总和。它是国民收入进一步必要的调整后形成的一个指标。最主要的扣减项有：公司未分配利润、社会保障支付。最主要的增加项有：政府对个人的转移支付，如失业救济、退休金、医疗补助等。

个人收入 = 国民收入 - 公司未分配利润 - 社会保险税 - 净利息 + 红利 + 政府向个人的转移支付 + 个人利息收入

（4）个人可支配收入（DPI）：个人收入扣除个人纳税部分所余下的收入。

个人可支配收入 = 个人收入 + 个人税收支付

(二) 就业与失业的衡量

宏观经济运行的一个重要方面是一国经济利用自己资源的情况。由于劳动是任何经济的主要资源，从而充分就业是各国经济决策首先关注的目标。就业情况的变动和实际产出变动趋向一致：当实际产出上升时，对劳工的需求上升，就业率上升，失业率下降；当实际产出下降时，对劳工的需求下降，就业率下降，失业率上升。

1. 失业的类型

（1）按失业的原因分类。根据劳动市场上失业的原因，失业归纳为三类：摩擦性失业、结构性失业、周期性失业。

1）摩擦性失业。是指由于人们在各地区之间迁移、各种工作岗位变动而产生的失业。例如刚从学校毕业的学生正在寻找工作，刚刚生育后的母亲正在寻找工作，或者离开原岗位试图寻找更好的工作等。这种失业，即使经济处在充分就业水平时也会存在。

2）结构性失业。是指由于劳动力的供给与需求不匹配所导致的失业。

如果对不同类型劳动的需求发生变动，而劳动的供给未能及时调整，就会发生结构性失业。常见的案例是某些部门或地区的兴起和衰落所引起的职业间或地区间的结构失衡。

3）周期性失业。是指当总支出和产出下降时，对劳动整体需求下降所引起的失业。许多地区和职业的劳动市场同时呈现失业率上升，是周期性失业的标志。

区分失业类型有助于人们对劳动市场做出诊断。较高水平的摩擦性失业和结构性失业，甚至可能发生在劳动力市场总体均衡时；而周期性失业发生在经济衰退时期，是就业的总供给与总需求不平衡的结果。

（2）按就业意愿分类。按就业意愿分类，失业又被划分为自愿失业和非自愿失业。

1）自愿失业，是指劳动者不愿意按照现行货币工资水平和工作条件就业而引起的失业。

2）非自愿失业，是指愿意接受现行工资但仍找不到工作的失业。

2. 充分就业和充分就业失业率

（1）充分就业并不意味着零失业率。因为摩擦性失业和结构性失业在动态经济中是不可避免的。

（2）充分就业失业率是周期性失业率为零时的失业率，又被称作自然失业率。充分就业失业率等于摩擦性失业率和结构性失业率之和，是稳定状态的失业率，是经济长期中趋近的失业率。充分就业失业率下的实际产出就是经济的潜在产出。

（三）价格水平变动的衡量

价格变化与实际产出的波动有密切联系，通货膨胀率是经济运行状况的主要指示器。

1. 通货膨胀

（1）通货膨胀的概念。通货膨胀是指总物价或一般物价水平在一定时期内持续的普遍的上升过程，或者说货币价值在一定时期内持续的下降过程。当总物价水平下降（即通货膨胀率为负）时，被称作通货紧缩。通货膨胀率则是指总物价水平变化的程度。

（2）通货膨胀的类型。按照价格上升的速度，通货膨胀有三种类型：

1）温和的通货膨胀，年物价水平上升速率在 10% 以内，也称爬行式的通货膨胀。

2）严重的通货膨胀，年物价水平上升速率在 10% ～ 100%。③恶性的通货膨胀，年物价水平上升速率超过 100%

（3）通货膨胀的成因。

1）需求拉动型通货膨胀，指总需求过度增长，远远超过总供给所引起的通货膨胀，即太多的货币追逐有限的货物。

2）成本推动型通货膨胀，指在没有超额需求的情况下由于供给方面成本的提高所引起的一般价格水平持续和显著的上涨。

3）需求拉动与成本推进相互作用型通货膨胀，指由于总需求和总供给两方面因素的共同作用所引起的一般价格水平上涨。

4）结构性通货膨胀，是指经济结构不平衡引起的一般物价水平的持续上涨。具体而言，可以分为两种情况：由于个别关键性商品的供求比例失调而引起的通货膨胀和由于经济部门发展不平衡而引起的通货膨胀。

2. 衡量价格水平变动的指标

（1）消费物价指数（CPI）。消费价格指数（CPI）度量的是普通消费者购买一组固定消费品（包括食品、住房、服装及医疗服务等）的价格变动。该指数的权数是按照消费者预算支出中的比例确定的。

（2）GDP 平减指数。GDP 平减指数是名义 GDP 和实际 GDP 的比率，衡量经济体所生产的所有物品和劳务的价格变动，可以解释 GDP 的所有组成部分（消费、投资、政府购买、净出口）的价格水平。该指数的权数随不同产品的份额而改变。

（3）生产价格指数（PPI）。生产价格指数衡量的是生产或批发环节的价格指数。计算 PI 的固定权数是每种商品的净销售额。由于这种指数涵盖详细，在商业领域广为使用。

二、宏观经济的不稳定性：经济周期

在一个理想的经济中，实际国内生产总值随时间以快速稳定的步伐增长，价格水平保持不变或缓慢增长，既没有大量的失业也没有显著的通货膨胀。然而世界各国经验表明：国民总产出、总收入、总就业量的波动是一个反复出现的问题。宏观经济学把这种短期波动称为经济周期。

（一）经济周期的定义、形式、衡量

1. 经济周期的定义

经济周期指的是经济活动水平的交替增长和下降，持续时间通常为2~10年，它以大多数经济部门的扩张或收缩为标志。

2. 经济周期的形式

经济周期一般被划分为两个阶段：衰退和扩张。“峰”和“谷”代表着周期的转折点。衰退是经济周期的下降期，始于峰而止于谷；扩张是经济周期的上行期，始于谷而止于峰。

经济周期虽然有着共同的阶段形式，但不同经济周期在持续时间和强度上有很大的不同。到目前为止，还没有两个完全相同的经济周期，也没有精确的模型可以预测经济周期的发生和持续时间。

3. 经济周期的衡量

一个经济体的经济活动在相当长的时期内，表现出一个长期增长趋势，即潜在 GDP 的长期变动趋势。潜在 GDP 是经济处于充分就业时的产出水平。

（1）周期性波动是用实际 GDP 与长期增长趋势背离的程度来衡量的。在衰退时期，实际 GDP 低于潜在 GDP；在经济高涨时期，实际 GDP 会在短期内高于潜在 GDP。

（2）衰退。当实际产出连续 1~2 年下降，而实际 CDP 与潜在 GDP 之间

的缺口并不大时，经济的下降被称作衰退。

（3）萧条。当实际产出持续下降，实际 GDP 与潜在 GDP 之间的缺口巨大时，经济的下降被称作萧条。

（二）经济周期中的失业和价格水平

1. 经济周期中的失业

产出水平与就业水平紧密相连，并同向变动。潜在 GDP 是充分就业条件下的产出水平，当实际产出低于潜在产出水平，存在产出缺口时，无法为能够工作并且愿意工作的人创造足够的就业机会。产出缺口越大，失业率越高。奥肯定率显示，美国实际产出每下降两个百分点，实际失业率将增加一个百分点。周期性失业发生在经济周期的衰退阶段，是由总支出不足引起的，因此，周期性失业又称作需求不足失业。

（1）当经济处于潜在产出水平以下时，实际失业率高于自然失业率，等于摩擦性失业、结构性失业以及周期性失业之和。

（2）当经济处于潜在产出水平时，实际失业率等于自然失业率，等于摩擦性失业加结构性失业，周期性失业为零。

（3）当经济处于潜在产出水平以上时，实际失业率低于自然失业率。

2. 经济周期中的价格水平

（1）当经济明显处于潜在产出水平以下，远离充分就业状态时，会伴随通货紧缩或受其威胁。

（2）当经济接近或处于潜在产出水平时，由于各种经济资源供给陆续出现瓶颈，价格水平上涨的节奏会加快。

（3）当经济处于潜在产出水平以上，接近或达到最大产出能力时，经济难于或无法供给更多的资源，需求的扩张只会带来价格的急剧跳升，而无法带来产出的增加。

（三）周期性波动的原因

经济周期性波动来自于总需求或总供给的变动冲击，通常是由总需求的变动引起的。当消费者、企业及政府改变总支出水平时，波动就会发生。

总需求大幅下降会导致衰退或萧条，经济活动的大幅上升将会导致通货膨胀。此外，重大发明发生的无规律性、自然灾害与战争等随机事件发生，以及货币政策失误等也是导致经济波动的原因。

（四）周期状态监测指标———PMI 指数

采购经理指数（PMI）体系，涵盖着生产与流通、制造业与非制造业等领域，是国际上通行的宏观经济监测指标体系之一，对国家经济活动所处周期状态的监测和预测具有重要作用。中国物流与采购联合会和中国国家统计局从 2005 年开始共同发布中国的制造业 PMI 数据。

制造业 PMI 指数基于对样本企业采购经理的月度问卷调查，对生产、新订单、雇员、供应商配送与库存五项类指标加权计算得出。

PMI 指数 50 为荣枯分水线。当 PMI 大于 50 时，说明经济在发展；PMI 略大于 50，说明经济在缓慢前进；越大于 50 说明经济发展越强势。当 PMI 小于 50 时，说明经济在衰退；PMI 略小于 50 说明经济在慢慢走向衰退；向下偏离 50 幅度越大说明经济衰退越快。PMI 指数与 GDP 具有高度相关性，且其转折点往往领先于 GDP 几个月。PMI 已成为监测经济运行的及时、可靠的先行指标。

三、总需求与总供给

（一）总需求

总需求（AD）是指经济中的所有实体（消费者、企业、政府和外国人）在其他条件不变的情况下，在每一个价格水平上愿意购买的总产出数量。总需求数量和社会整体物价水平之间呈现反向相关的关系，即社会整体物价水平越高，总需求数量越小；社会整体物价水平越低，总需求数量越大。

1. 总需求的构成

总需求（AD）由四个部分组成：消费需求（C），投资需求（I），政府需求（G）以及净出口（X）。

（1）消费需求。消费需求主要取决于可支配收入（个人收入减去税收）。其他影响因素包括：收入的长期趋势、居民财富、总体价格水平。

（2）投资需求。投资需求包括对建筑物和设备的私人购买以及库存的增加。决定投资的主要因素是产出水平、资本成本（取决于税收政策、利率和其他金融条件），以及对将来的预期。

（3）政府需求。政府需求包括对公务人员、法官、公立学校教师工资的支付等。与私人消费和投资不同，总需求的这一部分直接由政府的支出政策决定。

（4）净出口。总需求最后一个组成部分是净出口（X）。净出口取决于国内和国外的收入水平、相对价格和汇率。

2. 影响总需求变动的因素

影响总需求变动的因素可分为两类：一类是由政府控制的主要政策变量，另一类是外生变量。

（1）政策变量。

1）货币政策：货币供应量增加会使利率降低并改变贷款条件，从而增加投资和耐用消费品消费数量。

2）财政政策：政府在商品和劳务上的开支增加，会直接增加支出总量；减税或增加转移支付会提高可支配收入数量，并导致消费量增加；税收刺激政策，例如投资税减免可以导致某个领域增加支出。

（2）外生变量。

1）国外产出：国外产出的增长会导致净出口的增加。

2）资产价值：股票价格或住宅价格的上升增加家庭财富，从而增加消费数量；还会导致较低的资本成本，使企业投资增加。

3）技术进步：技术进步可以为商业投资提供新的机会。

4）其他：政治事件、自由贸易协定以及冷战结束提高了企业和消费者的信心，并增加了投资和对耐用消费品的开支。

（二）总供给

总供给（AS）是指在其他条件不变的情况下，经济体内的企业在每一个价格水平上所愿意生产和出售的商品和服务的数量。社会的总供给量和物价水平之间呈现正向相关的关系。

1. 总供给的构成

（1）按照供给物形态，总供给可分为产品供给和服务供给。

（2）按照最终用途，总供给可分为消费品供给和投资品供给。

（3）按照来源，总供给可分为国内供给和国外供给。

2. 总供给（（AS）变动的决定因素

总供给基本取决于两组截然不同的因素：潜在产出和投入成本。

（1）潜在产出是总供给的基本决定因素。潜在产出是在劳动、资本和土地数量以及其他资源既定的条件下，经济所能提供的最大的可持续产出。潜在产出的变动受投入品增长和技术水平及效率变动的影响。

1）投入品：资本、劳动、土地的供给决定了进入生产过程的投入品数量。劳工的失业率和其他资源的闲置率处于最低可持续水平。投入品的增长会带来潜在产出和总供给的上升。

2）技术和效率：潜在产出受效率和企业使用的技术水平的影响。创新和技术进步都会提高潜在产出水平。

（2）投入成本变动对总供给的影响。

1）工资：较低的工资导致较低的生产成本（其他条件不变时）。特定的潜在产出的较低成本，意味着在每一个价格水平上，供给的数量都会增加。

2）进口品价格：国外价格的降低或汇率的下降会引起进口品价格的下降，这会导致生产成本的下降和总供给的增加。

3）其他投入品成本：较低的石油价格或较少的环境负担会降低生产成本，从而提高总供给。

（三）总供给和总需求共同决定实际产出水平和价格总水平

根据总需求（AD）与总供给（AS）的定义可知，在其他条件不变的情况下，它们分别是价格水平的反函数和正函数。在由价格水平和产出数量组成的二维空间上，总需求（AD）表现为向下倾斜的曲线，总供给（AS）表现为向上倾斜的曲线。

1. 总供求的均衡决定实际产出水平和价格水平

国民产出和价格水平在两条曲线的交点上达成平衡：总需求等于总供给，即需求方所愿意购买的数量正好等于供给方所愿意出售的数量。在均衡点的上方，总需求小于总供给，价格面对向下的压力；在均衡点的下方，总需求大于总供给，价格面对向上的压力。

总供给与总需求均衡指的是总产量和总价格水平的这样一种组合：此时，需求方和供给方都不再愿意改变它们的购买量、销售量，不存在价格变动的压力。总供求的均衡决定实际产出水平和价格水平。

2. 实际均衡产出不一定等于充分就业的产出（潜在产出）

在经济运行于长期趋势线下方时，总需求（AD）低于充分就业条件下的总需求水平，与总供给（AS）形成低水平均衡，决定了低于潜在产出水平的产出。

在经济运行于长期趋势线上方时，总需求（AD）高于充分就业条件下的总需求水平，与总供给（AS）形成高水平均衡，决定了高于潜在产出水平的产出。

宏观经济政策的目标是使实际均衡产出趋近于充分就业条件下的潜在产出水平。

四、宏观经济政策目标与工具

（一）宏观经济政策目标

宏观经济政策试图实现下述总量经济变量定义的目标：充分就业、经济增长、价格稳定和国际收支平衡。

（二）宏观经济政策工具

当经济停滞或陷于衰退（通常会伴生失业率高企），即相对于潜在产出水平，总需求受到抑制时，扩张性的货币政策和财政政策可以用于刺激经济，促使经济复苏；当经济过热面对通胀威胁，即相对于潜在产出水平，总需求大于总供给时，紧缩性的货币政策和财政政策有助于减缓经济增长速度，熄灭“通货膨胀之火”。

1. 货币政策

（1）货币政策目标。货币政策的根本目标是保持货币币值的稳定，并以此促进经济增长。货币政策通过改变经济中的货币供给量，在衰退时期增加货币供给以刺激支出，在通货膨胀时期减少货币供给以抑制支出，帮助稳定总产出、就业和价格水平。

（2）货币政策类型。

1）宽松货币政策。针对由于总需求不足导致的失业与衰退局面，中央银行会采取宽松的货币政策，增加货币供应。措施包括：在公开市场上购买政府债券，降低准备金率，降低贴现率。结果将导致商业银行体系的超额准备金增加，扩大货币供给，利率水平下降，进而使投资、总需求和实际国内生产总值上升。

2）紧缩货币政策。针对由于总需求过剩导致的通货膨胀局面，中央银行会采取紧缩的货币政策，减少货币供应。措施包括：在公开市场上出售政府债券，提高准备金率，提高贴现率。结果将导致商业银行体系的超额准备金减少，收缩货币供给，利率水平上升，进而抑制投资和总需求，使通货膨胀受到抑制。

（3）货币政策对贸易平衡的影响。

1）当存在巨额贸易逆差时，在其他条件不变的条件下，宽松的货币政策能够降低利率，进而使本币贬值，导致出口增加、进口下降，有助于恢复贸易平衡。

2）当存在巨额贸易顺差时，在其他条件不变的条件下，紧缩的货币政策能够提高利率，进而使本币升值，导致出口下降、进口增加，有助于恢复贸易平衡。

2. 财政政策

财政政策是政府实施宏观调控的重要手段。财政政策主要通过税收、补贴、赤字、国债、收入分配和转移支付等手段对经济运行进行调节，是政府进行反经济周期调节、熨平经济波动的重要工具，也是财政有效履行配置资源、公平分配和调控经济等职能的主要手段。

在反经济周期调节、熨平经济波动方面，财政政策包括酌情使用的财政政策和非酌情使用的财政政策两类。

（1）酌情使用的财政政策。

1）扩张性的财政政策。当出现经济萧条时，政府可采用扩张性的政策措施，包括：

①增加政府开支。政府开支的增加会直接使经济的总需求扩大。

②减税。政府可以通过减税，使居民的可支配收入增加，扩大总需求。由于新增的可支配收入中的一部分会自动转化为居民储蓄，从而减税措施的扩张效果没有增加政府支出的扩张效应显著。

③组合使用两种措施。政府还可以通过组合使用支出增加和税收削减，来扩张经济的总需求。

2）紧缩性的财政政策。当发生需求拉动型通货膨胀时，紧缩性财政政策有助于控制通货膨胀。采取的措施与扩张性措施相反：削减政府支出，加税，组合使用以上两种措施。

（2）非酌情使用的财政政策：自动或内在稳定器。内在稳定器的作用机制在于，税收增加（减少）使支出和总需求降低（上升）。随着 GDP 在繁荣期的上升，任何税种的税基都会增大，结果是产生更多的税收收入，特别是具有累进税率的税种，会以更快的速度增长；因为税收收入的增加会约束纳税人的支出，从而约束经济的扩张。税收收入的自动增加，会使政府预算由赤字转向盈余，自动产生一个紧缩性的效果。相反，当 GDP 在衰退期间下降时，税收收入将自动减少，相应使支出增加，从而缓解经济紧缩；随着税收下降，使政府预算由盈余移向赤字，自动形成一个扩张性的效果。

转移支付与税收收入的表现恰好相反。失业补偿支付、福利支付和对农民的补贴在经济扩张期自动减少，在经济收缩时期自动增加。

尽管税收体系所提供的内在稳定性减少了经济波动的严重性，但是内在稳定器只能减轻而不能纠正均衡 GDP 的变化趋势。需要采用酌情使用的财政政策来纠正大幅度的通货膨胀或经济衰退。

（3）财政政策对贸易平衡的影响。在其他条件不变的条件下，扩张性的财政政策将扩大国内需求，政府为赤字融资会使利率上升，进而引起本币升值，导致出口减少、进口增加。紧缩性财政政策效应相反。

五、经济增长

经济增长代表的是一国潜在 CDP 或国民产出的增加。它决定一国生活水平提高的速度。

（一）衡量经济增长的指标

1. GDP 增长率。

2. 人均 GDP 增长率。

3. 劳动生产率。劳动生产率指从业人员平均每人创造的国内生产总值，它综合反映社会经济活动中活劳动消耗的经济效益。计算公式为：

劳动生产率（元/人）= 国内生产总值/全社会从业人员年均人数 ×100%

4. 全要素生产率。全要素生产率（Total Factor Productivity）是指经济增长中减去所有投入要素（劳动力、资本）加权平均后的总和增长，也就是经济增长中除去劳动力、资本等要素投入的贡献后的“余值”部分。

（二）经济增长的要素和主要源泉

1. 经济增长的要素

（1）人力资源（劳动力的供给、教育、纪律、激励）。

（2）自然资源（土地、矿产、燃料、环境质量）。

（3）资本（机器、工厂、道路）。

（4）技术（科学、管理、企业家才能）。

（三）促进长期增长的政策

促进长期增长的政策目标是将经济的长期总供给曲线向右移动，在长期增加经济潜在产出水平。主要的政策措施有：

（1）增加国家人力资源储备的教育和培训投资。

（2）鼓励技术进步，鼓励创新，知识产权保护。

（3）加大对包括公共教育基础设施建设、研究基金、基础教育、技能培训等方面的支出。

（4）实施有助于增加国民储蓄、投资和研究开发活动的税收政策。

六、国际收支、贸易、资本流动及汇率

（一）国际收支

国际收支是指一个经济体与其他经济体之间发生的进出口贸易、投融资往来等各类经济交易。国际收支平衡表是某个时期内居民与非居民之间的交易汇总统计表，反映一个国家在一定时期，从国外收进的全部货币资金和向国外支付的全部货币资金之间的对比关系以及对外金融资产负债的存量状况。国际收支相等称为国际收支平衡；收入大于支出称为国际收支顺差（盈余）；支出大于收入称为国际收支逆差（赤字）。逆差表示对外负债，一般要用外汇或黄金偿付。

1. 国际收支平衡表的结构

根据国际货币基金组织《国际收支和国际投资头寸（第六版）》（2009）规定，国际收支平衡表主要结构包括经常账户、资本账户、金融账户。我国从 2015 年起，按照第六版编制和发布国际收支平衡表。

（1）经常账户。用于统计商品、劳务和单方面转移等国际收支活动的

项目，包括以下三个子项目：

1）货物和服务账户。货物和服务账户列示属于生产活动成果的交易项目。

2）初次收入账户。初次收入账户显示居民与非居民机构单位之间的初次收入流量。初次收入为提供劳务、金融资产和出租自然资源而获得的回报。

3）二次收入账户。二次收入账户显示收入的再分配，包括移民转移款项、侨民汇款，政府无偿援助、赠款，政府向国际组织缴纳的行政费用等。

（2）资本账户。资本账户的子项目包括：

1）应收和应付资本转移。

2）非生产非金融资产的取得和处置

[如：向使馆出售的土地，租赁和许可、营销资产（和商誉）的出售]。

（3）金融账户（含净误差和遗漏）。金融账户含两个子项目。

1）非储备性质的金融账户。包括直接投资、证券投资、金融衍生工具、雇员认股权等一级子项目。

2）储备资产账户。储备资产是一国用以平衡国际收支或对本国货币对外汇率进行干预的手段。主要包括货币黄金（即一国官方持有的作为货币资金使用的黄金）、外汇储备、国际货币基金组织的特别提款权和国际货币基金组织成员国在基金组织的储备头寸、外汇，如货币、存款、可转让或贴现的证券及其他债权等。

2. 国际收支平衡表中差额的含义

（1）贸易收支差额是指包括货物与服务在内的进出口贸易之间的差额。贸易收支差额具有特殊的重要性。对许多国家来说，贸易收支在全部国际收支中所占的比重较大，贸易收支差额反映了一国（或地区）的产品和服务在国际市场上的竞争力，是一国对外经济交往的基础，影响和制约着其他账户的变化。

（2）经常账户差额显示的是出口和应收收入之和与进口和应付收入之和之间的差额。这里出口和进口指货物和服务，而收入指初次收入和二次收入。经常账户差额 = 经济体的储蓄 – 投资缺口。《国际收支和国际投资头寸（第六版）》经常项目顺差反映的是当期国内储蓄超过了国内投资，逆差则表明当期国内投资超过来国内储蓄。

经常账户差额反映同期经济体持有国外资产的变动。经常账户顺差反映了私人部门或政府持有的对非居民净债权（NKF）的增加或官方储备资产（NRT）的增长，或两者的同时发生；逆差必须通过增加向非居民的负债和减少对于非居民的债权弥补，从而降低国外净资产。

（3）净贷款 / 净借款（来自经常账户差额和资本账户差额之和）在概念上等于来自金融账户的净贷款 / 净借款。其中，金融账户包括储备资产。

（4）国际收支（综合）差额。国际收支（综合）差额是将各账户差额合并，剔除官方储备与错误和遗漏后所得的余额。该指标具有非常重要的意义，可以根据这一差额判断一国资产负债表、国际投资头寸、外汇储备的变动情况以及货币汇率的未来走势。如果综合差额为正，该国外汇储备就会不断增加，本国货币将面临升值的压力；如果综合差额为负，该国外汇储备就会下降，本国货币将面临贬值的压力。政府可根据这一差额进行经济政策的调整。

(二) 国际贸易

1. 国际贸易的含义与分类

国际贸易是指一个国家（或地区）同其他国家（或地区）之间进行商品和劳务的交换活动。国际贸易可以从不同角度进行分类：

（1）根据货物移动方向，可分为出口贸易、进口贸易和过境贸易。

（2）按照贸易品物质形态，可分为货物贸易和服务贸易。

2. 国际贸易的基础和贸易利益

国际贸易的基础在于国家间在要素禀赋、生产技术与效率、消费偏好等方面存在差异。只要国家间在不同产品生产上存在相对效率差异，各国就会在不同产品上表现出比较优势；如果每个国家出口具有比较优势的产品，进口其生产成本相对较高的产品，各国均会从贸易中获得福利改善。

通过国际贸易，全球通过在更大范围内组织专业化生产而扩张了生产可能性。没有国际贸易的均衡是无效率的均衡。

3. 国际贸易政策

国际贸易改善了所有贸易国的福利，但福利改善的幅度，无论在国家之间还是一国之内不同群体之间，却不是均等的。从而产生了对待自由贸易的不同立场、态度和政策。

（1）国际贸易政策分类。国际贸易政策一般可分为自由贸易政策和保护贸易政策。

1）自由贸易政策主要内容是：国家对国际贸易活动采取不干涉或少干涉的基本立场，取消对进出口贸易的限制和障碍，取消对本国进出口商的各种特权和优惠，关税税率逐步降低，纳税商品项目减少，税法简化，使商品自由进出，在国内外市场上自由竞争。

2）保护贸易政策是指在对外贸易中实行限制进口以保护本国商品在国内市场免受外国商品竞争，并向本国商品提供各种优惠以增强其国际竞争力的主张和政策。

（2）国际贸易政策的具体措施。在限制进口方面，主要是采取关税壁垒和非关税壁垒两类措施。

1）关税壁垒是指用征收高额进口税和各种进口附加税的办法，以限制和阻止外国商品进口的一种手段。这可以提高进口商品的成本从而削弱其竞争能力，起到保护国内生产和国内市场的作用。反倾销税是目前经常被使用的限制进口的手段。

2）非关税壁垒指一国政府采取除关税以外的各种办法，对本国的对外贸易活动进行调节、管理和控制的一切政策与手段的总和，其目的是试图在一定程度上限制进口，以保护国内市场和国内产业的发展。非关税壁垒大致可以分为直接的和间接的两大类；前者是由海关直接对进口商品的数量、品种加以限制，其主要措施有：进口限额制、进口许可证制、出口许可证制等；后者是指进口国对进口商品制订严格的条例和标准，间接地限制商品进口，如进口押金制、苛刻的技术标准和卫生检验规定等。

在激励出口方面，出口补贴是最常用的措施。政府资助降低了出口产品成本，使他们能以更有竞争力的价格向国际市场销售更多的产品。

（三）国际资本流动

1. 国际资本流动的含义

国际资本流动是指资本在国际转移，或者说，资本在不同国家或地区之间作单向、双向或多向流动。

2. 国际资本流动的分类

（1）按照国际资本流动的方向，流动可以分为资本流入和资本流出。

（2）按照资本的使用期限长短将其分为长期资本流动和短期资本流动两大类。长期资本流动是指使用期限在1年以上或未规定使用期限的资本流动，它包括国际直接投资、国际证券投资和国际贷款三种主要方式。

短期国际资本流动，是指期限为1年或1年以内或即期支付资本的流入与流出。它主要包括贸易资本流动、银行资金调拨、保值性资本流动、投机性资本流动。

3. 国际直接投资

（1）国际直接投资是指一个国家的企业或个人对另一国企业部门进行的投资。直接投资可以取得某一企业的全部或部分管理和控制权，或直接投资新建企业。国际直接投资往往和生产要素的跨国界流动联系在一起。国际直接投资是现代的国际资本流动的主要形式之一。

（2）国际直接投资的方式包括：

1）在国外创办新企业，包括创办独资企业、设立跨国公司分支机构及子公司；

2）与东道国或其他国家共同投资，合作建立合营企业；

3）投资者直接收购现有的外国企业；4

）购买外国企业股票，获得一定比例以上的股权及控制权；

5）以投资者在国外企业投资所获利润作为资本，对该企业进行再投资。

4. 国际接投资

国际接投资是指发生在国际资本市场中的投资活动，包括国际信贷投资和国际证券投资。前者是指一国政府、银行或者国际金融组织向第三国政府、银行、自然人或法人提供信贷资金；后者是指以购买国外股票和其他有价证券为内容，以实现货币增值为目标而进行的投资活动。

国际接投资与国际直接投资的区别主要表现在：国际证券投资只是为了获取债券、股票回报的利息和红利，对所投资企业无实际控制和管理权。

（四）汇率及汇率制度

汇率是开放经济中最重要的基础性价格之一，对宏观经济变量有重要影响。

1. 汇率

汇率是一国货币相对于另一国货币的价格，也是一种资产价格。

（1）汇率标价。汇率有以下两种标价方法：

1）直接标价法（应付标价法），是指外国货币的本币价格（例如：1 美元等于 6.2 元人民币），包括中国在内的世界上绝大多数国家目前都采用直接标价法。

2）间接标价法（应收标价法），是以一定单位的本国货币为标准，来计算应收若干单位的外汇货币。（例如：1 元人民币等于 0.1565 美元）。在国际外汇市场上，欧元、英镑、澳元等均为间接标价法。

（2）汇率类别。

1）即期汇率与远期汇率。根据外汇交易中所约定的生效日（交割日）的不同，外汇交易分为即期交易和远期交易。即期交易是指交易生效日比交易日迟两个工作日，在即期交易中约定的汇价为即期汇率。远期交易是指生效日超过两天，可以长达 30 日、90 日、180 日甚至数年，远期交易中所约定的汇价，称为远期汇率。

2）名义汇率与实际汇率。名义汇率是指在社会经济生活中被直接公布、使用的表示两国货币之间比价关系的汇率。名义汇率是又称市场汇率。

2. 外汇市场

国际货币的交易场所，被称为外汇市场。

（1）外汇市场的特征。

1）竞争性市场。现实生活中的外汇市场符合竞争性市场的特征，大量的买者和买者对标准化的产品（美元、日元、英镑等）进行买卖。

2）国内和国外价格的连接器。一国货币的市场价格或汇率，将所有国内（商品和服务）价格与国外（商品和服务）价格连接在一起。

（2）外汇市场的参与者。外汇市场的主要参与者包括：商业银行、国际贸易公司、非银行金融机构（资产管理公司和保险公司等）和各国的中央银行。其中作用突出的是商业银行。商业银行之间的交易是外汇市场的核心，银行间交易规模占到外汇市场交易活动的绝大部分。中央银行虽然交易规模不大，但产生的影响很大，因为市场参与者会密切注意中央银行（官方参与者）的举动，从中获取可能影响未来汇率的宏观经济政策动向。

（3）汇率变动的原因。某种货币汇率变动的决定因素与其他任何产品价格变动的决定因素相同，决定于对该种货币供给与需求。从长期看，引起某种货币供求变动的因素很多，包括经济体的经济实力及增长表现、国际收支健康状况等。从短期汇率变动看，关键的因素是两个：各国利率的相对变动和价格水平的相对变动。

1）当某国货币的实际利率水平相对其他货币升高，全球的投资者会更愿意持有该国资产，从而扩大对该国货币的需求，导致其升值；反之，则会导致其贬值。

2）当某国产品和服务价格水平相对于其他国家价格水平降低，会刺激全球的消费者更多消费该国产品和服务，从而刺激对该国货币的需求，导致其升值。反之，则会导致其贬值。

3. 汇率制度

（1）固定汇率制度。固定汇率制度是指货币当局把本币与某种外币的比价固定在某个水平上。为了维持固定汇率，中央银行必须按照固定汇率同私人部门兑换货币，而无论市场需求有多大。当市场对本币需求上升，本币有升值压力时，货币当局会购入外币，平抑对本币的需求；当市场对本币需求下降，本币有贬值压力时，货币当局会抛出外币，平抑对本币的抛售。因此，实行固定汇率制度的国家，官方外汇储备规模及其变动幅度远大于实行浮动汇率制度的国家。

（2）可调整的钉住汇率制度。可调整的钉住汇率制度是指政府预先确定、公开承诺，并用干预市场的方法而得到的本国货币与某种（或某些）主要外币的法定平价和允许汇率上下波动的幅度，但是可以定期地调整法定的平价，以利用货币的贬值或升值来校正国际收支的不平衡。

（3）有管理的浮动汇率。汇率的长期走势不受政府管理的影响而由市场供求关系所决定的，但汇率的短期波动受到货币当局干预的影响。目前，世界上多数国家实行有管理的浮动汇率制度。

（4）浮动汇率制度。浮动汇率制度是指本币与外币的比价由市场自行调节，政府既不规定本国货币与外国货币的兑换比例，也不限定汇率波动幅度。

4. 宏观经济政策与汇率制度

在开放条件下，财政政策与货币政策的有效性将受制于汇率制度的选择。在固定汇率制度且资本具有流动性的情况下，两国的利率必须保持同步变动，任何利率差异都将引致投机者买入一种货币并卖出另一种货币，直至利率达到同一水平。货币政策有效性将受到资本流动的显著限制。相反，在浮动汇率制度且资本具有流动性的情况下，货币政策可以通过对汇率，进而对净出口的影响，更有效地控制总需求的水平；财政政策有效性将受到资本流动的显著限制。

第三节　我国宏观经济管理

一、基本经济制度

（一）《中华人民共和国宪法》关于我国基本经济制度的规定

《中华人民共和国宪法》（2018 年修正）规定，我国社会主义经济制度的基础是生产资料的社会主义公有制，即全民所有制和劳动群众集体所有制。实行各尽所能、按劳分配的原则。国家在社会主义初级阶段，坚持公有制为主体、多种所有制经济共同发展的基本经济制度，坚持按劳分配为主体、多种分配方式并存的分配制度。

国有经济是国民经济中的主导力量。国家保障国有经济的巩固和发展。农村、城镇各种形式的合作经济，都是社会主义劳动群众集体所有制经济。国家保护城乡集体经济组织的合法的权利和利益，鼓励、指导和帮助集体经济的发展。在法律规定范围内的个体经济、私营经济等非公有制经济，是社会主义市场经济的重要组成部分。国家保护非公有制经济的合法的权利和利益。国家鼓励、支持和引导非公有制经济的发展，并对非公有制经济依法实行监督和管理。

矿藏、水流、森林、山岭、草原、荒地、滩涂等自然资源，都属于国家所有；由法律规定属于集体所有的森林和山岭、草原、荒地、滩涂除外。城市的土地属于国家所有。农村和城市郊区的土地，除由法律规定属于国家所有的以外，属于集体所有；宅基地和自留地、自留山，也属于集体所有。国家为了公共利益的需要，可以依照法律规定对土地实行征收或者征用并给予补偿。土地的使用权可以依照法律的规定转让。社会主义的公共财产神圣不可侵犯。公民的合法的私有财产不受侵犯。国家为了公共利益的需要，可以依照法律规定对公民的私有财产实行征收或者征用并给予补偿。国家建立健全同经济发展水平相适应的社会保障制度。

国家实行社会主义市场经济。国家加强经济立法，完善宏观调控。国有企业在法律规定的范围内有权自主经营。集体经济组织在遵守有关法律的前提下，有独立进行经济活动的自主权。在中国境内的外国企业和其他外国经济组织以及中外合资经营的企业的合法的权利和利益受中华人民共和国法律的保护。

（二）中共中央十八届三中全会提出坚持和完善基本经济制度

《中共中央关于全面深化改革若干重大问题的决定》(以下简称《全面深化改革决定》）立足于我国长期处于社会主义初级阶段这个最大实际，提出坚持和完善基本经济制度。

公有制为主体、多种所有制经济共同发展的基本经济制度，是中国特色社会主义制度的重要支柱，也是社会主义市场经济体制的根基。公有制经济和非公有制经济都是社会主义市场经济的重要组成部分，都是我国经济社会发展的重要基础。必须毫不动摇巩固和发展公有制经济，坚持公有制主体地位，发挥国有经济主导作用，不断增强国有经济活力、控制力、影响力。必须毫不动摇鼓励、支持、引导非公有制经济发展，激发非公有制经济活力和创造力。

产权是所有制的核心。健全归属清晰、权责明确、保护严格、流转顺畅的现代产权制度。公有制经济财产权不可侵犯，非公有制经济财产权同样不可侵犯。国家保护各种所有制经济产权和合法利益，保证各种所有制经济依法平等使用生产要素、公开公平公正参与市场竞争、同等受到法律保护，依法监管各种所有制经济。

积极发展混合所有制经济。国有资本、集体资本、非公有资本等交叉持股、相互融合的混合所有制经济，是基本经济制度的重要实现形式，有利于国有资本放大功能、保值增值、提高竞争力，有利于各种所有制资本取长补短、相互促进、共同发展。允许更多国有经济和其他所有制经济发展成为混合所有制经济。国有资本投资项目允许非国有资本参股。允许混合所有制经济实行企业员工持股，形成资本所有者和劳动者利益共同体。

二、宏观经济管理

我国社会主义市场经济体制初步形成，市场体系尚在不断完善，宏观经济管理制度也需要通过深化改革逐步定型。

（一）社会主义市场经济中政府的职责和作用

党的十一届三中全会以来，我国经济体制改革一直是围绕调整政府和市场关系进行。经过多年改革开放，社会主义市场经济体制初步建立，市场配置资源的功能和条件逐步形成。当前，我国仍存在市场体系不完善、政府干预过多和监管不到位的问题，影响了经济发展活力和资源配置效率。

《全面深化改革决定》明确指出，政府的职责和作用主要是保持宏观经济稳定，加强和优化公共服务，保障公平竞争，加强市场监管，维护市场秩序，推动可持续发展，促进共同富裕，弥补市场失灵。上述政府职责、作用中涵盖了宏观管理、宏观调控、微观治理、社会管理等领域。决定要求加强中央政府宏观调控职责和能力；加强地方政府公共服务、市场监管、社会管理、环境保护等职责。

《全面深化改革决定》要求：最大限度减少中央政府对微观事务的管理。坚决做到“三个一律”，即：市场机制能有效调节的经济活动，－律取消审批；直接面向基层、量大面广、由地方管理更方便有效的经济社会事项，一律下放地方和基层管理；除关系国家安全和生态安全、涉及全国重大生产力布局、战略性资源开发和重大公共利益等项目外，一律由企业依法依规自主决策，政府不再审批。推广政府购买服务，凡属事务性管理服务，原则上都要引入竞争机制，通过合同、委托等方式向社会购买。

（二）宏观经济调控的目标、任务和调控体系、万式、于段她动

1. 调控的目标和任务

宏观调控是宏观经济管理的核心内容，以保持总量平衡，促进宏观经济持续健康增长为主要目标。总量平衡是四个关键宏观变量之间的平衡，健康可持续增长是指宏观变量相互协调状态下的增长。宏观调控目标可分解为四个方面的目标，即充分就业、物价稳定、经济增长和国际收支平衡。

（1）充分就业。充分就业是在一定货币工资水平下所有愿意工作的人都可以得到就业的一种社会就业状况。

（2）物价稳定。物价稳定是指物价水平在一个合理的区间内变动。

（3）经济增长。经济增长是指一国在一定时期内国内生产总值的增加。

（4）国际收支平衡。国际收支平衡主要是指一个国家一定时期外汇收入和支出的相对平衡。

不同时期国民经济的运行状态决定宏观调控的重点方向和主要任务。《全面深化改革决定》提出，宏观调控的主要任务是保持经济总量平衡，促进重大经济结构协调和生产力布局优化，减缓经济周期波动影响，防范区域性、系统性风险，稳定市场预期，实现经济持续健康发展。中共中央“十三五”规划建议提出，宏观调控要更加注重扩大就业、稳定物价、调整结构、提高效益、防控风险、保护环境。

2. 调控体系

我国宏观经济调控体系可概括为：以国家发展战略和规划为导向、以财政政策和货币政策为主要手段的宏观调控体系。

与我国社会主义市场经济体制需要进一步完善相一致，宏观经济调控体系也还需要进一步健全。《全面深化改革决定》指出了进一步健全宏观调控体系的方向：推进宏观调控目标制定和政策手段运用机制化，加强财政政策、货币政策与产业、价格等政策手段协调配合，提高相机抉择水平，增强宏观调控前瞻性、针对性、协同性。形成参与国际宏观经济政策协调的机制，推动国际经济治理结构完善。

要发挥财政政策在促进经济增长、优化结构、调节收入方面的重要功能，发挥货币政策在保持币值稳定和总量平衡方面的重要功能。加强财政政策、货币政策与产业、价格等政策手段协调配合。同时，还要发挥投资、消费、外资外贸、市场准入、土地、区域政策、节能环保等政策工具的支撑作用。

3. 调控方式创新

（1）区间式目标管理。区间调控是我国政府宏观经济调控方式的一种创新。它与过去盯住经济增长的某个具体数值目标有所不同，更加重视用合理区间来观察宏观运行情。这表明我国政府正在以新的思路和方式追求健康、可持续、包容性的增长。在复杂困难的国际国内环境条件下，设定一个经济增长的区间目标，有利于提高中国政府在多重约束条件下，采取更加灵活、精准、有效、及时的调控政策，使经济获得可持续的平衡增长。

区间调控的新方式，把稳物价作为上限，把保就业作为下限。这一区间有效稳定了市场预期、引导市场预期。我们向社会发出这个信号，如果经济运行真要滑出这个合理区间，政府就要采取有针对性的措施。在这个合理区间内，我们将尽可能地释放改革的最大红利，着力去推进改革，着力去推进结构调整，激发市场活力来培育经济增长的内生动力。

（2）中共中央在“十三五”规划建议中提出创新和完善宏观调控方式。按照总量调节和定向施策并举、短期和中长期结合、国内和国际统筹、改革和发展协调的要求，完善宏观调控，采取相机调控、精准调控措施，适时预调微调。创新调控思路和政策工具，在区间调控基础上加大定向调控力度，增强针对性和准确性。运用大数据技术，提高经济运行信息的及时性和准确性。

4. 调控手段

（1）经济手段，是指政府在依据经济规律和运用价值规律的基础上借助于经济杠杆的调节作用，通过对经济利益的调整影响市场行为和调节社会经济活动，实现宏观调控目标的手段。经济手段包括规划和政策。规划展现国家意图起导向作用，规划目标和总体要求构成确定政策方向、政策力度的依据。政策是影响经济活动所规定并付诸实施的准则和措施，财政政策、货币政策、税收政策、价格政策等通过税率、利率、汇率、价格等影响市场行为和调节社会经济活动。

（2）法律手段，是指政府依靠法制力量，运用经济法规来调节经济关系和经济活动，以达到宏观调控目标的手段。法律手段的内容包括经济司法和经济立法两个方面。经济立法主要是由立法机关制定各种经济法规，保护产权，维护契约、统一市场，促进商品和要素自由流动、平等交换、公平竞争，保证经济运行的正常秩序；经济司法主要是由司法机关按照法律规定的制度、程序，对经济案件进行检察和审理的活动，维护市场秩序，惩罚和制裁经济犯罪。

（3）必要的行政手段，即依靠行政机构，采取强制性的命令、指示、规定等行政措施来调节经济活动，以达到宏观调控目标的一种手段。我国市场经济体制初步形成，市场体系尚不完善，宏观管理制度尚未定型，经济手段和法律手段的调节功能都还有一定的局限性，宏观经济调控还不能放弃必要的行政手段。尤其当国民经济重大比例关系失调或社会经济某一领域失控时，运用行政手段调节将能更迅速地扭转失控，更快地恢复正常的经济秩序。当前的主要问题是行政干预过多、行政手段使用过于频密。行政手段的采用要慎之又慎。

三、经济社会发展战略

（一）“三步走”的战略

党的十四大对实现第三步战略目标提出了初步设想。党的十五大对第三步战略目标进一步具体化，提出到21世纪第一个10年，实现国民生产总值比2000年翻一番，使人民的小康生活更加富裕，形成比较完善的社会主义市场经济体制；再经过10年的努力，到建党100年时，使国民经济更加发展，各项制度更加完善；到新中国成立100年时，基本实现现代化，建成富强、民主、文明的社会主义现代化国家。党的十六大提出全面建设小康社会的奋斗目标，强调要在21世纪头20年，集中力量，全面建设惠及十几亿人口的更高水平的小康社会。党的十七大提出了全面建设小康社会的新要求。党的十八大提出了“两个一百年”的奋斗目标，对全面建成小康社会和全面深化改革开放作出部署。这实际上明确了“三步走”战略中的第三步战略又分三步走，构成了新的“三步走”战略。

新“三步走”战略中第二步，实现的时间就是2020年左右。可以说，2020年对我们党和国家事业发展来讲，是一个非常重要的时间节点：一是实现“两个一百年”奋斗目标中第一个“百年目标”、全面建成小康社会，就是2020年左右；二是实现邓小平同志1992年初在南方谈话中提出的“再有三十年的时间，我们才会在各方面形成一套更加成熟、更加定型的制度”的战略任务，时间大概也是2020年前后；三是实现党的十六大提出的建成完善的社会主义市场经济体制的目标，也是这个时间节点。

（二）可持续发展战略

1992年联合国环境与发展会议后，我国政府率先组织制定了《中国21世纪议程——中国21世纪人口、环境与发展白皮书》，作为指导我国国民经济和社会发展的纲领性文件，开始了我国可持续发展的进程。2003年由国家发展和改革委员会会同科技部、外交部、教育部、民政部等有关部门制定了《中国21世纪初可持续发展行动纲要》。纲要提出了可持续发展的指导思想、目标与原则，规定了可持续发展的重点领域，提出了实现可持续发展目标的保障措施，是进一步推进我国可持续发展的重要政策文件。

我国21世纪初可持续发展的总体目标：可持续发展能力不断增强，经济结构调整取得显著成效，人口总量得到有效控制，生态环境明显改善，资源利用率显著提高，促进人与自然的和谐，推动整个社会走上生产发展、生活富裕、生态良好的文明发展道路。

在实施可持续发展的重点领域方面，“纲要”对经济发展、社会发展、资源优化配置、合理利用与保护、生态保护和建设、环境保护和污染防治及能力建设等方面作了详细的规定。

（三）国家创新驱动发展战略

党的十八大提出实施创新驱动发展战略，强调科技创新是提高社会生产力和综合国力的战略支撑，必须摆在国家发展全局的核心位置。这是中央在新的发展阶段确立的立足全局、面向全球、聚焦关键、带动整体的国家重大发展战略。为加快实施这一战略，特制定《国家创新驱动发展纲要》（以下简称《纲要》）。

《纲要》提出战略目标分三步走，到2020年进入创新型国家行列，到2030年跻身创新型国家前列，到2050年建成世界科技创新强国，成为世界主要科学中心和创新高地。战略任务包括：强化原始创新，增强源头供给；深化军民融合，促进创新互动；实施重大科技项目和工程，实现重点跨越；推动创新创业，激发全社会创造活力。

《纲要》提出的基本原则有四条：一是紧扣发展。坚持问题导向，面向世界科技前沿、面向国家重大需求、面向国民经济主战场，明确我国创新发展的主攻方向，在关键领域尽快实现突破，力争形成更多竞争优势。二是深化改革。坚持科技体制改革和经济社会领域改革同步发力，强化科技与经济对接，遵循社会主义市场经济规律和科技创新规律，破除一切制约创新的思想障碍和制度藩篱，构建支撑创新驱动发展的良好环境。三是强化激励。坚持创新驱动实质是人才驱动，落实以人为本，尊重创新创造的价值，激发各类人才的积极性和创造性，加快汇聚一支规模宏大、结构合理、素质优良的创新型人才队伍。四是扩大开放。坚持以全球视野谋划和推动创新，最大限度用好全球创新资源，全面提升我国在全球创新格局中的位势，力争成为若干重要领域的引领者和重要规则制定的参与者。

（四）区域发展总体战略

地区发展不平衡，是中国的一个基本国情。在我们这样一个地域辽阔、人口众多、生产力发展水平不平衡的国家，要在一个时期实现同步富裕、同等富裕是不现实的。平衡是相对的，不平衡是绝对的。这是事物发展的客观规律。在发展战略布局上，必须有全盘构想。1988年邓小平同志提出“两个大局”的思想：“沿海地区要加快对外开放，使这个拥有两亿人口的广大地带较快地先发展起来，从而带动内地更好地发展，这是一个事关大局的问题。内地要顾全这个大局。反过来，发展到一定的时候，又要求沿海拿出更多力量来帮助内地发展，这也是个大局。那时沿海也要服从这个大局。”实践证明，“两个大局”的战略，高瞻远瞩，深谋远虑。没有“第一个大局”，就没有中国经济今日的辉煌，没有“第二个大局”，西部不开发，东北不振兴，中部不崛起，就没有经济持续发展、民族团结和谐的中国。

一世纪之交，我们党贯彻“两个大局”的战略思想，做出实施西部大开发、加快中西部地区发展的重大决策。十六大以来，我们党又先后做出了东北地区等老工业基地振兴战略、促进中部地区崛起、支持东部地区率先发展等重大决策，丰富并形成了我国区域发展的总体战略。

促进区域协调发展是关系我国经济社会发展全局的重大战略。我国国民经济和社会发展第十一、第十二、第十三个五年规划纲要都就实施区域发展总体战略做出了规划部署，以实施区域发展总体战略为基础，推动区域协调发展。“十三五”规划纲要提出，深入实施区域发展总体战略，创新区域发展政策，完善区域发展机制，促进区域协调、协同、共同发展，努力缩小区域发展差距。

四、宏观经济管理政策体系

（一）货币政策

货币政策是指中央银行为实现既定的目标，运用各种工具调节货币供应量及市场利率，进而调节总需求以及宏观经济运行的各种措施。中国人民银行法规定：我国货币政策目标是保持货币币值的稳定，并以此促进经济增长。

目前，中国人民银行调节总需求的货币政策工具包括：公开市场业务、存款准备金、中央银行贷款、利率政策、常备借贷便利、中期借贷便利、抵押补充贷款。央行利用这些工具实现吞吐基础货币，调节市场流动性；稳定市场预期和有效防范金融风险；运用利率工具，对利率水平和利率结构进行调整，进而影响社会资金供求状况；支持国民经济重点领域、薄弱环节和社会事业发展等目标。

在克服经济周期影响以保持经济总量平衡及经济稳定增长方面，货币政策按调控宏观经济政策与发展规划方向的不同，可以分为“松”的货币政策和“紧”的货币政策。所谓“松”是指扩大货币供应量、降低利率、放松信用控制等；“紧”的货币政策则正好相反。货币当局根据经济运行状况确定货币政策调控方向，当市场上物价持续下降、社会总需求小于总供给时，中央银行会采取扩大货币供应的办法增加总需求；当市场上物价上涨、通货膨胀明显、社会总需求大于总供给时，中央银行会采取紧缩货币供应的办法以减少总需求。

（二）财政政策

财政政策同样服务于整个宏观经济调控的目标，包括充分就业、物价稳定、经济增长、公平分配等。政府通过调整财政收支实现社会总需求与总供给之间的均衡。财政政策主要通过税收、补贴、赤字、国债、收入分配和转移支付等对经济运行进行调节，是政府进行反经济周期调节、熨平经济波动的重要工具，也是财政有效履行配置资源、公平分配和稳定经济等职能的主要手段。

在克服经济周期影响以保持经济总量平衡及经济稳定增长方面，财政当局可根据总需求不足、总需求过旺及总量基本平衡等经济运行状况，确定扩张性、紧缩性或中性三种不同的调控方向，帮助经济恢复到充分就业的增长路径。扩张性财政政策是指通过减税、增支进而扩大财政赤字的财政分配方式增加和刺激社会总需求；紧缩性财政政策是指通过增税、减支进而压缩财政赤字或增加盈余的财政分配方式减少和抑制总需求。中性财政政策是指财政的分配活动对社会总需求的影响保持中性，既不产生扩张效应，也不产生紧缩效应。

（三）投资政策

投资政策是政府对全社会固定资产投资活动施加的直接或间接干预。

投资政策的主要目标是：调控投资总量，保持合理的投资规模；调控投资结构，促进产业结构升级和经济、社会协调可持续发展；调控投资地区布局，促进地区经济协调发展；调控重大项目的安排，发挥社会主义集中力量办大事的优越性。

调控的政策手段来自多方面的组合，包括财政政策、金融政策、产业政策、地区政策等，分别通过政府直接投资规模、税率、利率等杠杆实现调控目的。此外，中长期规划、专项规划、重大项目建设计划等计划指导和信息引导，经济法规以及必要的行政手段（如项目审批）都对投资行为产生显著的调控作用。

（四）产业政策

产业政策是指政府对资源在各产业间配置过程的干预。产业政策体系包括结构政策、组织政策、技术政策、布局政策。通过结构政策加速国民经济结构实现优化升级；通过组织政策促进竞争、抑制垄断、发挥规模经济；通过技术政策推动产业技术进步，限制淘汰落后产能；通过布局政策加快主体功能区布局和生态安全屏障基本形成。

我国的产业政策体现在国民经济和社会发展战略、中长期发展规划以及专项规划、区域规划中，并通过安排国家预算内投资资金，产业目录、核准项目目录，信贷政策、财政贴息等手段加以落实和实施。

（五）区域政策

区域政策是政府对人口、经济活动空间分布的干预。我国的区域政策包括如下目标：根据不同区域的资源环境承载能力、现有开发强度和发展潜力，统筹谋划人口分布、经济布局、国土利用和城镇化格局；确定不同区域的主体功能，并据此明确开发方向，完善开发政策，控制开发强度，规范开发秩序，逐步形成人口、经济、资源环境相协调的国土开发格局和空间均衡；推进区域协调发展，缩小地区间基本公共服务和人民生活水平的差距；从源头上扭转生态环境恶化趋势，促进资源节约和环境保护，应对和减缓气候变化，实现可持续发展；打破行政区划界限，制定实施更有针对性的区域政策和绩效考核评价体系，加强和改善区域调控。

（六）信贷政策

信贷政策是我国宏观经济政策的重要组成部分，是中国人民银行根据国家宏观调控和产业政策要求，对金融机构信贷总量和投向实施引导、调控和监督，促使信贷投向不断优化，实现信贷资金优化配置并促进经济结构调整的重要手段。目前的信贷政策大致包含四方面内容：

1. 与货币信贷总量扩张有关，政策措施影响货币乘数和货币流动性，如规定汽车和住房消费信贷的首付款比例、证券质押贷款比例等。

2. 配合国家产业政策，通过贷款贴息等多种手段，引导信贷资金流向需要鼓励和扶持的地区及行业。

3. 限制性的信贷政策。通过“窗口指导”或引导商业银行通过调整授信额度、调整信贷风险评级和风险溢价等方式，限制信贷资金向某些领域、区域过度投放。

4. 制定信贷法律法规，引导、规范和促进金融创新，防范信贷风险。

货币政策主要着眼于调控总量，促进社会总供求大体平衡，从而保持币值稳定。信贷政策主要着眼于经济结构问题，通过引导信贷投向，促进产业结构调整和区域经济协调发展。信贷政策的有效贯彻实施，不仅要依靠经济手段和法律手段，必要时还需借助行政性手段。

（七）消费政策

消费政策是指政府基于结构优化、实现经济健康发展的需要，对各种社会消费主体的行为施加的干预（影响）。消费政策包含宏观消费政策、微观消费政策。前者调节储蓄（投资）与消费的关系；后者通过消费引导（如新能源汽车）、消费教育（如倡导绿色消费）、消费信贷（如购房贷款条件调整）等政策影响消费结构，进而调节产出结构。增强消费拉动经济增长的基础作用。适应消费升级趋势，破除政策障碍，优化消费环境，维护消费者权益。支持发展养老、健康、家政、教育培训、文化体育等服务消费。壮大网络信息、智能家居、个性时尚等新兴消费。鼓励线上线下互动，推动实体商业创新转型。完善物流配送网络，促进快递业健康发展。活跃二手车市场，加快建设城市停车场和新能源汽车充电设施。在全国开展消费金融公司试点，鼓励金融机构创新消费信贷产品。降低部分消费品进口关税，增设免税店。落实带薪休假制度，加强旅游交通、景区景点、自驾车营地等设施建设，规范旅游市场秩序，迎接正在兴起的大众旅游时代。

（八）价格政策

在社会主义市场经济条件下，价格是引导经济主体行为、调节市场供求关系的基本信号。中共中央《全面深化改革决定》进一步要求完善主要由市场决定价格的机制，“凡是能由市场形成价格的都交给市场，政府不进行不当干预”，要求推进水、石油、天然气、电力、交通、电信等领域价格改革，放开竞争性环节价格。

我国政府对价格管理的主要目标和内容是：调控价格总水平，抑制、缓解通货膨胀或通货紧缩，实现价格总水平的基本稳定；维护正常价格秩序，形成协调合理的价格体系；政府定价范围主要限定在重要公用事业、公益性服务、网络型自然垄断环节，提高透明度，接受社会监督。

第二章　宏观经济政策

第一节　宏观经济政策目标

一、宏观经济政策的目标

宏观经济政策是指国家或政府有意识有计划地运用一定的政策工具，调节控制宏观经济运行，以达到一定的政策目标，以及运用其能够掌握和控制的各种宏观经济变量而制定的指导原则和措施。严格地说，宏观经济政策是指财政政策和货币政策，以及收入分配政策和对外经济政策。除此以外，政府对经济的干预都属于微观调控，所采取的政策都是微观经济政策。一般来说，政府制定宏观经济政策追求的目标主要有四个：充分就业，物价稳定，经济持续均衡发展和国际收支平衡。在每一特定时期，政府的政策目标有所侧重，但也要顾及总体目标的实现。宏观经济政策则是围绕着特定目标制定的一系列政策手段和措施。

（一）**持续均衡的经济增长**

经济增长是指一定时期内经济的持续均衡增长，即在一定时期内经济社会所生产的人均产量或者人均收入的增长。它包括：一是维持一个高经济增长率，二是培育一个经济持续增长的能力。一般认为，经济增长与就业目标是一致的。经济增长通常用一定时期内实际国民生产总值年均增长率来衡量。经济增长会增加社会福利，但并不是增长率越高越好。这是因为经济增长一方面要受到各种资源条件的限制，不可能无限地增长，尤其是对于经济已相当发达的国家来说更是如此。另一方面，经济增长也要付出代价，如造成环境污染，引起各种社会问题等。因此，经济增长就是实现与本国具体情况相符的适度增长率。如何维持较高的增长率以实现充分就业，是西方国家宏观经济政策追求的目标之一。

（二）**充分就业**

充分就业是指包含劳动在内的一切生产要素都以愿意接受的价格参与生产活动的状态。充分就业包含两种含义：一是指除了摩擦失业和自愿失业之外，所有愿意接受各种现行工资的人都能找到工作的一种经济状态，即消除了非自愿失业就是充分就业；二是指包括劳动在内的各种生产要素，都按其愿意接受的价格，全部用于生产的一种经济状态，即所有资源都得到充分利用。失业意味着稀缺资源的浪费或闲置，从而使经济总产出下降，社会总福利受损。因此，失业的成本是巨大的，降低失业率，实现充分就业就常常成为西方宏观经济政策的首要目标。由于测量各种经济资源参与经济活动的程度非常困难，因此西方经济学家通常以劳动的失业情况作为衡量充分就业与否的尺度。但充分就业目标并不意味百分之百的就业，它并不排除像季节性、摩擦性、结构性等方面的失业。

（三）**物价稳定**

关于物价稳定。物价稳定是指价格总水平的稳定，它是一个宏观经济概念。由于各种商品价格变化程度不一以及由于统计上的困难，西方经济学家一般用价格指数来表示一般价格水平的变化。价格指数是以一定时期为基年表示的若干商品价格水平上升的幅度。价格指数有消费价格指数（CPI）、批发价格指数（WPI）和国内生产总值缩减指数（GDP）三种。为了控制通货膨胀对经济的冲击，西方国家把价格稳定作为宏观经济政策的第二个目标。同样，价格稳定不是指每种商品的价格固定不变，也不是价格总水平保持不变，而是指价格指数相对稳定，即不出现严重的通货膨胀。物价稳定并不是通货膨胀率为零，而是允许保持一个低而稳定的通货膨胀率。所谓低，就是通货膨胀率在1%～3%之间；所谓稳定，就是指在相当时期内能使通货膨胀率维持在大致相等的水平上。这种通货膨胀率能为社会所接受，对经济也不会产生不利的影响。实际上，西方国家一般把轻微的通货膨胀的存在看作基本正常的经济现象。

（四）国际收支平衡

国际收支平衡的目标要求做到汇率稳定，外汇储备有所增加，进出口平衡。国际收支平衡不是消极地使一国在国际收支账户上经常收支和资本收支相抵，也不是消极地防止汇率变动、外汇储备变动，而是使一国外汇储备有所增加。适度增加外汇储备看作改善国际收支的基本标志。同时由于一国国际收支状况不仅反映了这个国家的对外经济交往情况，还反映出该国经济的稳定程度。随着现代化的交通工具、通信工具在生产中的广泛应用，国际经济交往日益密切，如何平衡国际收支也成为一国宏观经济政策的重要目标之一。国际收支是指一国进出口与净资本流出相等而形成的平衡。一国的国际收支状况不仅反映了这个国家的对外经济交往情况，还反映出该国经济的稳定程度。在开放经济条件下，一国国际收支出现失衡，通过汇率的变动，会对国内经济形成冲击，从而影响该国国内就业水平、价格水平和经济增长。

国际收支平衡具体分为静态平衡与动态平衡、自主平衡与被动平衡。静态平衡，是指一国在一年的年末，国际收支不存在顺差也不存在逆差；动态平衡，不强调一年的国际收支平衡，而是以经济实际运行可能实现的计划期为平衡周期，保持计划期内的国际收支均衡。自主平衡，是指由自主性交易即基于商业动机，为追求利润或其他利益而独立发生的交易实现的收支平衡；被动平衡，是指通过补偿性交易即一国货币当局为弥补自主性交易的不平衡而采取调节性交易而达到的收支平衡。

这四个目标之间既存在互补性，也存在一定的冲突。因此，要实现上述目标，政府必须使各种政策手段相互配合，协调一致。如果财政当局与货币当局的政策手段和目标发生冲突，就达不到理想的政策效果，甚至可能偏离政策目标更远。另外，政府在制定政策时，不能追求单一目标，而应该综合考虑，否则会带来经济上和政治上的副作用。如充分就业与价格稳定间就存在两难选择。当然，政府还必须考虑到政策本身的协调和时机把握问题。上述这些都影响政策的有效性，即关系到政府政策目标实现的可能性和实现的程度。因此，政府在制定经济目标和经济政策时，应该做整体性的宏观战略考虑和安排。

二、各目标之间的关系

从长期来看，以上提到的宏观经济政策的四大目标是相互促进的。经济增长是充分就业、物价稳定、国际收支平衡的物质基础。物价稳定又是经济增长的前提。国际收支平衡有利于国内物价稳定，有利于利用国际资源扩大本国生产能力，加速经济的增长。充分就业意味着充分利用资源，这当然会促进经济增长。但是，从短期看，从迄今为止的各国政策实践来看，大部分目标之间却存在着冲突，这主要表现在：

（一）稳定物价与充分就业

事实证明，稳定物价与充分就业两个目标之间经常发生冲突。若要降低失业率，增加就业人数，就必须增加货币工资。若货币工资增加过少，对充分就业目标就无明显促进作用；若货币工资增加过多，致使其上涨率超过劳动生产率的增长，这种成本推进型通货膨胀，必然造成物价与就业两项目标的冲突。如西方国家在20世纪70年代以前推行的扩张政策，不仅无助于实现充分就业和刺激经济增长，反而造成“滞胀”局面。

物价稳定与充分就业之间的矛盾关系可用菲利普斯曲线来说明。

1958年，英国经济学家菲利普斯（A.W.Phillips）根据英国1861—1957年失业率和货币工资变动率的经验统计资料，勾画出一条用以表示失业率和货币工资变动率之间交替关系的曲线。这条曲线表明，当失业率较低时，货币工资增长率较高；反之，当失业率较高时，货币工资增长率较低。由于货币工资增长与通货膨胀之间的联系，这条曲线又被西方经济学家用来表示失业率与通货膨胀率此消彼长、相互交替的关系。

这条曲线表明，失业率与物价变动率之间存在着一种非此即彼的相互替换关系。也就是说，多一点失业，物价上涨率就低；相反，少一点失业，物价上涨率就高。因此，失业率和物价上涨率之间只可能有以下几种选择：

1. 失业率较高的物价稳定。

2. 通货膨胀率较高的充分就业。

3. 在物价上涨率和失业率的两极之间实行组合，即所谓的相机抉择，根据具体的社会经济条件做出正确的组合。

（二）稳定物价与经济增长的因版影出日版本宽附郏鄂金社出 ES 稳定物价与促进经济增长之间是否存在着矛盾，理论界对此看法不一，主要有以下几种观点：

1. 物价稳定才能维持经济增长。这种观点认为，只有物价稳定，才能维持经济的长期增长势头。一般而言，劳动力增加，资本形成并增加，加上技术进步等因素促进生产的发展和产量的增加，随之而来的是货币总支出的增加。由于生产率是随时间的进程而不断发展的，货币工资和实际工资也是随生产率而增加的。只要物价稳定，整个经济就能正常运转，维持其长期增长的势头。这实际上是供给决定论的古典学派经济思想在现代经济中的反映。

2. 轻微物价上涨刺激经济增长。这种观点认为，只有轻微的物价上涨，才能维持经济的长期稳定与发展。因为，通货膨胀是经济的刺激剂。这是凯恩斯学派的观点，凯恩斯学派认为，在充分就业没有达到之前增加货币供应，增加社会总需求主要是促进生产发展和经济增长，而物价上涨比较缓慢。

并认定资本主义经济只能在非充分就业的均衡中运行，因此轻微的物价上涨会促进整个经济的发展。美国的凯恩斯学者也认为：价格的上涨，通常可以带来高度的就业，在轻微的通货膨胀之中，工业之轮开始得到良好的润滑油，产量接近于最高水平，私人投资活跃，就业机会增多。

3. 经济增长能使物价稳定。这种观点则认为，随着经济的增长，价格应趋于下降，或趋于稳定。因为，经济的增长主要取决于劳动生产率的提高和新生产要素的投入，在劳动生产率提高的前提下，生产的增长，一方面意味着产品的增加，另一方面则意味着单位产品生产成本的降低。所以，稳定物价目标与经济增长目标并不矛盾。这种观点实际上是马克思在 100 多年以前，分析金本位制度下资本主义经济的情况时所论述的观点。

实际上，就现代社会而言，经济的增长总是伴随着物价的上涨。这在上述分析物价上涨的原因时曾予以说明，近 100 年的经济史也说明了这一点。有人曾做过这样的分析，即把世界上许多国家近 100 年中经济增长时期的物价资料进行了分析，发现除经济危机和衰退外，凡是经济正常增长时期，物价水平都呈上升趋势，第二次世界大战以后情况更是如此。没有哪一个国家在经济增长时期，物价水平不是呈上涨趋势的。就我国而言，几十年社会主义经济建设的现实也说明了这一点。20 世纪 70 年代资本主义经济进入滞胀阶段以后，有的国家甚至在经济衰退或停滞阶段，物价水平也呈现上涨的趋势。

从西方货币政策实践的结果来看，要使稳定物价与经济增长齐头并进并不容易。主要原因在于，政府往往较多地考虑经济发展，刻意追求经济增长的高速度。譬如采用扩张信用和增加投资的办法，其结果必然造成货币发行量增加和物价上涨，使物价稳定与经济增长之间出现矛盾。

（三）**充分就业与国际收支平衡**

在一个开放型的经济中，国家为了促进本国经济发展，会遇到两个问题：

1. 经济增长引起进口增加。随着国内经济的增长，国民收入增加及支付能力的增加，通常会增加对进口商品的需要。如果该国的出口贸易不能随进口贸易的增加而相应增加，必然会使得贸易收支状况变坏。

2. 引进外资可能形成资本项目逆差。要促进国内经济增长，就要增加投资，提高投资率。在国内储蓄不足的情况下，必须借助于外资，引进外国的先进技术，以此促进本国经济。这种外资的流入，必然带来国际收支中资本项目的差额。尽管这种外资的流入可以在一定程度上弥补贸易逆差而造成的国际收支失衡，但并不一定就能确保经济增长与国际收支平衡的齐头并进。其原因在于：

（1）任何一个国家，在特定的社会经济环境中，能够引进技术、设备、管理方法等，一方面决定于一国的吸收、掌握和创新能力；另一方面，还决定于国产商品的出口竞争能力和外汇还款能力。

所以，在一定条件下，一国所能引进和利用的外资是有限的。如果把外资的引进完全置于平衡贸易收支上，那么外资对经济的增长就不能发挥应有的作用。此外，如果只是追求利用外资促进经济增长，而忽视国内资金的配置能力和外汇还款能力，那么必然会导致国际收支状况的严重恶化，最终会使经济失衡，不可能维持长久的经济增长。

（2）在其他因素引起的国际收支失衡或国内经济衰退的条件下，用于矫正这种失衡经济形态的货币政策，通常是在平衡国际收支和促进经济增长两个目标之间做合理的选择。国际收支出现逆差，通常要压缩国内的总需求，随着总需求的下降，国际收支逆差可能被消除，但同时会带来经济的衰退。而国内经济衰退，通常采用扩张性的货币政策。随着货币供给量的增加，社会总需求增加，可能刺激经济的增长，但也可能由于输入的增加及通货膨胀而导致国际收支失衡。

（四）经济增长与国际收支平衡

从短期看，高速度的经济增长需要增加进口国外的机器设备、先进技术及原材料，而扩大出口不可能在短期内达成，这会引起国际收支恶化。涨在短期内，稳定物价与国际收支平衡之间，充分就业与经济增长之间的关系往往是一致的。

以上四大目标相互之间既存在互补关系，也有交替关系。互补关系是指一个目标的实现对另一个的实现有促进作用。如为了实现充分就业水平，就要维护必要的经济增长。交替关系是指一个目标的实现对另一个有排斥作用。如物价稳定与充分就业之间就存在两难选择。为了实现充分就业，必须刺激总需求，扩大就业量，这一般要实施扩张性的财政和货币政策，由此就会引起物价水平的上升。而为了抑制通货膨胀，就必须紧缩财政和货币，由此又会引起失业率的上升。又如经济增长与物价稳定之间也存在着相互排斥的关系。因为在经济增长过程中，通货膨胀难以避免。再如国内均衡与国际均衡之间存在着交替关系。这里的国内均衡是指充分就业和物价稳定，而国际均衡是指国际收支平衡。为了实现国内均衡，就可能降低本国产品在国际市场上的竞争力，从而不利于国际收支平衡。为了实现国际收支平衡，又可能不利于实现充分就业和稳定物价的目标。

由此，在制定经济政策时，必须对经济政策目标进行价值判断，权衡轻重缓急和利弊得失，确定目标的实现顺序和目标指数高低，同时使各个目标能有最佳的匹配组合，使所选择和确定的目标体系成为一个和谐的有机的整体。

三、宏观经济政策工具

宏观经济政策工具是用来达到政策目标的手段。在宏观经济政策工具中，常用的有需求管理、供给管理、国际经济政策。

（一）需求管理

需求管理是指通过调节总需求来达到一定政策目标的宏观经济政策工具。它包括财政政策和货币政策。需求管理政策是以凯恩斯的总需求分析理论为基础制定的，是凯恩斯主义所重视的政策工具。

需求管理是要通过对总需求的调节，实现总需求等于总供给，达到既无失业又无通货膨胀的目标。它的基本政策有实现充分就业政策和保证物价稳定政策两个方面。在有效需求不足的情况下，也就是总需求小于总供给时，政府应采取扩张性的政策措施，刺激总需求增长，克服经济萧条，实现充分就业；在有效需求过度增长的情况下，也就是总需求大于总供给时，政府应采取紧缩性的政策措施，抑制总需求，以克服因需求过度扩张而造成的通货膨胀。

（二）供给管理

供给学派理论的核心是把注意力从需求转向供给。供给管理是通过对总供给的调节，来达到一定的政策目标。在短期内影响供给的主要因素是生产成本，特别是生产成本中的工资成本。在长期内影响供给的主要因素是生产能力，即经济增长的潜力。供给管理政策具体包括控制工资与物价的收入政策、指数化政策、人力政策和经济增长政策。

1. 收入政策。收入政策是指通过限制工资收入增长率从而限制物价上涨率的政策，因此，也叫工资和物价管理政策。之所以对收入进行管理，是因为通货膨胀有时是由成本（工资）推进所造成的（参见成本推进的通货膨胀）。收入政策的目的就是制止通货膨胀。它有以下三种形式：一是工资与物价指导线。根据劳动生产率和其他因素的变动，规定工资和物价上涨的限度，其中主要是规定工资增长率。企业和工会都要根据这一指导线来确定工资增长率，企业也必须据此确定产品的价格变动幅度，如果违反，则以税收形式以示惩戒。二是工资物价的冻结。即政府采用法律和行政手段禁止在一定时期内提高工资与物价，这些措施一般是在特殊时期采用，在严重通货膨胀时也被采用。三是税收刺激政策。即以税收来控制增长。

2. 指数化政策。指数化政策是指定期地根据通货膨胀率来调整各种收入的名义价值，以使其实际价值保持不变。主要有：一是工资指数化；二是税收指数化，即根据物价指数自动调整个人收入调节税等。

3. 人力政策又称就业政策。是一种旨在改善劳动市场结构，以减少失业的政策。主要有：一是人力资本投资。由政府或有关机构向劳动者投资，以提高劳动者的文化技术水平与身体素质，适应劳动力市场的需要。二是完善劳动市场。政府应该不断完善和增加各类就业介绍机构，为劳动的供求双方提供迅速、准确而完全的信息，使劳动者找到满意的工作，企业也能得到其所需的员工。三是协助工人进行流动。劳动者在地区、行业和部门之间的流动，有利于劳动的合理配置与劳动者人尽其才，也能减少由于劳动力的地区结构和劳动力的流动困难等原因而造成的失业。对工人流动的协助包括提供充分的信息、必要的物质帮助与鼓励。

4. 经济增长政策。主要有：一是增加劳动力的数量和质量。增加劳动力数量的方法包括提高人口出生率、鼓励移民入境等；提高劳动力质量的方法有增加人力资本投资。二是资本积累。资本的积累主要来源于储蓄，可以通过减少税收，提高利率等途径来鼓励人们储蓄。三是技术进步。技术进步在现代经济增长中起着越来越重要的作用。因此，促进技术进步成为各国经济政策的重点。四是计划化和平衡增长。现代经济中各部门之间协调的增长是经济本身所要求的，国家的计划与协调要通过间接的方式来实现。

（三）国际经济政策

国际经济政策是对国际经济关系的调节。现实中每一个国家的经济都是开放的，各国经济之间存在着日益密切的往来与相互影响。一国的宏观经济政策目标中有国际经济关系的内容（即国际收支平衡），其他目标的实现不仅有赖于国内经济政策，而且也有赖于国际经济政策。因此，在宏观经济政策中也应该包括国际经济政策。

第二节　财政政策

一、国家财政的构成

国家财政由政府收入和支出两个方面构成，其中政府支出包括政府购买和转移支付，而政府收入则包含税收和公债两个部分。

政府支出是指整个国家中各级政府支出的总和，由具体的支出项目构成，主要可以分为政府购买和政府转移支付两类。政府购买是指政府对商品和劳务的购买，是一种实质性支出，有着商品和劳务的实际交易，如购买军需品、机关公用品、政府雇员报酬、公共项目工程所需的支出等都属于政府购买。而政府转移支付则是指政府在社会福利保险、贫困救济和补助等方面的支出。

政府的收入主要来源于税收和公债。税收是政府收入中最主要的部分，它是国家为了实现其职能按照法律预先规定的标准，强制的、无偿的取得财政收入的一种手段。而当政府税收不足以弥补政府支出时，就会发行公债。公债是政府财政收入的又一组成部分，它是政府对公众的债务，或公众对政府的债务。它不同于税收，是政府运用信用形式筹集财政资金的特殊形式。

二、财政政策工具

财政政策工具是财政当局为实现既定的政策目标所选择的操作手段。政府为实现既定的经济政策目标，需要采用的财政政策工具主要有：变动政府购买支出，改变政府转移支付，变动税收和公债。

（一）政府支出体系

1.政府购买。这是政府对商品和劳务的购买，包括购买军需品、警察装备用品、政府机关办公用品、付给政府雇员的酬金、各种公共工程项目的支出等都属于政府购买。可以说，政府购买涉及各种项目，从航空母舰到森林管理人员的薪金，无所不包。由于政府购买发生了商品和劳务的实际交换，直接形成了社会总需求和实际购买力，是国民收入的一个重要组成部分，因此是一种实质性的支出，它的大小是决定国民收入水平的主要因素之一，直接关系到社会总需求的规模。政府购买支出的变动对整个社会总支出水平起着举足轻重的调节作用。当社会总支出水平过低，人们的有效需求不足，存在严重的失业时，政府可以通过增加购买支出，例如兴办学校、增加教育投入、举办公共工程，以增加整个社会的总需求水平，减少失业，同经济衰退进行斗争。相反，当社会总支出水平过高、社会存在超额需求、存在通货膨胀时，政府应该采取减少政府的购买性支出的政策，以降低社会的总体有效需求，抑制通货膨胀，从而使经济达到充分就业的均衡。因此，通过改变政府购买性支出水平是政府财政政策的强有力手段之一。

2. 转移支付。与政府购买性支出不同，政府转移支付是指政府的社会福利等支出，如卫生保健支出、收入保障支出、退伍军人福利、失业救济和各种补贴等方面的支出。既然转移支付也是政府支出的重要组成部分，政府转移支付的增减对整个社会总支出同样具有重要的调节作用。与政府购买性支出一样，政府转移支付也是一项重要的财政政策工具。一般来说，当社会总支出水平不足、社会的有效需求不足、经济社会失业增加时，政府可以通过增加政府的转移支付、提高社会福利水平，使公众手中的可支配收入增加，从而提高人们的消费水平，增加整个社会的有效需求，减少失业；当社会总支出水平过高、有效需求过旺、存在通货膨胀时，政府则应该减少政府的转移支付，降低社会福利水平，使人们的可支配收入减少，降低公众的消费水平，从而使社会的有效需求降低，以制止通货膨胀。总之，通过政府转移支付的变动达到总供给与总需求的均衡，实现经济持续稳定地增长。政府购买支出和转移支付的变动通过乘数效应作用于国民收入，由于购买支出乘数大于转移支付乘数，因此，政府的购买支出乘数效应大于转移支付乘数效应。

（二）政府收入体系

1. 税收。在政府的收入中，税收是最主要的部分。经济学家普遍给税收这样定义：税收是个人和企业不能等价交换商品和服务而向政府的非自愿的支付。西方国家财政收入的增长，在很大程度上源自于税收收入的增长。税收依据不同的标准可以进行不同的分类。根据课税对象的不同，税收可以分为：财产税，所得税和流转税。财产税是指对纳税人的动产和不动产课征的税收。许多国家对财产的赠予或继承征税，有些国家还对纳税人的净财产（资产减去负债）征税，称之为个人财产税。所得税是对个人和公司赚取的所得课征的税收。在西方政府税收中，所得税占有的比例较大，因此，其税率的变动对社会经济生活会产生巨大的影响。流转税是对流通中的商品和劳务的交易额课征的税收。增值税是其中主要的税种之一。根据收入中被扣除的比例，税收可分为累退税、累进税和比例税。累退税是指税率随征税客体总量增加而递减的一种税，比例税是税率不随征税客体总量变动而变动的一种税，即按一个统一的税率比例从收入中征收，多适用于流转税和财产税。累进税是税率随征税客体总量增加而增加的一种税。西方国家的所得税大部分属于累进税。这三种类型的税通过税率的变动反映了赋税的负担轻重和税收总量的关系，因此，税率的高低以及变动的方向对经济活动如个人收入和消费、企业投资、社会总需求等都会产生极大的影响。

税收既是作为西方国家财政收入的主要来源之一，又是国家实施其财政政策的一个重要手段，它与政府的购买性支出、政府的转移支付一样，同样具有乘数效应，即政府税收的变动对国民收入的变动具有成倍的作用。在讨论税收乘数时，一般要分清两种情况：一种是税率的变化对国民收入的影响；另一种是税收绝对量的变动对国民收入的影响。因此，税收作为一种财政政策工具，既可以通过改变税率也可以通过变动税收总量来实现宏观经济政策目标。例如，可以通过一次性减税即变动税收总量来达到刺激社会总需求的目的，还可以通过改变税率使社会总需求得以变动，以此达到预定的目标。由于改变税率主要是所得税率的变动，一般而言，当税率降低时，会引起税收的减少，个人和企业的消费和投资增加以致整个社会的总需求增加以及国民收入水平的提高。反之，税率的提高，会导致社会总需求的减少和国民收入水平的降低。因此，当经济社会有效需求不足时，一般可采用减税这种扩张性的财政政策抑制经济的衰退，而经济出现需求过旺通货膨胀时，可通过增加税收这种紧缩性的财政政策抑制通货膨胀。

2. 公债。这是政府向公众举借的债务，或者说是公众对政府的债权，性质为“临时挪用、影响供求”，它是政府财政收入的另一个组成部分。公债是相对于私债而言的，其最大的区别就在于公债的债务人是拥有政治权利的政府。公债与税收不同，公债是以国家（或政府）信用为基础的，是政府以其信用向公众筹集财政资金的特殊形式。从公债发行的主体看，有中央（联邦）政府公债和地方各级政府公债，通常将中央政府发行的内债称为国债，它是指本国公民持有的政府债券。公债一般分为短期公债、中期公债、长期公债三种形式。短期公债一般指偿还期在 1 年或 1 年以内的公债，短期公债最常见的形式是国库券，主要是为了弥补当年财政赤字或解决临时资金周转不灵的问题，利息一般较低，主要进入短期资本市场（货币市场）。中期公债是指偿还期限在 1 ~ 5 年的公债，主要目的是为了弥补财政赤字或筹措经济建设资金。长期公债则是指偿还期限在 5 年以上的公债，但一般按预先确定的利率逐年支付利息，主要是为了筹措经济建设资金。中长期公债由于期限长风险大因而利率较高，也是西方国家资本市场上最主要的交易手段之一。从以上对公债的性质的分析可以看出，政府发行公债，一方面能增加政府的财政收入，弥补财政赤字，筹措建设资金，影响财政收支，属于政府的财政政策；另一方面，又能对货币市场和资本市场在内的金融市场产生扩张和收缩的作用，通过公债的发行在金融市场上影响货币的供求，促使利率发生变动，进而影响消费和投资，调节社会总需求水平，对经济产生扩张和收缩的效应。因此，从这一点上来看，公债既具有财政政策的功能，又有一定的货币政策作用。

三、自动稳定机制项动

自动稳定器，亦称内在稳定器，是指经济系统本身存在的一种会减少各种干扰对国民收入冲击的机制，能够在经济繁荣时期自动抑制膨胀，在经济萧条时期自动减轻衰退，无须政府采取任何行动。西方经济学家认为，现代西方财政制度本身就具有自动稳定经济的功能。当经济发生波动时，财政制度的内在稳定器就会自动发挥作用，调节社会总需求水平，减轻经济周期波动的幅度。财政制度的这种内在稳定经济的功能主要通过以下三项制度得到发挥。

首先是政府税收的自动变化。当经济衰退时，国民产出水平下降，个人收入减少；在税率不变的情况下，政府税收会自动减少；在实行累进税的情况下，经济衰退使纳税人的收入自动进入较低纳税档次，政府税收下降的幅度会超过收入下降的幅度，从而可起到抑制衰退的作用。反之，当经济繁荣时，失业率下降，人们收入自动增加，税收会随个人收入增加而自动增加，可支配收入也就会自动地增加一些。在实行累进税的情况下，繁荣使纳税人的收入自动进入较高的纳税档次，政府税收上升的幅度超过收入上升的幅度，从而起到抑制通货膨胀的作用。由此西方学者认为，税收的这种因经济波动而自动发生变化的内在机动性和伸缩性是一种有助于减轻经济波动的自动稳定因素。

其次是政府转移支付的自动变化，它包括政府的事业救济和其他社会福利支出。当经济出现衰退时，失业增加，符合救济条件的人数增多，失业救济和其他社会福利支出就会相应增加，这样就可以抑制人们收入特别是可支配收入的下降，进而抑制消费需求的下降。当经济繁荣时，失业人数减少，失业救济和其他社会福利开支也会自然减少，从而抑制可支配收入和消费的增长，减轻通货膨胀的程度。

最后是农产品价格维持制度。经济萧条时，国民收入下降，农产品价格下降，政府依照农产品价格维持制度，按支持价格收购农产品，这样可使农民收入和消费维持在一定水平上。经济繁荣时，国民收入增加，农产品价格上升，这时政府减少对农产品的收购并抛售农产品，限制农产品价格上升，这样就抑制了农民收入的增长，从而也就减少了总需求的增加量。

总之，政府税收、转移支付和农产品价格维持制度都是财政制度的内在稳定器，是政府稳定经济的第一道防线。但是“自动稳定器”的作用十分有限，特别是对于剧烈的经济波动，自动稳定器难以扭转。当经济发生严重的萧条和通货膨胀时，它不但不能使经济回复到没有通货膨胀的充分就业状态，而且还会起阻碍的作用。例如，当经济陷入严重萧条时，政府采取措施促使经济回升。但是当国民收入增加的时候，税收和储蓄趋于增加，政府的转移支付却减少了，使经济回升的速度减缓，这时自动稳定器的变化都与政府的需求背道而驰。因此，当代西方经济学家认为，要确保经济稳定，实现宏观调控的政策目标，主要靠政府酌情使用的财政政策。

四、斟酌使用的财政政策

西方经济学家认为，为确保经济稳定，政府要审时度势，主动采取一些财政措施，变动支出水平或税收以稳定总需求水平，使之接近物价稳定的充分就业水平。这就是斟酌使用的或权衡性的财政政策。例如，当政府认为总需求水平过低，经济可能出现衰退时，政府应通过削减税收、增加支出或双管齐下来刺激经济增长，防止可能出现的经济衰退。反之，当认为总需求水平过高，出现通货膨胀时，政府应增加税收、减少支出或双管齐下来抑制经济出现过热势头。前者称之为“扩张性财政政策”，后者称之为“紧缩性财政政策”。究竟什么时候采取扩张性财政政策，什么时候采取紧缩性财政政策，应由政府对经济发展的形势加以分析权衡，斟酌使用。这样一套经济政策是凯恩斯主义的相机抉择的“需求管理”。由于凯恩斯分析的是需求不足型的萧条经济，因此他认为调节经济的重点要放在总需求的管理方面，使总需求适应总供给。当总需求水平过低，小于总供给出现衰退和失业时，政府应采取扩张性财政政策以刺激经济；当总需求水平过高，大于总供给出现通货膨胀时，政府应采取紧缩性财政政策以抑制总需求。简言之，就是要“逆经济风向行事”。

斟酌使用的财政政策在20世纪30年代到20世纪60年代效果不错，但之后出现的“滞胀”使它受到了怀疑。这说明斟酌使用的财政政策的作用同样具有局限性。因为在实际经济活动中存在各种各样的限制因素影响这种财政政策作用的发挥。

（一）时滞。认识总需求的变化，变动财政政策以及乘数作用的发挥，都需要时间。时滞有三种：

1. 认识时滞，即从问题的发生到人们意识到这种问题需要经过一段时间；

2. 决策时滞，即当需要采取某种政策到政府决定采取某种政策需要经过一段时间；

3. 实施时滞，即当采取某种政策措施以后到实际发生效果之间需要经过一段时间。由于时滞的存在，财政政策往往不能起到很好的作用。

（二）不确定性。实行财政政策时，政府主要面临两个方面的不确定：

1. 乘数大小难以准确地确定；

2. 必须预测总需求水平通过财政政策作用达到预定目标究竟需要多少时间。而在这一时间内，总需求特别是投资可能发生戏剧性的变化，这就可能导致决策失误。

（三）外在的不可预测的随机因素的干扰，也可能导致财政政策达不到预期结果。

此外还存在政策的“挤出效应”问题。政府增加支出，会使利息率提高，私人投资支出减少，即发生“挤出效应”。所以实行积极的财政政策时必须考虑这些因素的影响，尽量使其效果接近预期目标。

五、西方财政预算思想的发展

西方财政预算思想的发展，大体经历了平衡预算和功能财政两个阶段。

（一）年度平衡预算思想

基本思想为：财政预算应当努力实现年度收支平衡。20 世纪 30 年代以前，西方国家奉行的理财思想基本上还是亚当·斯密在其 1776 年出版的

《国富论》中提出的原则：一个谨慎行事的政府应该厉行节约，量入为出，每年预算都要保持平衡。这就是所谓的年度平衡预算思想。

这个原则遭到了凯恩斯主义者的攻击。他们认为衰退时税收必然会随收入的减少而减少。如果坚持年度平衡预算的观点，那么为了减少赤字，只能减少政府支出或提高税率，其结果会加深衰退；当经济过热，出现通货膨胀时，税收必然随收入的增加而增加，为了减少盈余，只有增加政府支出或降低税率，其结果反而会加剧通货膨胀。这样，坚持年度平衡预算只会使经济波动更加严重。

（二）**周期平衡预算思想**

周期平衡预算是指政府在一个经济周期中保持平衡。在经济衰退时实行扩张政策，有意安排预算赤字，在繁荣时期实行紧缩政策，有意安排预算盈余，以繁荣时的盈余弥补衰退时的赤字，使整个经济周期的盈余和赤字相抵而实现预算平衡。这种思想在理论上似乎非常完整，但实行起来非常困难。这是因为在一个预算周期内，很难准确估计繁荣与衰退的时间与程度，两者更不会完全相等。因此连预算也难以事先确定，从而周期预算平衡也无法实现。

（三）**功能财政思想**

30 年代的世界经济危机和“凯恩斯革命”使人们意识到在经济衰退时期机械地保持预算平衡既无必要同时也会加深衰退，因此，年度预算平衡的思想受到众多经济学家的质疑。这样，年度平衡预算思想发展为保持每一个经济周期的预算平衡思想，即周期平衡预算。然而由于难以准确地估计出繁荣和衰退的时间和程度，周期平衡预算也被经济学家所质疑。

1962 年美国肯尼迪政府总统经济顾问委员会提出一个新的思想，认为每年度的预算平衡甚至周期的预算平衡都是不必要的。财政政策目标应该是提供足够的有效需求在制止通货膨胀的同时实现充分就业，因此，不能机械地用财政预算收支平衡的观点对待预算盈余和预算赤字，而应从反经济周期的需要出发来合理地利用预算盈余和预算赤字。当存在通货紧缩缺口即有大量失业存在时，政府有责任不惜一切代价实行扩张性财政政策，增加政府支出和减少税收，实现充分就业。即使原来存在预算赤字，政府也应不惜赤字的继续扩大而果断地执行扩张性的财政政策。当经济存在通货膨胀缺口时，政府要采取紧缩性财政政策即减少支出、增加税收，即使原先存在预算盈余，也要不惜盈余的继续扩大实施紧缩性政策。这就是功能财政思想。

功能财政的中心思想就是：政府为了实现充分就业和物价的稳定，应根据经济形势的变化采取相应的政策措施，需要有赤字就有赤字，需要存在盈余就有盈余，而不应单纯为实现财政的收支平衡而影响政府制定和执行正确的财政政策。功能财政思想否定了原来的预算思想，主张预算的目标是实现无通货膨胀的充分就业，而不是仅仅追求政府的收支平衡，因此，这一思想的提出同单纯强调政府收支平衡的思想相比是一大进步。但是，也应该看到，功能财政的实施也存在相当大的困难。一方面，经济形势的波动常常难以预测，对经济形势的估计也不会十分准确；另一方面，政府的决策需要一定的时间，并且效果也具有某种滞后性，所以导致这种政策难以奏效。例如，为消除失业采取了减税和增加政府支出等扩张性财政政策后，由于政策的滞后性，经济形势可能已转入了繁荣，但扩张性政策仍在实施，结果会导致更加严重的通货膨胀。

六、公债与赤字

遵循功能财政的思想，许多西方国家先后实行了政府干预经济的积极财政政策，这种政策就是逆经济风向行事的“相机抉择”。但由于政府出于政治上的考虑，大部分是实行消除失业的扩张性财政政策，结果造成财政赤字的上升和国家债务的累积。

财政赤字是国家的预算开支超过收入的结果。弥补财政赤字的方法有两个：借债和出售政府债券。政府借债又有两种方法：一是向中央银行借款，由中央银行购买政府债券，这会引起货币供给增加。中央银行购买政府债券，实际上是通过创造新货币来进行支付，这种为赤字筹资的方式称为货币筹资，结果会引发通货膨胀，其本质上是用征收通货膨胀税的方法解决赤字问题。许多发展中国家解决赤字问题往往采用这种方法，但发达国家却很少使用这种方法。另一种方法是发行公债包括内债和外债。内债是政府向本国居民、企业和各种金融机构发行的债券，外债是向外国举借的债务，包括向外国借款和发行外币债券，发行债券可称为债务筹资。从一般意义上讲，内债是向国内公众举借的债务，是将购买力由公众向政府进行转移，由于基础货币并没有增加，故不会引起直接的通货膨胀。但政府债券的发行往往会引起债券价格下降，利率上升，中央银行要想稳定利率，只有在公开市场业务中买进政府债券，无形中增加了货币供给，使得预算赤字增加的同时引起了通货膨胀。

公债作为政府取得收入的一种形式起到了弥补财政赤字的作用，但政府发行公债毕竟是一种负债，与税收不同，发行公债是要还本付息的，当每年累积的债务构成了巨大的债务净存量时，这些债务净存量所支付的利息又构成政府预算支出的一个重要的部分。在美国，政府的利息支出在GDP中的比重在20世纪60年代为1.3%，到90年代初上升到3.5%，政府的利息支付在30年间增长了近三倍，利息支付已成为政府支出中的主要组成部分。在政府预算的总赤字中，包括两个主要部分：非利息赤字（除利息支出外的全部政府支出与政府收入之差）和利息支出。因此，当非利息赤字为零或不变时，只要利息支出增加，政府的预算赤字就会进一步增长。假设其他条件不变，赤字增长会引起政府增加债券的发行，导致政府债务增加，债务的增加又会引起政府利息负担的加重，使赤字进一步增长，如此循环往复，公债的利息支付与政府赤字、公债便会同步增长。衡量一国债务负担率的指标是债务—收入比率，它是一国债务与GDP的比率。债务—收入比率的变动主要取决于以下几个因素：公债的实际利率、实际GDP的增长率和非利息预算盈余的状况。当非利息预算盈余不变时，公债的利率越高，

GDP 的增长率越低，这一比率将会上升；若非利息预算盈余不断增加，实际利率有所下降，实际 GDP 不断提高，则这一比率将会逐步下降。

目前世界上大多数国家的政府债务累积额都在不断增加，1992 年底，美国的政府债务总量已达到 4 万亿美元。面对日益庞大并且不断增长的政府债务，西方经济学家对公债的是非功过提出了各自不同的看法，争论的焦点涉及两大问题：公债的资源配置效应和公债的收入分配效应。一些经济学家认为，公债无论是内债还是外债，和税收一样，都是政府加在人民身上的一种负担。原因是公债要还本付息，它最终是要通过征税和发行货币的方法得以解决，必然加重人民的负担。同时这种负担还将转移到未来几代人的身上，往往通过发行新债的办法来偿还旧债。然而，另外一些经济学家则认为，外债对一国公民而言是一种负担，因为其本金和利息必须使用本国公民创造的产品来偿还，但内债则不同，因为内债是政府欠人民的债，而内债的还本付息，归根结底来自课税，所以是“自己欠自己的债”。从整个国家来看，债权和债务总是恰好相抵的，因而不构成负担。况且政府总是存在的，会通过发新债的办法偿还旧债；即使通过征税的办法来偿还债务，实际上也仅是财富的再分配而已，对整个国家来说，财富并未损失。尤其是当经济未达到充分就业时，由于发行公债可以促进资本的形成，增加有效需求，使经济增长速度加快，可以为子孙后代创造更多的财富，因此不会对子孙后代产生不良影响。只有在充分就业的情况下，发行公债不是用于资本的形成，或者公债的增加挤占了私人投资，这种公债的发行就会成为人们的负担。

七、西方财政的分级管理模式

一国政府通过财政政策所进行的一切干预活动，都必须以该国的财政管理体制为基础。因此，财政管理体制对政府调控宏观经济具有十分强烈的制约作用。

根据财权和事权相一致的原则，西方国家普遍采取分级管理的财政体制。在财政分级管理体制下，税收被划分为中央税、地方税和中央与地方共享税三种，分别规定为中央政府和地方政府的财政收入来源；支出也同样被划分为中央政府支出和地方政府支出，并各自规定了相应的支出范围。至于中央政府对地方政府的调节，则主要依靠税收返还制度和中央政府支出对地方政府的财政补助形式进行，中央政府财政预算与地方财政预算各自分开，自求平衡。美国是这种财政分级管理体制的典型代表，它实行联邦、州和地方的三级财政预算管理体系。就税收种类而言，联邦税主要包括个人所得税、财产税、社会保险税等；地方税包括财产税、公共设施税等，其中财产税为地方、州、联邦三级共同分享。联邦政府财政收入约占全部收入的60%，主要来自于个人所得税、公司所得税、社会保险税这三项税收，州和地方约占40%。在联邦政府的预算支出中，约有10%用于补助州与地方。这样联邦政府既可以凭借其财力，对州和地方的发展进行干预和影响，并可以在一定程度上，促进全国经济较平衡地发展，调动地方理财的积极性，克服一切依赖中央的倾向。就支出而言，联邦政府的支出，主要用于国防和国际关系，其次是社会保险。州与地方政府的财政支出则主要用于教育、道路、公共福利及公共设施等。在这种财政分级管理体制下，政府的预算收入与支出，所制定的税制结构与累进所得税制、失业保险等，都成为美国政府调控宏观经济，调整中央与地方关系以及帮助政府实施经济政策目标的重要手段。

第三节　货币政策

一、西方的银行体系的构成

货币供给是指一定时期内一国银行系统向经济中投入、创造、扩张

（或收缩）货币的过程。现代信用货币制度下，货币供给过程一般涉及中央银行、商业银行、存款人和借款者四个行为主体。其中在货币供给过程起决定作用的是银行体系。流通中的货币都是通过银行供给的，货币供给与中央银行和商业银行的资产负债活动密切相关。

要了解货币政策，必须首先具备一些西方银行制度的知识，因为货币政策是要通过银行制度来实现。对于银行体系的划分有很多种方法，例如，按照各种金融机构在金融体系中的地位、作用及业务性质，划分为中央银行、商业银行、政策性银行、其他金融机构；按金融机构创造货币、创造交换媒介和支付手段的能力，划分为银行金融中介机构和非银行金融中介机构等。西方主要国家的金融机构不是完全相同的。但大体来说，主要包括中央银行和金融中介机构两类，金融中介机构中最主要的是商业银行、专业性银行和非银行金融机构。

（一）商业银行

商业银行是以获取利润为经营目标、以多种金融资产和金融负债为经营对象、具有综合性服务功能的金融企业。在各类金融机构中，是一种历史最悠久、业务范围最广泛、对社会经济生活产生的影响最为深刻的一种。

商业银行的业务种类繁多，主要包括：

1. 信用中介职能，是商业银行最基本的职能，也是最能反映其经营活动特点的职能。商业银行一方面动员集中社会各种暂时闲置的货币资金，使其成为银行最重要的资金来源；另一方面将动员集中起来的货币资金，再贷放出去投向需要资金的企业。银行实际上成了货币资金贷出者与借入者之间的中介人。要注意的是，商业银行在实现资金由盈余者向短缺者转移的过程中，资金的所有权并没有改变，改变的仅仅是资金的使用权。商业银行的信用中介职能对于国民经济的正常运转和发展有着重要意义。它把闲置的货币资金集中起来，使资金积少成多，续短为长，使资本得以最充分有效地运用，从而大大提高全社会对资本的使用效率，促进生产的发展。

2. 支付中介职能。支付中介是指商业银行利用活期存款账户，为客户办理各种货币结算、货币收付、货币兑换和转移存款等业务活动。支付中介是商业银行的传统功能，借助于这一功能，商业银行成了工商企业、政府、居民的货币保管者、出纳人和支付代理人，这使商业银行成为社会经济活动的出纳中心和支付中心，并成为整个社会信用链的枢纽。

商业银行在经营货币的过程中，代理客户支付，是通过存款在账户上的转移来实现的，商业银行充当支付中介，为收付款双方提供资金转账服务，大大减少了现金的使用，节约了社会流通费用，缩短了结算过程，加速了货币资金的周转，从而促进了现代经济的发展。

3. 信用创造职能。信用创造是商业银行的一个特殊职能。信用创造是指商业银行利用其可以吸收活期存款的有利条件，通过发放贷款，从事投资业务，而衍生出更多存款，从而扩大社会货币供给量。当然这种货币不是现金货币，而是存款货币，它只是一种账面上的流通工具和支付手段。

信用创造职能也是商业银行区别于其他金融机构的一个重要特点。商业银行通过创造流通工具和支付手段，可以节约现金使用，节约流通费用，并且还能满足经济发展对流通和支付手段的需要。

4. 金融服务职能，是商业银行发展到现代银行阶段的产物。市场经济的高度发展和人们生活质量的不断提高，使得各行各业甚至家庭生活都对金融业提出了更多更高的服务需求。商业银行利用其在国民经济中的特殊地位，及其在提供信息中介和支付中介业务过程中所获得的大量信息，运用电子计算机等先进手段和工具，为客户提供各种各样的金融服务。

这些服务主要有代理收付、信息咨询、财务咨询、计算机服务等。通过提供这些服务，商业银行一方面扩大了社会联系面和市场份额，另一方面也可以为银行取得不少费用收入，同时也加快了信息传播，提高了信息技术的利用价值，促进了信息技术的发股。

（二）中央银行

中央银行是在银行业发展过程中，从商业银行中独立出来的一种银行。

中央银行是一国金融机构的核心，处于金融机构体系的中心环节。中央银行代表国家对金融机构实行监管，管理金融市场，维护金融体系的安全运行，制定一国的货币政策，实施金融宏观调控，并代表政府与国外金融机构打交道。

当今世界各国，除了极少数国家以外，几乎都设立了中央银行，但其名称有所不同，有的直接叫中央银行，有的中央银行称为储备银行。各国中央银行尽管在成立时间、规模大小、地位等方面各不相同，但他们实质上都执行着中央银行的职能，起着中央银行的作用。

中央银行具有以下三个职能：

1. 作为发行的银行，独享发行国家货币的权利。

2. 作为银行的银行，一方面（用票据再贴现、抵押贷款等方式）为商业银行提供贷款，另一方面为商业银行集中保管存款准备金，还为各商业银行集中办理全国的结算业务。

3. 作为国家的银行，第一，代理国库，一方面将国库委托代收各种税款和公债价款等收入作为国库的活期存款，另一方面代理国库拨付各项经费，代办各种付款和转账。第二，提供政府所需资金。国家可以向中央银行借款，即由中央银行用贴现国家的短期国库券的形式为政府提供短期资金，也可以帮助政府发行公债或以直接购买公债方式为政府提供长期资金，帮助政府弥补政府预算中出现的财政赤字。第三，充当政府在一般经济事务和处理政府债务等方面的顾问。第四，监督、管理国家的金融市场活动，代表国家处理与外国发生的金融业务关系。第五，根据经济形势采取适当的货币政策，与财政政策相配合，为宏观经济目标的实现服务。

与一般的商业银行和其他金融机构相比，中央银行具有如下特征：

1. 不以营利为目的；

2. 不经营普通的银行业务，只与政府和各类金融机构往来，不办理厂商和居民的存贷款业务；

3. 具有服务机构和管理机构的双重性质，有执行金融监管、扶持金融发展的双重任务；

4. 处于超脱地位，在一些国家中甚至独立于中央政府，免受政治周期的影响。

（三）政策性银行

政策性银行是指专门经营指定范围和提供专门性金融服务的银行。随着社会生产力的不断发展，社会分工也越来越细，政策性银行便应运而生。同时，政策性银行具有自身的某些特点：

一是专门性。即政策性银行的业务活动具有专门性，它是针对某一特定部门或领域的顾客服务的银行。

二是政策性。政策性银行往往是因政策的需要而设置的，体现了一国政府支持和鼓励某一地区、某一部门或某一领域发展的政策导向。

三是行政性。政策性银行的建立往往具有一定的官方背景，有的甚至就是政府的银行或政府代理银行。

西方国家的政策性银行种类很多，而且名称各异，这里介绍其中主要的几种。

1. 开发银行，是指专门为满足经济建设长期投资需要而设立的银行。这类投资具有投资量大、时间长、见效慢、风险大等特点，一般商业银行往往不愿承担。开发银行一般为国家或政府所创办，不以营利为目的。如新产品开发、新经济区的基础设施、全国性公共设施的建设等都属于投资多、见效慢、周期长的工程，这些工程社会效益好，但是否盈利难以预计，所以往往由国家开办的开发银行来承担。

开发银行可分为国际性开发银行、区域性开发银行和本国性开发银行三种。国际性开发银行，如国际复兴开发银行（也叫世界银行），主要为成员国提供长期贷款，满足成员国经济复兴和开发对资金的需求。区域性开发银行主要为某一区域的会员国提供服务，如亚洲开发银行，仅仅对亚洲地区参加该组织的会员国提供服务。本国性开发银行主要对国内企业和建设项目提供长期贷款。

2. 投资银行，是指专门对工商企业办理投资和长期信贷业务的银行。投资银行与商业银行不同，商业银行主要以吸收企业短期存款，发放短期贷款，为企业日常生产和商业活动服务。而投资银行是对工商企业办理长期投资、长期贷款、包销或代销新发行的有价证券业务的政策性银行，其资金来源主要依靠发行自己的股票和债券来筹集，有些国家虽然也允许投资银行吸收存款，但主要是定期存款，有些国家的投资银行则根本不能吸收存款。从其经营的业务范围来看，投资银行的主要业务有：对工商企业的股票和债券进行直接投资；对工业企业提供中长期贷款；为工商企业代办发行或包销股票与债券；参与企业的创建重组和并购活动；包销本国政府和外国政府的公债券；提供投资和财务咨询服务等。

投资银行在世界各国的称谓有所不同，投资银行是在美国和欧洲大陆的称呼，在英国，投资银行被称为商人银行，在日本，则称为证券公司。此外，与这种银行性质相同的还有实业银行、长期信贷银行、金融公司、持股公司、投资公司等多种形式和名称。

3. 储蓄银行，是指办理居民储蓄并以吸收居民储蓄存款为主要资金来源的银行。储蓄银行的服务对象主要是居民，其资金来源主要是居民的储蓄存款，资金运用主要是为居民提供消费信贷和其他贷款，同时，也可以在可靠的债券市场投资（如购买国家债券等）。与我国几乎所有的金融机构都经营储蓄业务的情况有所不同，在西方国家，储蓄银行大多是专门建立的、独立的金融机构。并且为了保护小额储蓄者的利益和保证储蓄银行所集聚的大量资金的合理投向，各国对储蓄银行大多有专门的管理法令。

各国对储蓄银行的称谓也有所不同，如美国称之为互助储蓄银行、储蓄贷款协会等，英国称之为信托储蓄银行，日本称之为储蓄银行。尽管称谓不同，但其功能基本相同，都是为居民直接提供金融服务的。储蓄银行既有私营的，也有公营的。

4. 进出口银行，是专门为对外贸易提供结算、信贷等国际金融服务的银行。进出口银行一般承担商业银行不愿承担的高风险贷款，弥补商业银行提供进出口信贷上的不足，改善本国出口融资条件，增强本国商品的出口竞争力。所以这类银行在经营原则上带有浓厚的政治色彩，一般属于政策性银行的范畴，是官方或半官方的金融机构，美国称之为进出口银行，日本称之为输出入银行，法国称之为对外贸易银行。

进出口银行的资金来源有政府拨人资金、借入资金、发行债券和其他渠道等。其资金运用主要是通过提供优惠出口信贷来增强本国企业的出口竞争力，并且为私人金融机构提供出口信贷保险，承保的范围主要是政治风险。同时，进出口银行往往也是执行本国政府对外援助的一个金融机构。

5. 农业银行，是指为贯彻和配合政府政策，专门为农业、畜牧业、林业、渔业的发展提供金融服务的银行。农业由于受自然因素影响比较大，农业贷款具有规模小、期限长、风险大、收益低等特点，商业银行一般都不愿为农业部门提供融资，因此，政府需要设立专门的金融机构为之服务。如美国的联邦土地银行，法国的农业信贷银行，德国的农业抵押银行，日本的农林渔业金融公库，印度的国家农业及农村开发银行，亚洲的太平洋地区农业信贷协会等。

农业银行的资金来源呈多样化，主要包括借入政府资金、发行债券、借入其他金融机构资金、吸收存款和国外借款等。资金运用主要是向农牧渔民创业和发展生产提供低息贷款、担保和发放补贴等。农业银行一般为官方或半官方的金融机构。

（四）非银行金融机构

非银行金融机构是指那些经营某些金融业务但又不称为银行的金融机构。

20 世纪 80 年代以来，随着各国金融自由化进程的不断加快，非银行金融机构迅猛发展，并已在各国的金融体系中占据越来越重要的地位。主要包括：

1. 保险公司，是专门经营保险业务的非银行金融机构。它是以集合多数单位或个人的风险为前提，根据风险损失概率计算分摊金额，并以保险费的形式聚集起来，建立保险基金，用于补偿因自然灾害或意外事故所造成的经济损失的具有法人资格的金融机构。西方国家的保险业十分发达，各类保险公司是各国最重要的非银行金融机构。在西方国家，几乎是无人不保险、无物不保险、无事不保险。为此，西方国家按保险种类分别设有形式多样的保险公司，如财产保险公司、人寿保险公司、意外灾害保险公司、信贷保险公司、存款保险公司、再保险公司等。其中，人寿保险公司兼有保险和储蓄的双重性质和特殊优势，在保险业发展中居于领先地位。

保险公司主要依靠投保人缴纳保险费和发行人寿保险单方式筹集资金，保险公司筹集的资金，除保留一部分以应付赔偿所需外，其余部分主要投向收入比较稳定的政府债券、企业债券和股票，以及发放不动产抵押贷款、保单贷款等。

保险公司业务的种类因划分标准不同，分类也不一样。按保险标的来分，可分为财产保险业务和人身保险业务。财产保险业务包括财产损失保险、责任保险和信用保险等业务；人身保险业务包括人寿保险、健康保险和意外伤害保险等业务。按保险人是否承担全部责任来分，可分为保险和再保险。按保险经营的性质来分，可分为政策性保险和商业性保险。按保险实施方式来分，可分为自愿保险和强制保险等。

2. 信托投资公司，起源于英国，最初叫尤斯制，是指委托人基于对受托人的信任，将其财产权转移给受托人，受托人以自己的名义，为受益人的利益或特定目的，管理或处置财产的行为。即信托公司接受老百姓的委托（动产或不动产、有形或无形），按约定的条件和目的进行管理、运用和处置，所得收益归受益人（受益人可以是委托人，也可以是第三方），信托公司收取手续费或佣金。

信托公司是随着市场经济的发展而产生和发展起来的。随着市场经济的发展，初期的无偿信托关系逐渐发展成为有偿信托，专门办理有偿信托业务的机构即为信托公司。因此，信托公司是以代人理财为主要经营内容，以受托人身份经营现代信托业务的金融企业。

信托投资公司是信托公司的类型之一。信托投资公司除办理一般信托业务外，其突出的特点在于从事投资业务。目前国际上信托投资公司的投资业务大体上分为两类：一是以其他公司的股票、债券为经营对象，通过证券买卖、股利和债息来获取收益；二是以投资者身份直接参与对企业的投资。

3. 证券公司，是专门从事各种有价证券经营及相关业务的金融企业。它的主要业务包括：一是自营业务，即有价证券的自营买卖；二是代理业务，即受客户委托代理证券买卖，销售和认购有价证券等；三是信用业务，即向客户提供融资的业务；四是咨询业务。

证券公司既是证券交易所的重要组成成员，也是有价证券转让柜台交易的组织者和参加者。证券公司在金融市场上起着重要的作用。在一级市场上，证券公司通过承购、代销、包销有价证券，促进发行市场的顺利运行。在二级市场上，证券公司通过代理和自营买卖有价证券，使投资双方达到资金融通的目的。

4. 信用合作社，是西方国家普遍存在的一种互助合作性金融组织，有农村农民的信用合作社，有城市手工业者或某一行业等特定范围成员的信用合作社。信用合作社一般规模不大，他们的资金来源于合作社成员缴纳的股金和吸收的存款，社员存款称为股份，支付给社员的收益一般不以利息而以股利的方式支付。过去信用合作社的资金运用主要是向其成员提供小额的消费贷款和短期生产贷款，现在一些资金充裕的信用合作社已增加了家庭住房抵押贷款、信用卡贷款，有的信用合作社还为社员的生产设备更新改造提供中、长期贷款。

5. 租赁公司，是以融物的形式起融资作用的金融企业。第一家现代租赁公司是 1952 年 5 月创立的美国金融贴现公司，现为美国国际租赁公司。租赁公司的业务方式灵活多样，其中最主要的是金融租赁，即当企业、公司（承租人）需要更新或添置设备时，不是以直接购买的方式投资，而是以付租金的方式向出租人借用设备。其具体的操作方法是：先由承租人选定设备，再由租赁公司购买承租人选定的设备后租赁给承租人，承租人在约定的期限内通过支付租金的方式有偿使用租赁设备。这里的租金包括出租人的利润、占用资金的利息、税赋等，因此，租金总额高于现货价款。

现代租赁业的租赁对象十分广泛，从不动产到动产，包括再生产过程中各个环节所需要的设备、设施、交通工具和办公设备。租赁业务可节约承租人的自有资金，扩大生产能力，是企业设备更新的较好途径。

6. 财务公司，又称为“财务有限公司”或“金融公司”，它是大型产业集团内部的融资机构。它不以投资为目的，主要是为本集团内部各企业融通资金，是一种经营部分银行业务的非银行金融机构。其业务主要有发放贷款、投资、经营耐用品租赁或分期付款等销售业务。财务公司的资金来源主要包括：向银行借款，出售商业票据，推销企业股票、债券和发行本公司债券（大额存款证），多数财务公司还接受定期存款。其所筹资金主要用于消费信贷和企业信贷方面。

7. 邮政储蓄机构，是与邮政部门关系密切的非银行金融机构，1861 年首创于英国。邮政储蓄机构主要经营小额存款，其吸收的存款一般无须提缴存款准备金，其资金运用一般是存入中央银行或购买政府债券。最初设立这种金融机构的目的是为了利用邮政部门广泛的分支机构，提供廉价有效的邮政汇款服务，提高结算速度，加快资金周转，因此在各国发展比较普遍。近年来，邮政储蓄机构向着两个方向发展：一种是逐步回归到商业银行性质；另一种是在政府支持下，变成一种公共事业，为社会提供各种服务，便利人们的生活。

（五）外资、合资金融机构

外资金融机构是指一国境内由外国投资者开设的银行、保险公司和证券公司等金融机构。合资金融机构是指外国资本与本国资本联合投资开设的银行和非银行金融机构。各国一般都将这类金融机构纳入本国金融机构体系内，并受本国金融当局的管理和监督。随着金融全球化的不断发展，各国已普遍放宽了对外资金融机构准入的限制，除有特别规定外，外资金融机构一般可从事与国内金融机构同样的业务。

二、影响货币供给的政策工具

与财政政策一样，货币政策一般也分为扩张性的和紧缩性的两种。扩张性的货币政策是通过增加货币供给来带动总需求的增长。当货币供给增加时，利息率会下降，取得信贷更加容易。因此，经济萧条时宜采用扩张性的货币政策。紧缩性的货币政策是通过削减货币供给的增长来降低总需求水平。在这种情况下，利息率会相应提高，取得信贷也比较困难。因此在通货膨胀比较严重时，宜采用紧缩性的货币政策。

既然货币政策是指中央银行通过变动货币供给量来影响利率，进而影响国民收入，那么，中央银行又运用哪些工具来变动货币供应量呢？一般来说要采取以下方式：

（一）法定存款准备率

法定准备率是中央银行控制货币供给量的有力工具。法定准备率的变化会直接改变商业银行的过度储备，引起银行贷款数量的变化，遏制商业银行的贷款扩张企图，避免挤提的倒闭风险。

由于法定准备率变动与市场上货币供给量的变动成反比例关系，因此，中央银行可以针对经济的繁荣与衰退以及银根的松紧状况调整法定准备率。例如：在经济处于需求不足和经济衰退的情况下，如果中央银行认为需要增加货币供给量，就可以降低法定准备率，使所有的存款机构只要求保留较少的准备金，在货币创造乘数的作用下，整个货币市场上的货币供给量会多倍的增加。降低法定准备率，实际上是增加了银行的可贷款数量。当然，提高法定准备率，就等于减少了银行的可贷款数量。从理论上讲，变动法定准备率是中央银行调整货币供给量的一种最简单的手段。然而，中央银行一般不轻易使用法定准备率这一政策工具，原因在于银行与金融体系、信贷、存款量、准备金量之间存在着乘数放大的关系，而乘数的大小与法定准备率成反比，因此，即使法定准备率的一个很微小的变化，都会对金融市场和信贷状况产生强烈的影响。因此，法定准备率这一政策手段很少使用，一般几年才会改变一次，尤其是银行家们极不欢迎经常变动法定准备率。

（二）再贴现率政策

这是美国中央银行最早运用的货币政策工具。过去，贴现就是银行根据未到期票据的票面额，扣除一定的利息后把票面余额付给持票人的一种放款业务。再贴现则是商业银行持已办理过贴现的、具有清偿能力的商业票据（例如商业银行自己持有的政府债券）作为担保，从中央银行取得贷款的一种借款方式。现在，都把中央银行给商业银行的贷款叫贴现，中央银行向商业银行及其他金融机构提供贷款的利率就是贴现率。贴现政策的作用，主要是掌握贷款条件的松紧程度和影响信贷的成本。当中央银行提高贴现率时，意味着商业银行向中央银行贷款的成本增加，将减少商业银行向中央银行贷款的需求，造成货币市场信贷规模收缩，在货币创造乘数的作用下，使货币供给量多倍地减少；当降低贴现率时，商业银行向中央银行贷款的成本就会降低，会激励商业银行向中央银行贷款的需求，出现市场信用扩张，在同样货币创造乘数的作用下，货币供给量会多倍增加。中央银行调整贴现率，不仅直接影响到商业银行的筹资成本，同时还间接地影响到商业银行对企业和个人发放贷款的数量，从而对企业和个人的投资与消费的经济活动产生影响。

贴现率对货币供给的影响机制大体可概括为：贴现率上升，商业银行向中央银行的贷款轻微下降，货币供给量有所减少；贴现率下降，商业银行向中央银行贷款有所上升，货币供给量将增加。贴现率的变动与货币供给量的变动成反比关系，同市场利率的变动成正比关系。

目前，贴现率的调整在货币政策中的作用与以前相比也大大地减弱。因为在现实经济活动中，商业银行和其他金融机构尽量避免在贴现窗口向中央银行借款，只是将其作为紧急求援的手段，不到万不得已不会轻易利用，以免被人误认为财务状况不佳。每个中央银行的贴现窗口都会执行中央银行关于商业银行和金融机构可以借款的数量和次数的规定，不会随货币政策的变动而变动。

另外，贴现政策也不是中央银行的主动性政策，原因在于中央银行只能等待商业银行向其借款，而不能要求商业银行向其借款，所以，这一货币政策的效果有限。另外，当商业银行的准备金十分缺乏时，即使再贴现率很高，商业银行依然会从中央银行的贴现窗口借款，中央银行想通过较高的贴现率来抑制商业银行的借款就起不到太大的作用。因此，通过贴现率的变动控制银行准备金的效果是相当有限的。当今，贴现率政策往往作为一种补充手段与公开市场业务政策结合使用。

（三）**公开市场业务**

公开市场业务是指中央银行在金融市场上公开买进或卖出政府债券，以控制货币供给量、影响利率、消费与投资即总需求而最终达到预定的经济目标的政策行为。公开市场业务的目的是改变经济体系中货币与证券的相对供给量，从而改变利率，使公众以改变了的利率决定其持有资产的形式。中央银行买入政府债券，等于减少了市场上的债券数量，这会使债券价格上升，利率下降，公众才会愿意增加货币的持有量而减少政府债券的持有量，势必导致货币供给量增加。以美国为例，当经济形势的发展使中央银行认为有收缩银根的必要时，联邦储备系统下设的联邦公开市场委员会（FOMC）将在证券市场上出售政府债券，这一行动首先减少银行系统的基础货币（包括银行的存款准备金和公众手持的现金），同时通过银行系统的存款创造，导致货币供给量的多倍收缩；与此同时，由于政府出售债券，债券价格因供给量过大而下降，利率上升，企业投资降低，公众储蓄增加而消费降低，最终导致总需求降低，遏制经济的过热现象，降低通货膨胀率。反之，若经济出现萧条，失业问题严重，中央银行认为有放松银根的必要，就在公开市场中买进政府债券，增加基础货币，通过银行系统的存款创造，引起货币供给量的多倍扩张和利率的下降，使企业投资和公众消费增加，提高总需求水平，制止经济的衰退，减少失业。

由于中央银行既可以将公开市场业务作为一种防御性工具使用，例如在发生通货膨胀时，售出政府债券，使货币供给量减少，紧缩信用，抑制通货膨胀；中央银行也可以把公开市场业务作为一种进攻性工具使用，由中央银行主动决定买进或卖出政府债券的时间和数量，用以扩张或收缩信贷规模，通过货币供给量的调整来影响国民经济，达到预期的经济目标。因此，公开市场业务在西方国家被认为是最有效、最灵活的货币政策工具，也是最常使用的货币政策工具。

公开市场业务是当代西方国家特别是美国中央银行控制货币供给量最重要也是最常用的政策工具。之所以将之当作能够掌握的最重要、最常使用的政策工具或手段，是因为：第一，中央银行运用公开市场业务在金融市场上是一种“主动出击”而不是“被动等待”。就这点而言，这项政策工具比贴现率政策具有优越性。第二，使用这项政策工具，中央银行可以随时决定买卖债券的种类和数量，可以随时进行精细的调查，以便于较好地控制业务效果，这比一刀切式地调整法定准备率要好得多。第三，公开市场业务是由专门机构和专业人员根据总的政策方针灵活进行的，无须层层审批的烦琐程序，有利于适应瞬息万变的市场需要。

（四）政策工具总结

扩张性的货币政策目的在于减轻或消除经济萧条和失业。包括以下三种措施：

1. 降低法定准备率。

法定准备率的降低（通过货币乘数作用）→增加市场上的货币量→利息率水平下降→促进企业投资→增加社会总需求→增加就业，振奋经济。

2. 降低贴现率。

贴现率是商业银行向中央银行借款时的利息率。贴现率下降→商业银行向中央银行借款上升→商业银行的准备金增加→放款增加→货币供给量上升→企业投资上升→社会总需求上升→恢复经济、增加就业。

3. 中央银行通过市场买进政府债务。

萧条时：中行买进政府债券→货币投入市场→企业得到货币→存入商行→商行存款增加→市场上的货币供给增加→利息率下降—→社会总需求扩大。

紧缩性的货币政策目的在于减轻或克服通货膨胀，包括以下三种措施：

1. 提高法定准备率。

法定准备率上升→银行体系所创货币下降→货币供给量下降→利息率上升→企业投资下降—社会总需求下降→通胀抑制。

2. 提高贴现率。

贴现率上升→商行借款减少→商行准备金减少→放款减少→货币供给量下降→利息率上升→企业投资抑制—社会总需求下降→通货抑制。

3. 通过公开市场卖出政府债券。

通货膨胀→中央银行卖出政府债券→货币回笼→购买债券的厂商与居民户会从商行提取存款→商行存款减少→商行拥有的货币减少→市场上货币流通量减少→利息率上升→总需求缩小。

例如：西方国家中央银行在经济萧条时期，便在金融市场上买进政府发行的有价证券，以达到扩大信用的目的；在通货膨胀时期，又在金融市场上抛售有价证券，以达到紧缩信用的目的。

（五）其他货币政策手段

为了实现既定的政策目标，上述三种货币政策既可以单独使用，也可互相配合使用。除了上面介绍的三种一般性货币政策工具之外，中央银行还可以有选择地对某些特殊领域的信用直接或间接地控制，于是出现了以下其他类型的货币政策工具：

1. 道义上的劝告，又称“打招呼”。即中央银行对商业银行发出口头或书面的谈话或声明来劝说商业银行自动放宽或紧缩信用。这种手段虽无法律上的约束力，但对商业银行的行动是有一定约束作用的。

2. 局部的控制。在证券信贷方面有保证金的规定就属于局部的控制。

即购买证券时必须支付一定的现金比率，必须支付的最低现金叫“垫头”。例如，如果规定“垫头”为80%，则客户买进证券时必须拿出80%的现款，其余的20%可以向证券经纪人借款来支付。这一手段是为了控制金融市场的活动，使之不至于影响信用，并影响货币供给量与利息率。在萧条时期，降低“垫头”规定，以便放松信用，增加货币供给量，降低利息率；在膨胀时期，提高“垫头”规定，以便紧缩信用，减少货币供给量，提高利息率。

3. 规定存款利率的最高限额，控制中央银行对定期存款所支付的最高利息率，这就可以减少定期存款，使存款更多地转向易于控制的短期存款和债券。

4. 控制分期付款的条件。中央银行规定消费者购买耐用消费品分期付款的条件。如规定应付现款的最低限与付清贷款的最长期限。这一措施的目的是调节信贷在消费信贷和其他用处之间的分配，并鼓励和限制消费。

5. 控制抵押贷款的条件。抵押贷款是贷款者以自有资产作抵押品的贷款。中央银行控制抵押贷款的具体措施是规定第一次付款的数量和偿还期限。这种措施对控制贷款规模、偿还可能性非常有效。

三、货币政策效应

货币政策效应是指货币政策的实施对社会经济活动产生的影响，是货币政策的实施对实现货币政策目标的绩效或有效性，包括货币政策的数量效应和时间效应。

（一）货币政策的数量效应

对货币政策数量效果的衡量是个非常重要的方面，它关系到货币政策对国民经济最终影响的规模。一般来说，衡量货币政策的数量效果，主要在于分析和比较实施的货币政策所取得的效果与预期所要达到的目标之间的差距。人们在衡量货币政策的数量效应即货币政策效应的大小强弱时，是着眼于货币政策实施所取得的效果与预期所要达到的目标之间的差距。

在货币政策的数量效应上，以评估扩张政策为例，如果通货紧缩是由社会总需求小于社会总供给造成的，而货币政策正是以纠正供求失衡为目标，那么这项扩张性货币政策是否有效以及效应大小，可以从以下几个方面来考察：

1. 如果通过货币政策的实施，增加了货币供给，抑制了价格水平的过度下跌，刺激了需求的增加和产出的增长，那么可以说扩张性货币政策取得了预期的效果。

2. 如果货币供应量的扩张在刺激需求的同时，也带动了价格水平的不断上涨，那么货币政策有效性的大小，则要视价格水平变动率与产出和收入变动率的对比而定。若产出和收入的增加大于价格水平的上涨，货币扩张政策的有效性就比较大；如果相反，货币政策的效应就比较小。

3. 如果货币总扩张无力刺激需求和产出，却导致了价格的不断上涨，则可以说货币扩张政策无效。但在现实经济生活中，宏观经济目标的实现往往依赖于多种政策如收入政策、价格政策等的配套进行。因此，要准确地检验货币政策的效果，必须对其与其他政策之间的相互作用及作用的大小进行分析。

（二）货币政策的时间效应

用时间差来衡量货币政策时滞效应。从时间方面，它是用来分析货币政策发挥作用的快慢，即货币政策的时间效果。这就是说，衡量货币政策效果，就是分析和测算货币政策解决社会经济问题的效力强弱程度，以及这个效力在政策实施后多长时间才会发挥表现出来。

所谓时滞，是指根据现实经济情况，客观上需要制定某项政策到这项政策对经济活动的预期影响充分显示出来所需的时间，它由内部时滞和外部时滞两部分构成。

内部时滞，是指从经济和金融形势发生变化需要中央银行采取政策行动时始，到中央银行实际采取行动时止的这段过程。它又可分两部分：

1. 认识时滞，指从需要采取货币政策行动的形势出现，到货币当局认识到必须采取行动所需要的时间。它的长短与货币当局对情况的了解以及对经济形势的预测有关。

2. 行政时滞，指从货币当局认识到采取政策行动，到实际采取行动所需要的时间。

它的长短与货币当局的决策制度和行动决心有关。

外部时滞，是指中央银行采取货币政策行动之日起，到对经济活动发生充分影响时止的这段过程。它也可分两部分：

1. 转向时滞。货币当局在采取政策行动后，借助于中介指标调整货币供给或利率水平，面对新的经济和金融形势，各个经济单位必然会改变其决策和支出行为，其改变投资决策和支出决定之前的这段时间即为转向时滞。

2. 生产时滞。各经济单位改变其经济行为后，对整个社会的生产、就业与收入就会发生影响，这些影响主要由生产过程所决定，故称之为生产时滞。外部时滞主要由客观的经济和金融条件决定，较少受货币当局的控制。20 世纪 60 年代以来，西方经济学家采取各种经济计量模式，试图对外部时滞加以估计。他们的估计从未能够一致，但多数研究表明，货币政策达到它最终效果至少需要 6 个月，以至两年。

（三）影响货币政策效应的主要因素

1. 货币政策时滞对政策效果的影响。

货币政策时滞是指货币政策从研究、制定到实施后发挥实际效果的全部时间过程。一般说来，时滞短，则政策见效快，也便于中央银行及时调整货币政策的方向和力度。但相对来说，时滞长短对政策效果的影响不是最重要的，最重要的是时滞是否稳定可预测。如果时滞不稳定，难以预测，那么，即使货币政策措施是正确的，出台的时机也合适，但货币政策可能会在错误的时点上生效，结果可能适得其反。

2. 货币流通速度的影响。

货币流通速度如果不稳定，难以预测，则货币政策的效果不仅可能被削弱，而且货币政策可能会成为影响经济稳定的根源。这是因为，社会总需求从流量上看，表现为一定时期内的货币支出总量，它等于货币供应量与货币流通速度的乘积。如果货币流通速度是一个难于预测的波动不定的量，那么，即使中央银行能完全按照预定的目标调节货币供应量，也难以使总需求和 GDP 达到预期的水平，这时，货币政策就难以达到预期的效果。

3. 微观经济主体预期的抵消作用。

当一项政策措施出台时，各种微观经济主体立即会根据可能获得的各种信息，预测政策的后果，从而很快做出对策，而且很少有时滞。而对微观主体广泛采取的具有抵消性作用的对策，货币当局的政策可能归于无效。不过，实际情况是，公众的预测即使非常准确，实施对策即使很快，其效应的发挥也有个过程，因此，货币政策仍会部分有效。

4. 其他经济政治因素的影响

（1）宏观经济条件的变化。一项既定的货币政策出台后，要保持一定的稳定性和持续性，不能朝令夕改。在这段时间内，如果经济出现某些始料不及的情况，而货币政策又难以做出相应调整时，就可能出现货币政策效果下降甚至失效的情况。

（2）既得利益者的政治压力。货币政策的实施，可能会影响到一些阶层、集团、部门或地方的既得利益，这些主体会做出强烈反应，形成压力，迫使货币政策调整。

第四节　财政政策和货币政策的局限和协调

一、政策的局限性

财政政策和货币政策的实际效果取决于许多复杂的因素，在现实生活中，财政政策与货币政策的实践还会遇到多种困难。

（一）财政政策局限性

财政政策实施中遇到的困难及局限性主要体现在以下几个方面：

1. 经济性因素。

财政政策会产生“挤出效应”。在竞争性部门中，政府投资效率不如民间投资，影响社会总投资效率。长期使用财政政策会抑制民间投资积极性。公众的行为可能会偏离财政政策的目标（动态不一致）。如政府采取增支减税政策扩大总需求时，人们并不一定会把增加的收入用于增加支出，也可能转化为储蓄。

2. 非经济因素。

有些财政政策的实施会遇到阻力。如增税一般会遭到公众的普遍反对；减少政府购买可能会引起大垄断资本的反对；削减政府转移支付则会遭到一般平民的反对。除此之外，财政政策的实施，还要受到政治因素的影响（如选举）。

3. 财政政策会存在“时滞”。

首先，财政政策的形成过程需要较长的时间。因为财政政策的变动一般是一个完整的法律过程，这个过程包括议会与许多专门委员会的讨论，政府部门的研究，各利益集团的院外活动等。这样，在财政政策最终形成并付诸实践时，经济形势可能已经发生意想不到的变化。因此，就会影响其所要达到的目标。其次，财政政策发挥作用也有时滞。有些财政政策对总需求有即时的作用。如政府购买的变动对增加总需求有直接而迅速的作用，减税对增加个人可支配收入有即时的作用，但对消费支出的影响则要一定时间后才会产生。

（二）货币政策

货币政策影响利率必须以货币流动速度不变为前提补川划财监因从货币市场均衡的情况看，增加或减少货币供给要影响利率的话，必须以货币流通速度不变为前提。如果这一前提并不存在，货币供给变动对经济的影响就要打折扣。在经济繁荣时期，中央银行为抑制通货膨胀需要紧缩货币供给，或者说放慢货币供给的增长率，然而，那时公众一般说来支出会增加，而且物价上升快时，公众不愿把货币持在手上，而希望尽快花费出去，从而货币流通速度会加快，这无异在流通领域增加了货币供给量。这时候，即使中央银行减少货币供给，也无法使通货膨胀率降下来。反之，当经济衰退时期，货币流通速度下降，这时中央银行增加货币供给对经济的影响也就可能被货币流通速度下降所抵消。

1. 在不同时期政策效果不同。

在通货膨胀时期实行紧缩的货币政策可能效果比较显著，但在经济衰退时期，实行扩张的货币政策效果就不明显。那时候，厂商对经济前景普遍悲观，即使中央银行松动银根，降低利率，投资者也不肯增加贷款从事投资活动，银行为安全起见，也不肯轻易贷款。特别是由于存在着流动性陷阱，不论银根如何松动，利息率都不会降低。这样，货币政策作为反衰退的政策，其效果就相当微弱。即使从反通货膨胀看，货币政策的作用也主要表现于反对需求拉上的通货膨胀，而对成本推进的通货膨胀，货币政策效果就很小。因为物价的上升若是由工资上涨超过劳动生产率上升幅度引起或由垄断厂商为获取高额利润引起，则中央银行想通过控制货币供给来抑制通货膨胀就比较困难了。

2. 货币政策作用的外部时滞也影响政策效果。

中央银行变动货币供给量，要通过影响利率，再影响投资，然后再影响就业和国民收入，因而，货币政策作用要经过相当长一段时间才会充分得到发挥。尤其是，市场利率变动以后，投资规模并不会很快发生相应变动。利率下降以后，厂商扩大生产规模，需要一个过程，利率上升以后，厂商缩小生产规模，更不是一件容易的事。总之，货币政策即使在开始采用时不要花很长时间，但执行后到产生效果却要有一个相当长的过程，在此过程中，经济情况有可能发生和人们原先预料的相反变化，比方说，经济衰退时中央银行扩大货币供给，但未到这一政策效果完全发挥出来经济就已转入繁荣，物价已开始较快地上升，则原来扩张性货币政策不是反衰退，却为加剧通货膨胀起了火上加油的作用。

二、两种政策的配合使用

财政政策和货币政策都各有其局限性，并且各自所采用的各种手段的特点、对国民收入产生的影响不同，因此，在进行宏观调控时，必须将二者有机地协调起来，搭配运用，才能有效实现预期政策目标。

交当发生通货膨胀时候，经常采用的搭配方式有两种：一是双紧缩政策。经济过热，发生通货膨胀时期，配合运用紧缩性财政政策和紧缩性货币政策。例如在减少政府支出，提高税率的同时，减少货币供应量，从而压缩总需求，抑制通货膨胀，减少国民收入，减缓物价上涨。这种双紧缩政策对经济起到紧缩作用，不过若长期使用，将会带来经济衰退，增加失业。因此，应谨慎使用作用幅度较大的双紧政策，它的适用条件是：需求膨胀，物价迅速上涨；瓶颈产业对经济起严重制约作用；经济秩序混乱。二是扩张性财政政策与紧缩性货币政策的搭配。扩张性财政政策有助于通过减税和增加支出，克服总需求不足和经济萧条。紧缩性货币政策，则可以控制货币供给量的增长，从而减轻扩张性财政政策带来的通货膨胀压力。但这种配合也有局限性，即扩大政府支出和减税，并未足够的刺激总需求增加，却使利率上升，国民收入下降，最终导致赤字居高不下。其适用条件是：财政收支状况良好，财政支出有充足的财源；私人储蓄率下降；物价呈上涨趋势。

当发生通货紧缩时候，经常采用的搭配方式也有两种：一是双扩张政策。经济产重衰退时，同时采取扩张性财政政策和扩张性货币政策。例如在政府增加支出或减少税率的同时，抑制利率上升，扩大信贷，刺激企业投资，从而扩大总需求，增加国民收入，在保持利率不变的条件下，缓和衰退、刺激经济。这种双扩张政策会在短期内增加社会需求，见效迅速，但配合如果不妥当，则可能带来经济过热和通货膨胀，在运用时应慎重，其适用条件是：大部分企业开工不足，设备闲置；劳动力就业不足；大量资源有待开发；市场疲软。另一种是紧缩性财政政策与扩张性货币政策的搭配。紧缩性财政政策可以减少赤字，而扩张性货币政策则使利率下降，在紧缩预算的同时，松弛银根，刺激投资带动经济发展。但这种配合模式运用不当会使经济陷入“滞胀”。其适用条件是：财力不足，赤字严重；储蓄率高；市场疲软。

两种政策的配合使用可总结为：

1. 为刺激总需求，扩张性财政政策（支出增加，税收减少）与扩张性货币政策（增加货币供给，降低利息率）可以配合使用。

2. 为收缩总需求，紧缩性财政政策（税收增加，支出减少）与紧缩性货币政策（减少货币供给量，提高利息率）可以配合使用。

3. 为在刺激总需求的同时又不至于引起太严重的通货膨胀，可扩张性财政政策和紧缩性货币政策相结合使用。

4. 一方面降低利息率增加投资，另一方面，减少政府支出，稳定物价，可扩张性货币政策和紧缩性财政政策相结合使用。

总之，不同的政策搭配方式各有利弊，应针对经济运行具体情况，审时度势，灵活适当地相机抉择。一般来说，一种政策搭配运用一段时间后，应选用另一种政策搭配取而代之，形成交替运用的政策格局，这也是财政政策与货币政策协调运用的重要形式。

第三章 通货膨胀理论

第一节 通货膨胀概述

通货膨胀被世界各国普遍视为一个重要的社会问题。经济学家们往往将一个社会的失业率和通货膨胀率合称为“痛苦指数”。20 世纪 70 年代，美国总统福特曾将通货膨胀列为“头号公敌”。降低通货膨胀率成为社会关注的对象和政府各项政策的着力点。1994 年，我国政府曾将控制通货膨胀作为首要工作来抓。由此可见，通货膨胀是关系到宏观经济运行的一个重要问题。

一、通货膨胀的定义

西方经济学中的通货膨胀是指经济中一般物价水平在比较长的时期内以较高幅度持续上涨。所以，对通货膨胀的认识不能凭感觉和简单化，比如局部的或个别的商品和劳务价格上涨，以及季节性、偶然性和暂时性的价格上涨都不能称为通货膨胀。如果一部分物价水平上升，另一部分物价水平下降，则可能会使一般物价水平稳定，甚至下降，也不能称为通货膨胀。

可见，通货膨胀必须具备两个条件：一是物价的上升不是指一种或几种商品的价格上升，而是物价水平的普遍上升，即物价总水平上升；二是物价水平不是一时的上升，而是持续一定时期的上升。

二、通货膨胀的测量

当一个经济中的大多数商品和劳务的价格连续在一段时间内普遍上涨时，宏观经济学就称这个经济经历着通货膨胀。那么如何理解大多数商品和劳务的价格上升呢？考虑到现实经济当中成千上万种不同商品价格加总的实际情况，以及经济当中一些商品价格上涨的同时，另一些商品的价格却可能在下降，而且各种商品价格涨跌幅度也不尽相同，针对这一复杂情况，宏观经济学运用价格指数这一概念来进行说明。

先看一下人们比较熟悉的股票市场的情况。在股票市场上，在开市期间的每时每刻都有许多股票在进行交易。在同一时间里，所交易的股票价格各异，而且，它们都在不断变化。有些股票价格上涨，有些股票价格下跌，而且各种股票的涨跌幅度也不相同。在这种市场中，单用某一种股票价格的变化来描述整个股票市场的价格情况显然不合适。那么，究竟怎样描述整个股票市场的价格变动情况呢？为此，人们提出了股票价格指数的概念。股票价格指数是指股票市场上各种股票价格的一种平均数，利用股票价格指数及其变化，人们就可以衡量和描述整个股票市场的价格变化情况。

与股票的情形相类似，宏观经济学用价格指数来描述整个经济中的各种商品和劳务价格的总体平均数，也就是经济中的价格水平。宏观经济学中涉及的价格指数主要包括三种：消费者价格指数（CPI）、生产者价格指数（PPI）和国内生产总值平减指数（GDP）。

（一）**消费者价格指数**（Consumer Price Index）

消费者价格指数的基本含义是人们有选择地选取一组相对固定的商品和劳务，然后比较它们按当期价格购买的花费和按基期价格购买的花费。

这一指数告诉人们的是，对于普通家庭的支出来说，购买具有代表性的一组商品，在今天要比在过去某一时间多花费多少。它主要是反映了与人们生活直接相关的衣服、食品、住房、水电、交通、教育、医疗等商品和劳务的价格变动。该指标的优点是资料比较容易收集，便于及时公布，能够较为迅速地反映公众生活费用的变化。由于它与社会公众的生活密切相关，所以广受关注。但该指标包括的范围较窄，不能反映各种资本品和中间品的价格变动情况。

（二）**生产者价格指数**（Producer Price Index）

作为衡量生产原材料和中间投入品等价格平均水平的价格指数，生产者价格指数是对给定的一组商品的成本的度量。它与 CPI 的一个不同之处在于，它包括原材料和中间产品，这使得 PPI 成为表示一般价格水平变化的一个信号，被当作经济周期的指示性指标之一，受到政策制定者的密切关注。同时，由于企业经营成本的上升最终往往要在消费品的零售价格中反映出来，所以生产者价格指数在一定程度上预示着消费者价格指数的变化。

（三）**国内生产总值平减指数**（GDP）

该指数是一个涵盖面更广的价格水平指标，它反映了一国生产的各种最终产品（包括消费品、资本品以及劳务）的价格变化状况。它等于按照当期价格计算的国内生产总值（即名义值）与按照基期价格计算的国内生产总值（即实际值）的比率。

有了价格水平（价格指数），这一概念就可以将通货膨胀更为精确地描述为经济社会在一定时期价格水平持续地和显著地上涨。通货膨胀的程度通常用通货膨胀率来衡量。通货膨胀率被定义为从一个时期到另一个时期的价格水平变动的百分比。

三、通货膨胀的分类

通货膨胀像疾病一样，也会表现出不同的严重程度。对于通货膨胀，西方学者从不同角度进行了分类。

（一）**按照通货膨胀的严重程度进行分类**

1. 温和的通货膨胀。温和的通货膨胀也称低通货膨胀。它的特点是价格上涨缓慢而且可以预测，我们可以将其定义为年通货膨胀率在 10% 以下的通货膨胀。在温和的通货膨胀阶段，物价相对比较稳定，人们对货币比较信任也愿意持有货币。这是因为这些货币的价值在一个月或一年当中不会有很大的变化，人们确信自己买卖的商品的相对价格变化不会太大。目前许多国家都存在着这种温和类型的通货膨胀。一些西方经济学家并不十分害怕这种温和的通货膨胀。甚至有些学者还认为这种缓慢而逐步上升的价格有良性作用，对经济和收入的增长有积极的刺激作用。因为物价上涨可以使厂商多得一点利润，以刺激厂商投资的积极性；同时，温和的通货膨胀不会引起社会太大的动乱，能像润滑油一样刺激经济的发展，这就是所谓的“润滑油政策”。

2. 急剧的通货膨胀。急剧的通货膨胀也称奔腾通货膨胀。它的特点是市场的价格水平以每年 10% 到 100%，甚至 200% 以上的速率上涨。这种较大幅度的物价的持续上升会持续较长的时期，这种急剧通货膨胀局面一旦形成并稳固下来，便会出现严重的经济扭曲。许多拉丁美洲国家，如阿根廷和巴西在 20 世纪七八十年代就曾经历过 50% 到 700% 的通货膨胀。

3. 恶性的通货膨胀。恶性通货膨胀也称为超级通货膨胀，是指通货膨胀率高且失去控制的物价水平。在这种情况下，各种商品的价格以每年百分之一百万甚至百分之万亿的惊人速率持续上涨，经济处于无法维持的状态。发生这种通货膨胀时，价格持续猛涨，人们都尽快地使货币脱手，从而大大加快了货币流通速度。其结果是人们对货币完全失去信任，货币购买力猛降，各种正常的经济联系遭到破坏，以致使货币体系和价格体系最后完全崩溃。在严重情况下，还会出现社会动乱。

（二）**按照对价格影响的差别进行分类**

1. 平衡的通货膨胀。平衡的通货膨胀是指每种商品的价格都按相同的比例上升。此时，商品的相对价格不变，和没有发生通货膨胀一样。这里所指的商品价格既包括一般商品的价格，也包括各种生产要素的价格，如工资率、租金、利率等。

2. 非平衡的通货膨胀。非平衡的通货膨胀是指每种商品的价格上升比例并不完全相同。此时，商品的相对价格改变。如 A 商品价格的上涨幅度大于 B 商品等。

（三）按照人们对通货膨胀的可预期程度进行分类

1. 未预期到的通货膨胀。未预期到的通货膨胀是指价格上升的速度超出人们的预料，或者人们根本没有想到价格会上涨。换句话说，人们可以在生活当中不知不觉地发现自己的钱变得不值钱了，而在此之前并没有什么标志可以让百姓预测到可能发生的悲剧。如苏联在解体前的几十年里，物价都是稳定的，当 1992 年物价突然放开时，没有人能预测到未来五年内物价会上升 1000 倍，经济学家也没有预测到。当时几年发生的通货膨胀使以传统方式保存财富的人的财富迅速化为乌有。

2. 预期到的通货膨胀。例如，当某一国家的物价水平年复一年地按 5% 的速度上升时，人们便会预计到，物价水平将以同一比例继续上升。既然物价按 5% 的比例增长成为意料之中的事，则该国居民在日常生活中进行经济核算时，会把物价上升的比例考虑在内。比如，银行贷款的利息率肯定会高于 5%，因为 5% 的利率仅能起到补偿通货膨胀的作用。

由于每个人都把 5% 的物价上涨考虑在内，所以每个人所要的价格在每一时期中都要上升 5%，每种商品的价格上涨 5%，劳动者所要求的工资、厂商所要求的利润都会以相同的速度上涨。因此，预料之中的通货膨胀具有自我维持的特点，有点像物理学的运动中物体的惯性。因此，预期到的通货膨胀有时又被称为惯性的通货膨胀。

第二节 通货膨胀的成因

关于通货膨胀的成因，西方经济学家提出了种种解释。总体上说，可分为三个方面：第一个方面为货币数量论的解释，这种解释强调货币在通货膨胀过程中的重要作用；第二个方面是以总需求和总供给的角度来加以解释；第三个方面是从经济结构中相关因素变动的角度来说明通货膨胀的成因。下面依次加以说明。

一、货币供给的通货膨胀

货币数量论的赞成者解释通货膨胀问题的基本思想是每一次通货膨胀背后都有货币供给的迅速增加。根据该理论，通货膨胀来源于三个方面：即货币流通速度的变化、货币增长和产量增长。如果货币流通速度不变且收入处于其潜在的水平上，可以得出通货膨胀的产生主要是货币供给量增加的结果。即货币供给的增加是通货膨胀的基本原因。

二、需求拉动的通货膨胀

需求拉动的通货膨胀，又称超额需求通货膨胀，是指总需求超过总供给所引起的一般价格水平的持续显著的上涨。需求拉动的通货膨胀理论把通货膨胀解释为“过多的货币追逐过少的商品”。图 3–1 用来说明需求拉动的通货膨胀。

图 3–1 中，横轴 y 表示总产量（国民收入），纵轴 P 表示一般价格水平。AD 为总需求曲线，AS 为总供给曲线。总供给曲线 AS 起初呈现水平状。这表示当总产量较低时，总需求的增加不会影响价格水平的上涨。图中，

当产量从零增加到y，价格水平始终稳定。总需求曲线AD与总供给曲线AS由交点决定的价格水平为P，总产量水平为y。当总产量达到y以后，继续增加总需求，就会遇到生产过程中一定程度上供给短缺的所谓瓶颈现象，即由劳动、原料、生产设备的不足而使价格上升，生产成本提高又会引起价格水平的上涨。当总需求曲线AD继续提高时，总供给曲线开始逐渐向右上方倾斜，价格水平逐渐上涨。

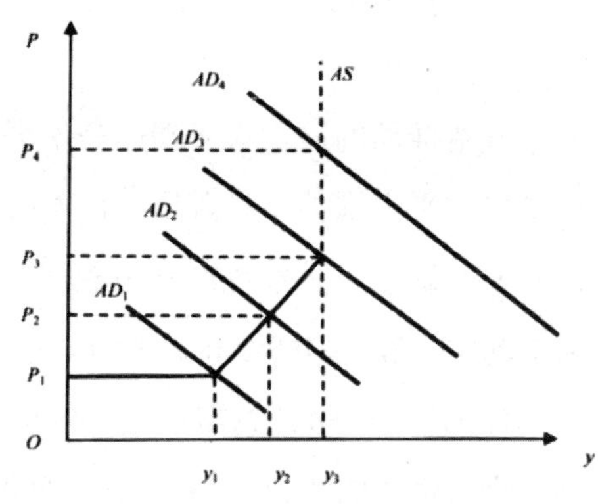

图3-1 需求拉动的通货膨胀

总需求曲线AD，与总供给曲线AS的交点决定的价格水平为P，总产量水平为y。当总产量达到最大，即充分就业的产量ys时，整个社会的经济资源全部得到利用。价格水平从P上涨到P和P的现象被称为瓶颈式的通货膨胀。在达到充分就业的产量ys以后，如果总需求继续增加，总供给就无法继续增加了，因此总供给曲线AS呈垂直状，这时，总需求的增加只会引起价格水平的上涨。例如，图中总需求曲线从AD；提高到AD时，它同总供给曲线的交点所决定的总产量并没有增加，依然是y，但是价格水平已经从P，上涨到P4。这就是需求拉动的通货膨胀。

对需求拉动型通货膨胀通常有两种解释。一是由于对产品和劳务的需求超过了现行价格条件下的供给，因此导致物价上涨。二是由于太多的货币追逐太少的货物而导致的物价上涨。20世纪20年代初在德国出现的通货膨胀就是对需求拉动型通货膨胀的最好证据。当时的德国中央银行曾印制了数万亿马克的纸币，这些纸币都涌入市场寻求相应的商品。而当时的德国社会并没有能力提供与其巨大的货币发行量相等值的商品，于是导致德国当时的物价几万倍的上涨，货币当然就变得不值钱了。

三、成本推动的通货膨胀

成本推动的通货膨胀理论是学者企图从供给方面说明为什么会发生一般价格水平上涨的一种理论。成本推动的通货膨胀，又称成本通货膨胀或供给通货膨胀，是指在没有超额需求的情况下，由于供给方面成本的提高所引起的一般价格持续和显著的上涨。

如图 3-2 所示，总需求是一定的，不发生变动，变动只出现在供给方面。当总供给曲线为 AS 时，这一总供给曲线和总需求曲线的交点决定的总产量为 y，价格水平为 P。当总供给曲线由于成本提高而移动到 AS，时，总供给曲线与总需求曲线的交点决定的总产量为 y，价格水平为 P。这时，总产量比以前下降，而价格水平比以前上涨，当总供给曲线由于成本进一步提高而移动到 AS% 时，总供给曲线和总需求曲线的交点决定的总产量为 ys，价格水平为 P3。这时的总产量进一步下降，而价格水平进一步上涨。

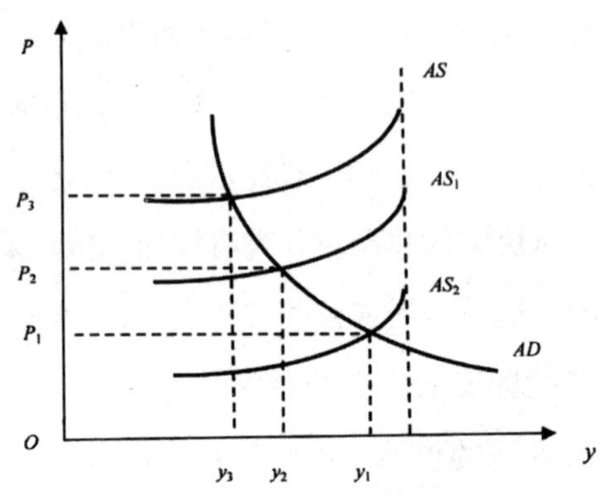

图3-2 成本拉动的通货膨胀

引起通货膨胀的原因不尽相同，因此成本推动的通货膨胀又可分为工资推动通货膨胀、利润推动通货膨胀和进口成本推动通货膨胀三种情况。

（一）**工资推动通货膨胀**（Wage-push Inflation）

工资推动的通货膨胀是指不完全竞争的劳动市场造成的过高工资所导

致的一般价格水平上涨。当代西方经济学家认为，现实的劳动市场是不完全竞争的市场，其原因在于工会的存在。当工会无节制地要求提高工资时，产品的成本将上升，在利润不变的前提下导致商品价格的上升。当这种情况成为普遍的现象时，便引起了通货膨胀。因此工资推动的通货膨胀是最有可能在经济趋于充分就业、劳动力变得紧缺时发生的。当劳动供不应求时，一方面有利于工会要求提高工资，另一方面也使厂商不愿意冒工人罢工的风险，因而增加工资的要求最容易实现。

学者认为，工资提高和价格上涨之间存在因果关系：工资提高引起价格上涨，价格上涨又引起工资提高。这样，工资提高和价格上涨形成了螺旋式的上升运动。

（二）**利润推动通货膨胀**（Profit-push Inflation）

利润推动通货膨胀，又称价格推动的通货膨胀，是指市场上具有垄断地位的厂商为了增加利润而提高价格所引起的通货膨胀。西方学者认为，不完全竞争的产品市场是利润推动的通货膨胀的前提。在完全竞争的产品市场上，价格完全取决于商品的供求，任何企业都不能通过控制产量来改变市场价格。而在不完全竞争的市场上，具有垄断地位的厂商为了追求更大的利润，控制了产品的销售价格，把产品价格定很高，致使价格上涨的速度超过成本增长速度。如 1973–1974 年，石油输出国组织把石油价格翻了两番，结果使 1973–1975 年的物价水平迅速上升；到 1979 年，石油价格又再一次提高，这两次石油价格的提高对西方发达国家产生了强烈的影响，由此导致的经济萧条被称为“石油危机”。

一些经济学家认为，工资推动和利润推动实际上都是操纵价格的上升，其根源在于经济中的垄断，即工会的垄断形成工资推动的通货膨胀，厂商的垄断引起利润推动的通货膨胀。

（三）**进口成本推动通货膨胀**（Imported Cost-push Inflation）

进口成本推动的通货膨胀是由于进口的原材料价格上升而引起的通货膨胀。在这种情况下，一国的通货膨胀通过国际贸易渠道而影响到其他国家。例如，20世纪70年代初，西方国家通货膨胀严重的重要原因之一就是世界石油价格的大幅度上升。这种通货膨胀发生时，物价上升会导致生产减少，从而引起萧条。

四、结构性通货膨胀

西方经济学家认为，在没有需求拉动和成本推动的情况下，只是由于经济结构因素的变动，也会出现一般价格水平的持续上涨，他们把这种价格水平的上涨称为结构性通货膨胀（Structural Rigidity Inflation）。

西方经济学家相信，即使总供给和总需求相对平衡的条件下，某些结构性因素也可能导致通货膨胀。这些结构性因素包括：

（一）瓶颈制约

有的国家由于缺乏有效的资源配置机制，使得资源在各部门之间的配置严重失衡。有些行业生产力过剩，而另一些行业如农业、能源、交通部门则严重滞后，形成经济发展的“瓶颈”。当这些瓶颈部门的价格因供不应求而上涨时，便引起其他部门甚至是生产过剩部门的连锁反应，形成一轮又一轮的价格上涨。

（二）需求移动

社会对产品和服务的需求不是一成不变的。它会不断地从某一部门转移到另一部门，而劳动力及其他生产要素的转移则需要时间，因此，原先处于平衡状态的经济结构可能因需求的移动而出现新的失衡。那些需求增加的行业，价格和工资将上涨，但是需求减少的行业，由于价格和工资刚性的存在，却未必会发生价格和工资的下降，其结果是，需求的转移导致了物价的总体上升。

（三）劳动生产率增长速度的差异

部门间劳动生产率增长速度的不同会引起总体物价水平的上升。这是结构性通货膨胀论者提出的一个命题。其基本的逻辑是，一国经济可根据劳动生产率增长速度的差异划分为不同的部门，如果各部门内的货币工资增长率都与本部门劳动生产率增长速度一致，则价格水平就可以维持在原有的物价上，但是落后部门的工人往往要求其货币工资与先进部门相同。由于这一压力，货币工资的整体水平便与先进部门的劳动生产率同比例增长。其结果是，落后部门的生产成本上升，进而造成物价总体水平的上升。

结构性通货膨胀理论标志着人们对通货膨胀成因认识的进一步深化，特别是在许多发展中国家，经济结构的失衡和部门间劳动生产率的差异确实存在并且在促成通货膨胀方面扮演着重要的角色。但是结构性通货膨胀的发生同样要以货币扩张为条件，因为在货币总量不变的条件下，这些结构性的因素也只能导致相对价格的变化，而不是整体价格的变化。

五、预期引起的通货膨胀

预期引起的通货膨胀（Expectational Inflation）是指因人们的预期引起的通货膨胀。例如，假定工会和厂商都预期下一年的通货膨胀率为 10%。工会将认为，既然明年的产品价格平均上升 10%，工资相应提高 10% 是合情合理的。问题是考虑到明年劳动生产率的增长，工资的增长率应该比 10% 高多少。厂商将认为，既然明年的产品价格平均上升 10%，工资相应提高 10% 是可以接受的。问题在于怎么使工资的增长不会超过 10% 太多。因此，工会和厂商将至少为 10% 的价格增长率签订劳资合同。另外，厂商与厂商之间签订购销合同，贷方与借方之间签订借贷合同，都同样考虑到 10% 的通货膨胀率。这样，即使下一年不存在需求方面和供给方面的任何压力，价格水平也将至少上升 10%。

在引起通货膨胀的原因被公众认识后，他们就会产生对通货膨胀的预期，进而会发生由预期引起的通货膨胀，要缓和预期引起的通货膨胀，必须改变他们对通货膨胀的预期。

第三节　通货膨胀对经济的影响

因为通货膨胀是一切社会都要面临的问题，而且突然降临的通货膨胀还会给人们的生活和社会的秩序带来极大的冲击。所以，无论是各国政府、中央银行、经济学家还是普通老百姓都很警惕通货膨胀。

一、通货膨胀对收入分配的影响

在现实经济中，产出和价格水平是一起变动的，通货膨胀常常伴随有扩大的实际产出，只有在较少一些场合中，通货膨胀的发生伴随着实际产出的收缩。为了独立地考察价格变动对收入分配的影响，假定实际收入是固定的，然后去研究通货膨胀如何影响分得收入的所有者实际得到收入的大小。在分析之前，还要区分货币收入和实际收入。货币收入就是一个人所获得的货币数量，而实际收入则是一个消费者用他的货币收入所能买到的商品和服务的数量。那么通货膨胀是如何影响收入分配的呢？

（一）通货膨胀不利于靠固定收入维持生活的人

靠固定收入维持生活的阶层，其固定的货币收入，落后于物价水平的上升，故其实际收入因通货膨胀而变少，他们收入的购买力将随价格的上升而下降。因而，他们的生活水平必然降低。哪些人属于固定收入阶层呢？属于固定收入阶层的主要是那些领救济金、退休金的人，那些白领阶层、公共雇员以及靠福利和其他转移支付维持生活的人。他们在相当长时间内所获得的收入是不变的。特别是那些只获得少量救济金的老人，遇到这种经济灾难，更是苦不堪言。他们是通货膨胀的牺牲品。近年来，西方政府用增加福利的办法来抵消通货膨胀对社会保障接受者的不利的再分配效应。如从 1972 年起，美国根据一项自动增长的调整公式，使社会保障利益指数化，工资也指数化，即同消费品价格指数挂钩，自动调整，以避免通货膨胀的影响。

而靠变动收入维持生活的人，则会从通货膨胀中受益匪浅，这些人的货币收入会走在价格水平和生活费用上涨之前。例如，在扩张的行业工作并有强大的工会支持的工人就是这样，他们的工资合同中订有工资随生活费用的上涨而提高的条款，或是有强有力的工会代表为他们与厂商进行谈判，在每个新合同中都能得到大幅度的工资增长。那些从利润中得到收入的企业主也能从通货膨胀中获利，如果产品价格比资源价格上升得快的话，则企业的收益将比它的成本增长得快。

（二）通货膨胀有利于雇主而不利于工人

通货膨胀自然会导致企业的生产成本上升，但是销售价格也会上升，正常的通货膨胀会对企业利润形成影响，或者说企业也是受害者，但很难导致真正的根本性的利益损害。这是因为，在不可预期的通货膨胀之下，工资不能迅速地根据通货膨胀来调整，从而就在名义工资不变或略有增长的情况下，使实际工资下降。同时，通货膨胀表现为产品价格上升，企业收益也会上升，一般能够抵消通货膨胀给企业带来的损失。这样，实际工资的下降和产品价格的上升就会使利润增加，而利润增加是有利于刺激投资的，更利于企业的发展。这正是一些经济学家主张以通货膨胀来刺激经济发展的理由。

（三）通货膨胀对储蓄者不利

随着价格上涨，存款的实际价值或购买力就会降低，那些口袋中有闲置货币和存款在银行的人会受到严重的打击。同样，像保险金、养老金及其他固定价值的证券财产等，他们本来是作为未雨绸缪和蓄资防老的。在通货膨胀中，其实际价值也会下降。

（四）通货膨胀有利于债务人而不利于债权人

债务契约根据签约时的通货膨胀率来确定名义利息率。当发生了未预期到的通货膨胀之后，债务契约无法更改，从而就使实际利息率下降，债务人受益，而债权人受损。假如甲向乙借款10万元，一年后归还，而这段时间内价格水平上升一倍，那么一年后甲归还给乙的10万元相当于借时的一半。这里假定借贷双方没有预计到通货膨胀的影响。

假如你是个债权人，持有固定利率的抵押贷款和长期债券作为资产，那么你的处境就会完全相反。价格突然上涨会使你变得比以前贫困，因为别人还给你货币的实际价值要比你原先借出时的小。如果借贷的名义利率为10%，通货膨胀率为20%，而实际利率为-10%。实际利率为名义利率和通货膨胀率之差，如果名义利率为10%，通货膨胀率为6%，而实际利率仅为4%。只要通货膨胀率大于名义利率，而实际利率就是负值。通货膨胀对贷款，特别是长期贷款带来不利的影响，使债权人不愿意发放贷款。贷款的减少会影响投资，使投资减少。

（五）通货膨胀有利于政府而不利于公众

第二次世界大战以来，通货膨胀从居民手中把大量再分配的财富转移到政府。其原因是：

1. 政府已经负债累累，发行了大量的债券，而大量的债券是掌握在居民手中的，也就是说，政府是债务人，而居民是债权人，于是，战后的通货膨胀就经常将财富从居民户那里转移到政府方面。

2. 在不可预期的通货膨胀之下，名义工资有所增加，尽管并不一定能保持原有的实际工资水平，但是，随着名义工资的提高，达到纳税起征点的人增加了，还有许多人进入了更高的税率等级，这样，政府的税收增加，而公众纳税数额增加，其实际收入却减少。政府由这种通货膨胀中所得到的税收称为“通货膨胀税”。这实际上是政府对公众的掠夺。这种通货膨胀税的存在不利于储蓄的增加，也影响了私人与厂商投资的积极性。

另外，需要注意的是，由于居民户既是收入获得者、金融证券的持有者，同时又是实际不动产的所有者。因而通货膨胀对他们的实际影响能够互相抵消。例如，某家庭的固定价值货币资产，如储蓄、债券、保险等，会因通货膨胀而减少其实际价值，但同时这一通货膨胀又会使他的房产、土地的价值增加。总之，许多居民同时因通货膨胀得益，又因通货膨胀有所损失。

二、通货膨胀对产出的影响

价格水平会影响国民经济的产出水平，国民经济的产出水平会随着价格水平的变化而变化。20 世纪 70 年代以前，较高的通货膨胀一直伴随着较高的就业和产出水平。当通货膨胀发生时，价格是明显上升的，由于追求短期利益，企业为提高产量，扩大生产，增加就业。但根据统计，长期来看，通货膨胀与产出之间存在着一种类似倒“U”型的关系。

表 3-1　通货膨胀与经济增长

通货膨胀率（% / 年）	人均 GDP 增长（% / 年）
-20—0	0.7
0—10	2.4
10—20	1.8
20—40	0.4
100—200	-1.7
1000 以上	-6.5

表 3–1 是近期涉及许多国家的一项课题研究。表中的数字来自 127 个国家的通货膨胀率与人均国内生产总值之间的关系统计资料。它反映了这些国家的产出增长与通货膨胀的关系。当通货膨胀率最低，为 0—10% 时，GDP 增长率最高，为 2.4%；而恶性通货膨胀率为 1000% 时，GDP 增长率最低，为 –6.5%。结果说明，经济高增长的通货膨胀与低通货膨胀率相联系，通货紧缩和温和的通货膨胀伴随着缓慢的经济增长，而恶性通货膨胀与经济大幅度下滑并行。结论是：低通货膨胀的国家的经济增长最为强劲，而高通货膨胀或通货紧缩国家的增长趋势则较为缓慢。

通货膨胀对产出方面的影响分为以下三种情况。

（一）随着通货膨胀的出现，产出增加，收入增加

这就是需求拉动的通货膨胀的刺激促进了产出水平的提高。一些经济学家认为温和的或爬行的需求拉动通货膨胀有利于刺激产出和就业的扩大。

假定总需求增加，经济复苏，造成一定程度的需求拉动的通货膨胀。在这种条件下，产品的价格会超过工资和其他资源价格上升的幅度。从而增加了厂商的利润。利润的增加会刺激厂商增加投资，扩大生产，从而减少失业，增加国民产出。这就意味通货膨胀的再分配不良后果会被增加就业与增加产出抵消。比如，对于一个失业工人来说，如果他唯有在通货膨胀条件之下才能得到就业机会，显然这受益于通货膨胀。

（二）成本推动的通货膨胀会使收入和产量减少，从而引发失业

假定在原来的总需求水平下，经济中已经实现了充分就业和物价稳定。如果发生成本推动的通货膨胀，则原来总需求所能购买的实际产品的数量将会减少。也就是说，当成本推动的压力抬高物价水平时，总需求只能在市场上支持一个较小的实际产出。所以，实际产出下降，导致厂商缩小生产规模，减少雇工，使失业率上升。美国在 20 世纪 70 年代的经济情况就证实了这一点。1973 年年末，石油输出国组织把石油价格提高，成本推动的通货膨胀使美国 1973–1975 年的物价水平迅速上升，与此同时，美国失业率从 1973 年的不到 5% 上升到 1975 年的 8.5%。

（三）恶性通货膨胀导致经济崩溃

首先，随着价格持续上升，居民和企业都会产生通货膨胀预期，即估计物价会再度升高。这样，人们为了不让自己的储蓄和现有的收入贬值，宁愿在价格进一步上升前把它花掉，从而会产生过度的消费购买，进一步导致总需求的上升，加剧通货膨胀。

随着通货膨胀而导致生活费用的上升，使劳动者会要求提高工资。他们不但会要求增加工资以抵消过去的价格水平上升所造成的损失，而且要求补偿下次工资谈判前可以预料到的通货膨胀带来的损失。于是企业增加生产和扩大就业的积极性就会逐渐丧失，使通货膨胀进一步加剧。

再次，企业在通货膨胀率上升时会力求增加存货，以便在稍后按高价出售，以增加利润，这种通货膨胀预期除了会鼓励企业增加存货外，还可能鼓励企业增加新设备。然而，企业这些行为在无法筹措到必需的资金（增加存货和购买设备都需要资金）时就会停止，银行会在适当时机拒绝继续为企业扩大信贷，银行利率也会上升，企业得到贷款会越来越难。企业被迫减少存货，生产就会收缩。

最后，当出现恶性通货膨胀时，情况会变得更糟。当人们完全丧失对货币的信心时，货币就不能再执行它作为交换手段和储蓄手段的职能。这时，任何一个有理智的人将不愿再花精力去从事财富的生产和正当的经营，而会把更多的精力用在如何尽快把钱花出去，或进行种种投机活动。等价交换的正常买卖、经济合同的签订和履行、经营单位的经济核算，以及银行的结算和信贷活动等等，都无法再实现，市场经济机制也无法再正常运行，别说经济增长不可能了，大规模的经济混乱也不可避免了。

第四节　通货膨胀的治理

一、通货膨胀的定义

这里将介绍和讨论传统的和现代的通货膨胀理论中最有影响的那些概念。读者可能注意到，在各种模式的讨论中，通货膨胀概念都未加解释，有关通货膨胀的问题，人们不是先加解释，而是一上来就企图给个通货膨胀定义二遗憾的是，到目前为止还没有一个为人普遍接受的或令人满意的定义。在西方经济学中最受人欢迎的是实用主义的通货膨胀定义，尽管这种定义不够精确，但它的优越性在于通俗。例如，美国著名经济学家莱德勒（Laidler）和帕金（Parkin）对通货膨胀下了如下定义："通货膨胀是一个价格持续上升的过程，也等于说，是一个货币价值持续贬值的过程。"这个定义谈到通货膨胀的现象，而没有涉及通货膨胀的原因及效应。

除了以通货膨胀现象确定定义外，一些经济学家要注重从通货膨胀的原因和效应或从通货膨胀进程中的特殊性质来定义通货膨胀。M·布朗芬布伦纳（Bronfen brenner）和F·D·霍尔兹曼（Holzmana）把通货膨胀分为四种类型：

除了上述定义外，还有一些其他的关于通货膨胀形式的分类，大体上有四种：

a. 公开的或压抑型通货膨胀。

b. 以通货膨胀率来区分通货膨胀。

c. 预期通货膨胀和非预期通货膨胀。

d. 需求拉上和成本推动式通货膨胀。

必须指出的是，这种分类法在西方经济理论中已失去了传统通货膨胀理论所赋予它的中心地位．置率地说，已经有些过时了。其原因是人们很难实证性地辨别出这两种通货膨胀类型。

将这四种形式的通货膨胀概列如下表（表3–2）。

表3–2　上述四种通货膨胀形式

类型	分类标准
a. 公开或压抑性通货膨胀	市场机制运行情况
b. 爬行式的、温和式的、奔腾式的和恶性通货膨胀	价格总水平上涨率
c. 预期或预期通货膨胀	通货膨胀顶期
d. 成本推动或需求拉上式通货膨胀	通货膨胀原因

二、通货膨胀的影响

（一）改变收入及财富的再分配

这种影响首先表现在货币收入固定和货币收入不固定的居民之间。

通货膨胀使每个人都身受其害，因为人们的收入没有通货膨胀率增长得快。在失业高涨时发生通货膨胀，这意味给那些货币收入实际下降的人带来沉重的负担。经济学家用实际收入这个术语来表示按价格变化加以调整后的一种收入。如果你的货币收入增加了10%，而日用品价格水平却提高了15%，那么你的实际收入已经下降。显然，货币收入固定的人实际收入下降得最大。因而老年人和退休者损失最严重。

由于萧条使工资下降和通货膨胀使价格上升这样双重影响，大部分美国工人在1965至1973年这十年期间的实际工资水平一直较低。这样，一个负担三口人的非农场工人，在交纳联邦税以后，每周实际所得工资虽然按货币计算从1965至1968年增长得很快，但工人的实际工资（按1967年购买力不变时的美元计算）则仅由1965年的91.32美元提高到1968年的99.44美元。由于1969年和1970年的衰退（和通货膨胀），货币工资仍在上升，但实际工资却下降到89. 95美元，即低于19b5年的水平。1971年和1972年，工业扩张造成了货币工资相当可观的上升，1972年甚至连实际工资也提高到96.40美元，尽管价格也在上涨。这种情况是常见的，因为当产量和生产力在增长时，工人们通常确实能分享到某些好处。

但在扩张的最后阶段，在平时“繁荣”的开始时期，尽管产量仍在增长，然而实际工资却下降了。1973年货币工资有所上升，但不如价格上升的幅度大，因而1973年10月实际工资下降到93.83美元。这是尼克松总统对工人工资实行强硬管制而对商业价格仅稍加控制的结果。

在1974年衰退和通货膨胀并发期间，货币工资上升得十分缓慢，而价格却继续上涨。结果到1974年6月，实际工资下降到91.48美元。在经历了一个长时期的货币工资停滞和价格上涨以后，到1975年4月，实际工资进而跌到87.46美元，远低于1970年和1965年的水平。

其次，通货膨胀还可能对储蓄者产生不利的影响，使储蓄者的收入水平下降，这是不言而喻的。最后，不可预期的通货膨胀还会将债权人的一部分财富再分配给债务人，使债权人的利益受到损害，使债务人获得意外收益。

（二）影响社会总产出

通货膨胀对产出的影响在短期内和长期中是不同的。在短期内，如果通货膨胀率较低，那么通货膨胀与产出水平就是正相关的。即是说，在价格水平上涨幅度不大的情况下，伴随着价格水平的上升，经济增长速度也会相应加快，因而产出水平也就比较高；相反，在存在通货紧缩即价格水平不断下降的情况下，经济增长速度通常比较慢，因而产出水平也会比较低。通货膨胀与产出之间的这种正相关的关系仅仅表现在短期内，而且以较低的通货膨胀率为前提。如果一个国家发生了较严重的通货膨胀，例如超级通货膨胀、急剧的通货膨胀或是恶性通货膨胀，这种正相关的关系也许就不存在。一项对 127 个国家的调查资料显示，当这些国家的通货膨胀率较低时，其经济增长速度也较快，当然其产出水平也就比较高，而当通货膨胀率较高或出现通货紧缩时，其经济增长率也相对较低，甚至为负增长，当然其产出水平也就较低。如下表所示（表 3–3）。

表 3-3　通货膨胀与经济增长

通货膨胀率（每年 %）	人均 CDP 增长率（每年 %）
-200	0.7
0~10	2.4
10~20	1.8
20~40	0.4
100~200	-1.7
1 000+	-6.5

上表所表明的是短期内通货膨胀与经济增长即实际产出之间的相关关系，但在长期中，通货膨胀与潜在产出之间不存在这种关系。因为潜在产出水平取决于生产要素的投人数量和生产要素的效率，而不是取决于价格水平。

三、通货膨胀的类型和成因

(一) 通货膨胀的类型

根据不同的标准，可以对通货膨胀进行分类，主要有以下几种划分方法：

1. 按照通货膨胀的程度划分

按照通货膨胀率的高低，可以划分为五种类型：

（1）爬行的通货膨胀（creeping inflation）。这种情况下，一般物价水平年平均上涨率在1%～3%以内，并且没有产生物价水平进一步上升的心理预期。

（2）温和的通货膨胀（mild inflation）。一般物价水平年平均上涨率在3%～6%之间。温和通货膨胀的特点是，价格上涨缓慢且可以预测。我们也许可以将其定义为年通货膨胀率为一位数的通货膨胀。此时物价相对来讲比较稳定，人们对货币比较信任，因为这些钱的价值在一个月或一年当中不会有很大变化。

（3）严重的通货膨胀（serious inflation）。一般物价水平年平均上涨率6%～9%，对经济生活发生严重的影响。

（4）飞奔的通货膨胀（galloping inflation）。价格水平较大幅度上涨，通货膨胀率一般在两位数以上，又在50%以下。此时，人们不愿保存货币，尽可能地储存实物，以免遭受损失。

（5）恶性通货膨胀（hyper inflation）。通货膨胀率一般在50 %以上就可以称为恶性通货膨胀，这种类型比较显著的特征是物价水平飞速上升，人们对本国货币完全丧失信心。按照复利计算，50%的月通货膨胀率相当于一年内价格上涨100多倍，三年内价格上涨200多万倍。在这种情况下，货币完全丧失价值储藏职能，也在很大程度上丧失交易媒介功能。经济生活日趋混乱，最终还会导致一国货币体系和国民经济的崩溃。

记载最全面的恶性通货膨胀发生在20世纪20年代的德意志魏玛共和国。下图（图3-4）所示的是当时该国政府如何开动印钞机，从而将纸币发行数量和物价都推到了天文数字的水平。从 1922 年 1 月到 1923 年 11 月，魏玛共和国的价格指数从 1 上升到 10 000 000 000。假如某人在 1922 年初拥有一张价值 3 亿元的德国债券 . 那么两年之后 . 他用这么多钱就会连一小块糖都买不到。

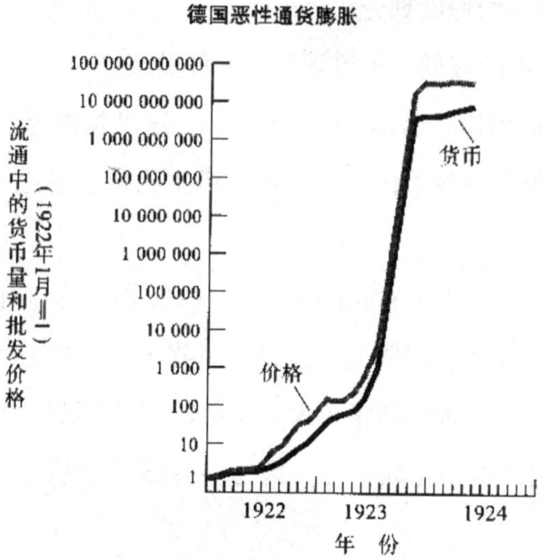

德国恶性通货膨胀

图3-4 德国的货币和恶性通货膨胀

仔细研究一下恶性通货膨胀，我们会发现它有几个普遍特征。首先，对货币的实际需求（用货币存量除以价格水平来计算）急剧下降。在上述德国恶性通货膨胀末期 . 实际货币需求只是两年前的 1/30。人们实际上是在忙着抢购，像扔掉烫手的土豆似的急匆匆地抛出自己的货币，以免进一步遭受货币贬值的损失。其次 . 相对价格变得极不稳定。在正常时期，个人每月实际工资的变动仅为 1% 或更小：但在 1923 年，德国人每月实际工资平均变动 1/3（上升或下降）。相对价格和实际工资的这种变动是非常大的，加之由这些波动所造成的分配不公和经济扭曲，势必给工人和企业造成巨大的损失，从而也体现出通货膨胀的高昂代价之一。

2. 按照通货膨胀的表现形式划分

通常可以划分三种类型：

（1）公开的通货膨胀（open inflation）。是指完全通过物价水平上涨形式反映出来的通货膨胀。在政府对价格不进行干预的情况下，通货膨胀率完全等同于公开的物价上涨率。

（2）隐蔽的通货膨胀（hidden inflation）。是指物价水平的上升没有完全在官方公布的物价指数中表现出来。这种情况下，价格水平实际已经上升，但政府公布的物价指数没有准确或充分地反映出来。

（3）抑制的通货膨胀（repressed inflation）。指在经济生活中存在着通货膨胀，但由于政府物价管制和配给制，价格水平并未上涨。由于物价水平偏低，经济中总需求过度，会出现商品普遍性短缺，以及居民被迫储蓄的现象，如一旦解除价格管制，就有可能发生较严重的通货膨胀。

3. 按照人们对通货膨胀的预期划分

一般分为预期到的和未预期到的两种。预期到的通货膨胀，一般在相当长时期较为稳定，人们可以根据过去的经验对未来的通货膨胀率做出相当正确的预期，居民在日常生活中会把物价的上升考虑在内。未预期到的通货膨胀是指物价水平上涨的速度出乎人们预料之外，或者人们根本没想到价格会上涨。这种情况通常是由于偶然的或突发的事件，比如农业歉收、石油价格提高等，所引起的物价变动超出了人们的预料。

4. 按照通货膨胀的形成原因划分

根据通货膨胀的形成原因分析，还可以划分为需求拉动型通货膨胀、成本推动型通货膨胀和结构性通货膨胀等类型。具体内容见下面关于通货膨胀成因的介绍。

（二）通货膨胀的成因

1. 需求拉动型通货膨胀

所谓需求拉动型通货膨胀（demand-pull inflation），就是指由于总需求的过度增加，总供给不足而引起的物价上涨。对于引起总需求过大的原因，通常有两种解释，凯恩斯主义者强调实物因素，货币主义者强调货币因素。

凯恩斯主义者认为，总需求等于消费、投资、政府支出和净出口之和，这四个变量中任何一个变化都会引起总需求的变动。当经济中没有实现充分就业时，产量和就业水平均很低，需求的增加可扩增产量与就业，并不影响价格水平。但是如果经济中按一定工资水平愿意就业的工人均已就业，产量无法扩大，因而总需求继续扩大只能导致物价水平上涨。比如说，美国从 1966 年开始的一段通货膨胀时期，就主要是由于政府对越南战争的支出增加而引起的。用下图（图 3–5）来说明，在总供给曲线的凯恩斯区间，曲线是水平的，总需求曲线由 AD_1 增加到 AD_2，价格水平基本不变。在总供给曲线的古典区间，曲线是垂直的，总需求曲线由 AD_3 增加到 AD_4，充分就业产量 Y_f 不变，而价格水平由 P_1 上升到 P_2。

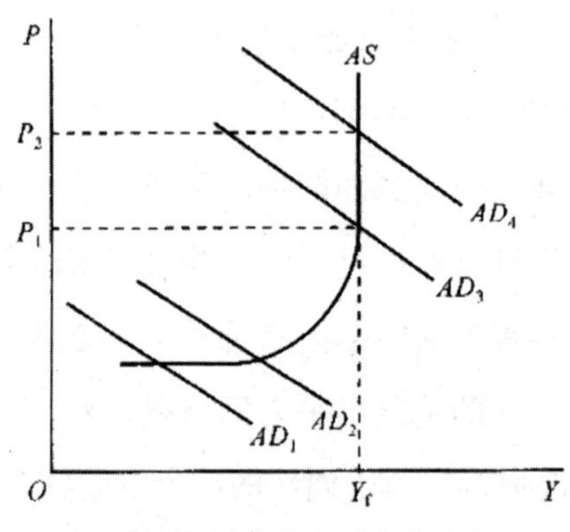

图3-5 需求拉动型通货膨胀

货币主义者认为，中央银行的货币供给行为最终决定着经济中的通货膨胀。如果中央银行能够保持货币的稳定，则物价水平就会稳定；如果中央银行增加货币发行量，则物价就会上涨。用一个简单的例子来说，假如每个人的工资都增加了，大家都要增加消费，可是市场上的产品并没有增加，那么价格肯定要上涨了。货币主义的经济学家以货币数量论方程式为基础，说明货币超量发行的后果。货币数量论方程式为：

$$MV=PY$$

这个方程式说明了，货币数量（M）乘货币流通速度（V）等于产品价格（P）乘以产量（Y）。在这个方程式中，货币流通速度取决于社会的制度和技术因素，一般来说制度的演变和技术的变迁是相对缓慢的，因此一定时期内货币流通速度可以认为是比较稳定的，实证研究也确实证明了这一点。产量在一定时期内取决于市场函数的技术结构和投入要素的数量，在长期内也可视为一个常数。这样价格水平的变化就只能是由货币供给的变化所引起了。

2. 成本推动型的通货膨胀

这种理论的基本观点是：即使没有过度总需求的存在，也会由于生产成本的增加而引起通货膨胀。见下图（图 3-6），在总需求不变的情况下，供给曲线移动使价格水平上升。

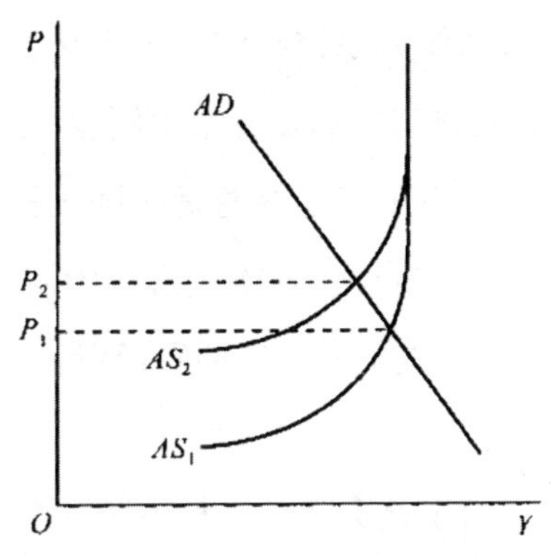

图3-6 成本推进型通货膨胀

造成生产成本提高的原因有三方面：

（1）工资成本推进。的通货膨胀理论（wage-push inflation）

在完全竞争的劳动市场上，由劳动供求关系决定的工资的提高不会带来通货膨胀；而在不完全竞争的劳动市场上，由于工会垄断的存在，工资不单纯由劳动供求关系决定，工会和雇主集体议价起着重要作用，使工资高于供求决定的工资。如果工资增长率超过了劳动生产率的增长率，工资提高就加大了成本，从而引起了一般物价水平的上涨，物价上涨又引起工资提高，这就呈现出所谓的工资—物价螺旋上升的运动。

（2）利润推进的通货膨胀理论（profit-push inflation）

在市场上拥有垄断地位的厂商可以自行决定产品价格，这种价格称为操纵价格。这时厂商为了获得更多利润，可以不管市场商品的供求关系，以成本增加为借口，使产品价格上升的幅度大于成本增加的幅度。存在垄断的行业往往是经济中一些重要的经济部门。这些行业的产品在经济生活中十分重要，或者是其他行业的原材料。这样由这些行业垄断利润推动产生的价格上涨也会使整个经济出现通货膨胀。

（3）进口性通货膨胀（imported inflation）与出口性通货膨胀（exported inflation）

上面两种情况都是从国内供给因素来考虑的。在开放经济中，进出口所引起的成本增加也会导致通货膨胀。一国经济中一些重要的进口品价格上升，会引起用这些进口品作为原材料的本国产品生产成本上升，进而导致物价水平的上涨，这就是进口性通货膨胀。例如，20 世纪 70 年代的石油危机，使许多石油输入国发生了严重的通货膨胀。相应的，如果出口迅速扩张，以致出口生产部门的边际生产成本上升，国内市场的产品供给不足，也会导致国内物价水平上升，这就是出口性通货膨胀。

3. 结构性通货膨胀

结构性通货膨胀是指由于社会经济结构方面的变动而引起的物价总水平上涨。1959 年，美国经济学家查尔斯 · L. 舒尔茨在《美国近年来的通货膨胀》一文中，针对当时美国经济学家关于通货膨胀究竟是源于需求拉动，还是源于成本推进的争论，提出了被称为“部门需求移动”的通货膨胀理论。他认为在经济发展过程中，产业结构发生变化，一些部门兴起，一些部门衰落，于是社会需求就由一个部门向另一个部门发生转移，需求增加的部门产品价格和工资上涨；而需求减少的部门，由于工资和价格刚性，并不因需求缩减而下降，甚至“攀比”上升，最终造成物价总水平的上涨。

4. 预期和惯性通货膨胀

在现代工业经济社会中，通货膨胀具有高度的惯性。这就是说，通货膨胀会以同样的速度持续下去，直到经济事件使它发生改变。

在 20 世纪 90 年代期间，美国的物价以大约 3%的速率稳定地上升，而且大多数人也预料这种通货膨胀会持续下去。这种预期的通货膨胀率被构建到经济制度中。劳资双方的工资协议是按大约 3%的通货膨胀率签订的；政府的货币与财政计划也要假定通货膨胀率为 3%。在这一时期，惯性的通货膨胀率为每年3%。因此，这种可预期且被纳入各种合同和非正式协议中的通货膨胀率就是惯性通货膨胀率。

惯性的通货膨胀可以持续很长时间，就像大多数人预期的通货膨胀率将保持不变的时间那样长。在这种情况下，通货膨胀就进入到经济体系之中。但历史表明，通货膨胀很难在长时间中不受干扰。来自于总需求的变化、石油价格的急剧变化、农业歉收、汇率的变化、生产率变化以及无数其他事件的经常性的冲击，使通货膨胀高于或低于其惯性的速度。

你也许会问，为什么通货膨胀会有这样强的惯性或力量呢？答案在于，大多数商品的价格和工资都是根据对未来经济情况的判断定出的。当价格和工资正在迅速上升而且人们预期这种情况还将持续下去的话，商人和工人就会在进行价格和工资决策时把高通货膨胀考虑进去。

下图（图3–7）显示了惯性的通货膨胀的形成过程。假定潜在产量是不变的，而且不存在供给或需求的冲击。如果每个人都预期平均成本和价格会以每年3%的速度上升，那么AS曲线将会每年向上平移3%。如果没有需求的冲击，AD曲线也将以这样的速度向上平移，实际产出就会保持在潜在水平附近。于是AD曲线与AS曲线将每年都提高3%。宏观经济均衡点就会从E移到E’再移到E”。下一年的价格水平将比上一年上升3%，也就是说惯性的通货膨胀被固定在3%。当AS和AD曲线以相同的速率不断地稳步上移时，就发生了惯性通货膨胀。

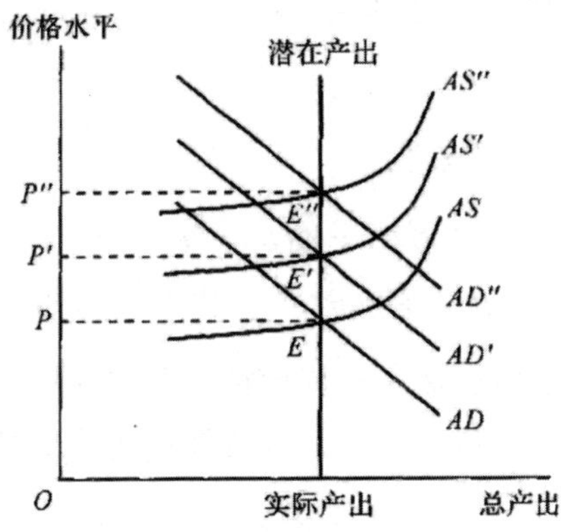

图3-7 预期和惯性通货膨胀的形成

四、通货膨胀的度量

经济政策制定者的两个目标是低通货膨胀和低失业，但这两个目标往往是冲突的。例如，假定政策制定者想用货币政策或财政政策扩大总需求。这一政策将使经济沿着短期总供给曲线移动到更高产出和更高价格水平的一点。更高的产出意味着更低的失业，因为当企业生产更多时雇用的工人更多。给定前一年的价格水平，更高的价格水平意味着更高的通货膨胀。因此，当政策制定者使经济沿着短期总供给曲线向上运动时，他们降低了失业率，提高了通货膨胀率。反过来，当他们紧缩总需求和使经济沿着短期总供给曲线向下运动时，失业增加了，通货膨胀下降了。

通货膨胀与失业之间的这种取舍关系被称为菲利普斯曲线，这是本节的主题。正如我们刚刚看到的（以及即将更正式地推导的），菲利普斯曲线是短期总供给曲线的反映：当政策制定者使经济沿着短期总供给曲线运动时，失业与通货膨胀反方向变动。菲利普斯曲线是表示总供给的一种有用方式，因为通货膨胀和失业是如此重要的衡量经济状况的指标。

（一）从总供给曲线推导出菲利普斯曲线

菲利普斯曲线（Phillips curve）的现代形式是说，通货膨胀率取决于三种力量：

· 预期的通货膨胀率；

· 失业对自然率的偏离，被称为周期性失业（cyclical unemployment）；

· 供给冲击。

这三种力量可以用下式表述：

$$\pi = E\pi - \beta(u - u^{n}) + v$$

通货膨胀率 = 预期的通货膨胀率—（β × 周期性失业）+ 供给冲击

式中，β 为衡量通货膨胀率对周期性失业的反应程度的参数。注意在周期性失业这一项前带有负号：在其他条件相同的情况下，高失业与低通货膨胀相联系。

这个菲利普斯曲线方程从何而来呢？虽然这个方程看来并不熟悉，但我们可以从总供给方程推导出来。为了看出推导过程，把总供给方程写为

$$P = EP + (\frac{1}{\alpha})(Y - \overline{Y})$$

通过一加、一减和一次替换，我们可以把这个方程变成通货膨胀与失业之间的菲利普斯曲线关系。

总共有三个步骤。第一步，方程右边加上一项供给冲击刀，它代表改变价格水平和使短期总供给曲线移动的外生事件（例如，世界石油价格的变动）：

$$P = EP + (\frac{1}{\alpha})(Y - \overline{Y}) + \upsilon$$

第二步，为于从价格水平转向通货膨胀率，方程两边同时减去上一年价格水平 P_{-1} 得到

$$P - P_{-1} = EP - P_{-1} + (\frac{1}{\alpha})(Y - \overline{Y}) + \upsilon$$

左边的项 $EP - P_{-1}$ 是当年价格水平与上年价格水平之差，即通货膨胀率丌。右边的 $EP - P_{-1}$ 这一项是预期价格水平与上年价格水平之差，即预期通货膨胀率 $E\pi$ 。因此，我们可以用丌替换 $P - P_{-1}$，用 $E\pi$ 替换 $EP - P_{-1}$：

$$\pi = E\pi + (\frac{1}{\alpha})(Y - \overline{Y}) + \upsilon$$

第三步，为了从产出转向失业率，回忆第 9 章中奥肯定律给出的这两个变量之间的一种关系。奥肯定律的一种形式是说，产出对其自然水平的偏离和失业对其自然率的偏离负相关；也就是说，当产出高于自然产出水平时，失业低于自然失业率。我们可以把这种关系写为：

$$(\frac{1}{\alpha})(Y - \overline{Y}) = -\beta(u - u^n)$$

运用这种奥肯定律关系，我们可以用 $-\beta(u - u^n)$ 来替换前面方程中的 $(\frac{1}{\alpha})(Y - \bar{Y})$，得到：

$$\pi = E\pi - \beta(u - u^n) + \upsilon$$

这样，我们就可以从总供给方程中推导出菲利普斯曲线方程。

所有这些代数都是要说明一件事：菲利普斯曲线方程和短期总供给方程在本质上代表了同样的宏观经济思想。特别地，这两个方程都说明了实际变量与名义变量之间的一种联系，这种联系使得古典二分法（实际变量与名义变量的理论分离）在短期中被打破了。根据短期总供给方程，产出与未预期到的价格水平的变动相关。根据菲利普斯曲线方程，失业与未预期到的通货膨胀率的变动相关。当我们研究产出与价格水平时，总供给曲线更方便，而当我们研究失业与通货膨胀时，菲利普斯曲线更方便。但是，我们不应该忽视这一事实：菲利普斯曲线和总供给曲线是同一枚硬币的两面。

（二）适应性预期与通货膨胀惯性

为了使菲利普斯曲线对分析政策制定者所面临的选择有用，我们需要说明是什么决定了预期通货膨胀。一个简单又往往合理的假设是，人们根据最近观察到的通货膨胀来形成他们的通货膨胀预期。这种假设被称为适应性预期（adaptive expecta— tions）。例如，假设人们预期今年的价格按以与去年相同的比率上升。那么，预期通货膨胀率 $E\pi$ 等于去年的通货膨胀率 π_{-1}：

$$E\pi = \pi_{-1}$$

这种情况下，我们可以把菲利普斯曲线写为：

$$\pi = \pi_{-1} - \beta(u - u^n) + \upsilon$$

这个方程是说，通货膨胀取决于过去的通货膨胀、周期性失业和供给冲击。当菲利普斯曲线写成这种形式时，自然失业率有时被称为非加速通货膨胀的失业率（non– accelerating inflation rate of unemployment），或

NAIRU。

这种形式的菲利普斯曲线的第一项π，意味着通货膨胀有惯性。也就是说，与一个在空间中运动的物体一样，除非某样东西做出阻止它的行为，否则通货膨胀就会继续下去。特别地，如果失业率等于非加速通货膨胀的失业率，且如果没有供给冲击，价格水平的持续上升既不会加速也不会减缓。这种惯性的产生是因为过去的通货膨胀影响对未来通货膨胀的预期，也因为这些预期影响人们设定的工资与价格。在20世纪70年代高通货膨胀时期，罗伯特·索洛很好地抓住了通货膨胀惯性这个概念，他写道："为什么我们的货币总是越来越不值钱了呢？也许很简单，我们有了通货膨胀是因为我们预期了通货膨胀，我们预期了通货膨胀是因为我们有过通货膨胀。"

在总供给与总需求模型中，通货膨胀惯性被解释为总供给曲线与总需求曲线两者的持续向上移动。首先考虑总供给。如果价格一直迅速上升，人们就会预期价格将继续迅速上升。由于短期总供给曲线的位置取决于预期的价格水平，短期总供给曲线就会随时间的推移向上移动。它将继续向上移动，直到有某一事件，例如衰退或供给冲击改变了通货膨胀，从而改变了通货膨胀预期为止。

总需求曲线也必须向上移动以证实通货膨胀的预期。最常见的情况是，总需求的持续上升是由于货币供给的持续增长。如果美联储突然停止货币增长，总需求就会稳定，总供给的向上移动就引起衰退。衰退时的高失业率将降低通货膨胀和预期的通货膨胀，导致通货膨胀惯性的减弱。

（三）通货膨胀上升与下降的两个原因

菲利普斯曲线方程的第二项与第三项表示可以改变通货膨胀率的两种力量。

第二项 $\beta(u-u^n)$ 表示周期性失业——失业对其自然率的偏离——对通货膨胀施加向上或向下的压力。低失业率向上拉动了通货膨胀率。因为高的总需求造成了这种类型的通货膨胀，这被称为需求拉动型通货膨胀（demand-pull inflation）。高失业率向下拉动了通货膨胀率。参数 β 衡量通货膨胀对周期性失业的反应程度。

第三项υ表示通货膨胀也会由于供给冲击而上升或下降。像20世纪70年代世界石油价格上升这样的不利供给冲击意味着υ值为正，引起通货膨胀上升。因为不利的供给冲击是推动生产成本上升的典型事件，这被称为成本推动型通货膨胀（cost–push inflation）。像导致20世纪80年代石油价格下降的石油过剩这种有利的供给冲击使υ为负值，引起通货膨胀下降。

（四）通货膨胀与失业之间的权衡

考虑菲利普斯曲线给能够运用货币政策或财政政策来影响总需求的政策制定者提供的选择。在任何时候，预期的通货膨胀和供给冲击都是政策制定者先法直接控制的。然而政策制定者可以通过改变总需求来改变产出、失业和通货膨胀。政策制定者可以扩大总需求来降低失业和提高通货膨胀。或者政策制定者也可以压低总需求来提高失业并降低通货膨胀。

下图（图3–8）画出了菲利普斯曲线方程，显示了通货膨胀与失业之间的短期取舍关系。当失业处于其自然率($u = u^n$)时，通货膨胀取决于预期通货膨胀和供给冲击$\pi = E\pi + \upsilon$。参数β决定了通货膨胀与失业之间取舍的斜率。在短期，对于给定的预期通货膨胀水平，政策制定者可以调节总需求来选择这条曲线上通货膨胀与失业的任意组合，这条曲线被称为短期菲利普斯曲线（short–run Phillips curve）。

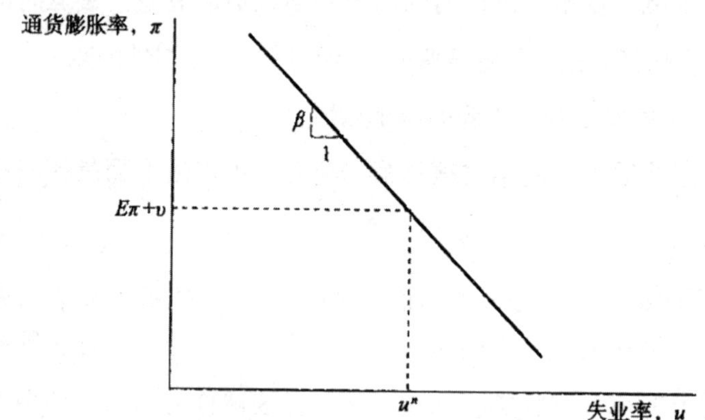

图3-8 通货膨胀与失业之间的短期取舍关系

注意，短期菲利普斯曲线的位置取决于预期的通货膨胀率。如果预期通货膨胀上升，该曲线向上移动，政策制定者面临的取舍关系变得更不利了：在任何一个失业水平，通货膨胀更高了。这里用一个图来说明（图3–9）显示了这种取舍关系如何取决于预期的通货膨胀。

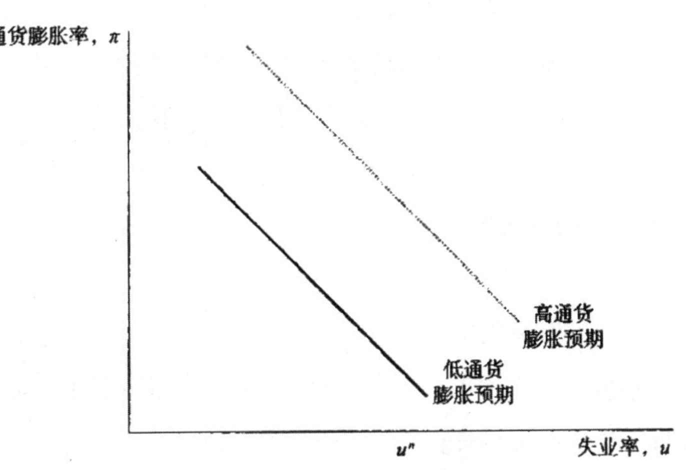

图3-9　短期取舍关系的移动

由于人们随时间调整他们的通货膨胀预期，通货膨胀与失业之间的取舍关系只在短期成立。政策制定者不能使通货膨胀永远保持在预期通货膨胀之上（从而也不能使失业率永远低于其自然率）。最终，预期会适应于政策制定者所选择的任何通货膨胀率。在长期，古典二分法成立，失业回到其自然率水平，通货膨胀与失业之间不存在取舍关系。

第五节　失业与通货膨胀的关系－菲利普斯曲线

失业与通货膨胀是短期宏观经济运行中的两个主要问题。如果经济决策者的目标是低通货膨胀和低失业，则他们会发现低通货膨胀和低失业目标往往是冲突的。利用总需求和总供给模型来理解，假设决策者想用货币和财政政策扩大总需求，在理论上，这种政策将使经济沿着短期总供给曲线变动到更高产出和更高物价水平的一点上。较高的产出意味着较低的失业，因为当企业生产更多时，它们需要更多的劳动力，而较高的物价水平则意味着较高的通货膨胀。因此，当决策者使经济沿着短期总供给曲线向上移动时，他们降低了失业率而提高了通货膨胀率。相反，当决策者紧缩总需求并使经济沿着短期总供给曲线向下移动时，失业增加了通货膨胀下降了。因此，有必要从理论上探讨失业和通货膨胀之间的关系，在宏观经济学中，失业和通货膨胀的关系主要是由菲利普斯曲线（PC）说明的。

一、菲利普斯曲线的提出

1958 年，当时在英国伦敦经济学院工作的新西兰经济学家菲利普斯通过整理英国 1861—1957 年近一个世纪的统计资料，发现货币工资增长率和失业率之间存在一种负相关的关系，提出了一条用以表示失业率和货币工资增长之间替换关系的曲线。在以横轴表示失业率，纵轴表示货币工资增长率的坐标系中，画出一条向右下方倾斜的曲线，这就是最初的或原始的菲利普斯曲线，如图 3–10 所示。该曲线表明，当失业率较低时，货币工资增长率较高；反之，当失业率较高时，货币工资增长率较低，甚至为负数。菲利普斯曲线一直是一个有争议的问题，但大多数经济学家认为，在短期内，货币工资率与失业率之间存在着替代关系。

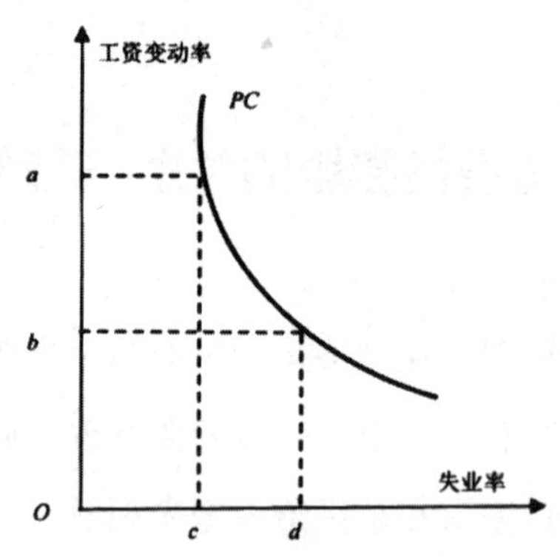

图3-10 失业率与工资增长率示意图

以萨缪尔森为代表的新古典综合派随后把菲利普斯曲线改造为失业和通货膨胀之间的关系，并把它作为新古典综合理论的一个组成部分，用于解释通货膨胀。经改造的菲利普斯曲线就表示了失业率与通货膨胀率之间的替代关系，即失业率高，通货膨胀率低；失业率低，则通货膨胀率高。如图 3–11 所示。

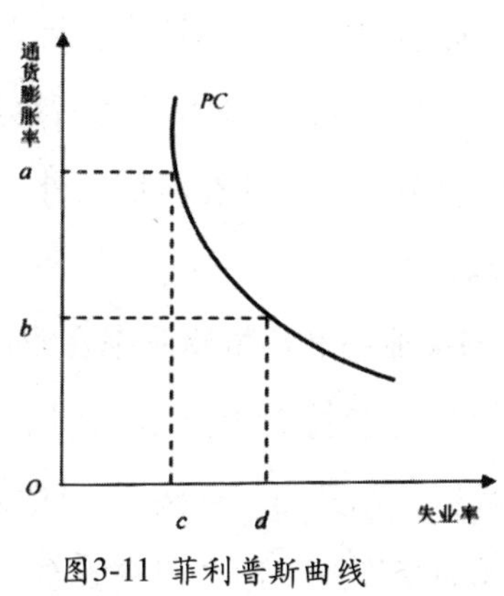

图3-11　菲利普斯曲线

二、菲利普斯曲线的政策含义

菲利普斯曲线提出了这样几个重要的观点：

通货膨胀是由于工资成本推动所引起的，即成本推动通货膨胀理论，正是根据这一理论，把货币工资增长率与通货膨胀联系了起来。

提出通货膨胀与失业的交替关系。这就否定了凯恩斯关于失业与通货膨胀不会并存的观点。

当失业率为自然失业率时，通货膨胀率为零。因此也可以把自然失业率定义为通货膨胀率为零的失业率。

可以运用扩张性宏观经济政策，以较高的通货膨胀率来换取较低的失业率；也可以运用紧缩性宏观经济政策，以较高的失业率来换取较低的通货膨胀率。菲利普斯曲线为宏观政策选择提供了理论依据。

菲利普斯曲线被修正后，迅速成为西方宏观经济政策分析的基石。它表明，政策制定者可以选择不同的失业率和通货膨胀率的组合。例如，只要他们能够容忍高通货膨胀，他们就可以拥有低的失业率，或者他们可以通过高失业率来维持低通货膨胀率。换言之，在失业和通货膨胀之间存在着一种“替换关系”，即用一定的通货膨胀率的增加来换取一定的失业率的减少；或者，用后者的增加来减少前者。

具体而言，一个经济社会先确定一个社会临界点，由此确定一个失业与通货膨胀的组合区域。如果实际的失业率和通货膨胀率组合在该区域内，则社会的决策者不用采取调节行动，如在区域之外，则可根据菲利普斯曲线所表示的关系进行调节。

在图 3–12 中，假定当失业率和通货膨胀率在 4% 以内时，这个经济社会被认为是“可以接受”的，这时，在图中就得到了一个临界点，即 A 点，由此形成一个四边形的区域，称其为“可接受”区域，如图中的阴影部分所示。如果实际失业率和通货膨胀率组合落在安全区域内，则经济决策者不用采取任何调节措施。

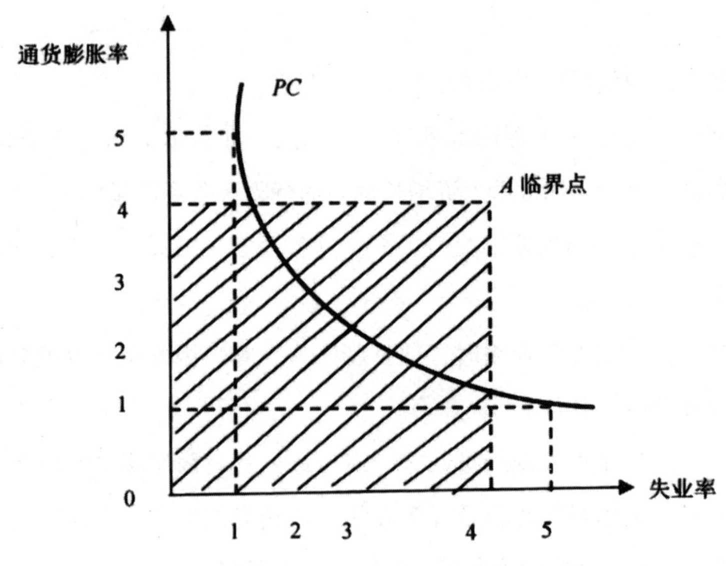

图3-12 菲利普斯曲线与政策运用

如果实际通货膨胀率高于 4%，如达到了 5%，这时根据菲利普斯曲线，经济决策者可以采取紧缩性政策，以提高失业率为代价降低通货膨胀率。从图 3–5 中可以看到，当通货膨胀率降到 4% 以下时，经济的失业率仍然在“可接受”范围内。

如果社会的失业率高于 4%，如 5%，这时根据菲利普斯曲线，经济决策者可以采取扩张性政策，以提高通货膨胀率为代价降低失业率。

菲利普斯曲线所反映的失业与通货膨胀之间的交替关系基本符合 20 世纪 50—60 年代西方国家的实际情况。70 年代末期，由于滞胀的出现，失业与通货膨胀之间的这种替换关系发生了变化。

通货膨胀问题，既是重要的经济问题，也是十分敏感的社会问题，直接关系到经济的发展和社会秩序的稳定，因此它是各国政府密切关注和经济学研究的重要问题。物价水平不断地持续相当程度的上升被称为通货膨胀。衡量通货膨胀的指标是物价指数，主要包括消费者价格指数、生产者价格指数、国内生产总值平减指数。通货膨胀就像疾病一样有不同的临床表现。按照通货膨胀的严重程度，通货膨胀可以分为温和的通货膨胀、急剧的通货膨胀和恶性通货膨胀；按照对价格影响的差别，通货膨胀可以分为平衡的通货膨胀和非平衡的通货膨胀；按照人们对通货膨胀的可预期程度，通货膨胀可以分为未预期到的通货膨胀和预期到的通货膨胀。

其次，分析了通货膨胀产生的原因。通货膨胀的原因主要包括需求拉动的通货膨胀、成本推动的通货膨胀、结构性的通货膨胀、预期的通货膨胀。

再次，又介绍了通货膨胀对经济的影响。通货膨胀对经济的影响主要体现在两个方面：一是对收入分配的影响。即通货膨胀会引起收入和财富在不同的阶层之间的再分配；二是对产出的影响。即通货膨胀会使不同商品的产出价格扭曲，甚至使整个经济的产出和就业扭曲。

接着介绍了防范和治理通货膨胀的对策。尽管通货膨胀的原因是多种多样的，但是无外乎涉及总需求和总供给两大方面，而最终都要借助货币量的增多而实际表现出来。大多数经济学家都认为消除通货膨胀可以通过削减货币供给和在短期中运用财政政策来实现，但在具体主张上存在着分歧。凯恩斯主义经济学家主张采取适度从紧的货币政策，并配合促进工资和物价稳定的收入政策手段；货币主义者主张降低货币供给增长率，并降低工人要求的工资水平。综上所述，最有效的治理通货膨胀的政策或方法，就是控制和减少货币供应量及人为地制造一点经济衰退，以减少总需求水平。

最后，利用菲利普斯曲线反映出失业率与工资上涨率之间的关系。

第四章　经济增长和经济周期

第一节　经济增长

一、宏观经济学的研究对象

自从20世纪30年代西方资本主义世界发生经济危机以来，经济的周期性波动就成了西方经济发展的不可避免的问题。因此，经济的周期性波动就成为经济学家研究的主要问题，并成为政府宏观调控的主要目标。宏观经济学是以整个国民经济为考察对象，研究社会总体经济问题以及相应的经济变量的总量是如何决定的及其之间的相互关系。所以，宏观经济运行中的总产出、总支出、通货膨胀、失业等，都成为宏观经济学研究的重要对象。

从宏观经济运行的基本目标来看，宏观经济学主要通过对总体经济问题和经济总量的研究，来分析国民经济中的几个基本问题：一是已经配置到各个经济部门的经济资源总量的使用情况如何，以及由这些资源所决定的一国总产出或就业量；二是商品市场和货币市场的供求关系如何决定一国的国民收入水平和一般物价水平；三是国民收入水平和一般物价水平的变动与经济周期和经济增长的相互关系。所以，宏观经济学实际上研究的就是一国经济资源的使用状况对总体国民经济的影响如何，通过哪些手段、运用什么方法来改善经济资源的利用，从而实现潜在的国民收入和经济的稳定增长。概括来说，宏观经济学研究的是经济资源的利用问题。

从研究的具体问题来看，宏观经济学的研究对象主要有以下四个方面：

（一）**总产出**

宏观经济学既然以整个国民经济活动作为研究对象，那么它必然要分析与整个国民经济活动有关的最基本的经济总量：国内生产总值、国内生产净值、国民收入及相应经济总量的决定与变动情况。宏观经济学的核心问题就是总产出或国民收入水平，要从总供给和总需求的角度出发，分析国民收入的决定及其变动规律，在此基础上来研究和解决经济运行中的其他问题。

（二）**通货膨胀**

通货膨胀就是价格水平持续的、普遍的、显著的上涨。宏观经济学中研究的价格水平是一国物价的总体水平。在计划经济体制下，我国物价水平是固定在一定的水平上，即使供不应求的情况下也是不变的，这时所造成的物价上涨表现为抑制性通货膨胀。改革开放后，物价在供求关系的影响下出现了几次迅猛的上涨，20 世纪 90 年代初通货膨胀率高达 21%，到 20 世纪 90 年代中期得到抑制，但 21 世纪初以来价格水平上涨又开始显现。从世界范围看，20 世纪 70 年代的美国，20 世纪 80 年代的拉美诸国，转轨时期的（前）苏联和东欧各国，均经历过较高的通货膨胀率。那么，物价水平为何会经常变动？通货膨胀对经济运行的影响如何？因此，探讨通货膨胀的性质、种类和产生原因，并提出相应的对策是宏观经济学的主要任务。

（三）**失业**

失业是影响经济和社会发展的严重问题。传统经济学坚持市场运行是可以完全能均衡，但无法从根本上解释经济运行中的客观事实，凯恩斯（John Maynard Keynes）对经济大萧条的分析及其就业理论的产生颠覆了传统经济学。失业成为宏观经济学研究的主要问题，失业率也成为反映要素市场和整个经济运行状况的主要经济指标。因此，研究失业的性质、原因及解决方法成为宏观经济学的主要内容之一。

（四）宏观经济政策

宏观经济理论是为政府干预经济提供理论依据的，而宏观经济政策是为干预提供具体措施的。宏观经济政策是对经济运行进行干预的手段和方法，目的是实现充分就业、物价稳定、经济增长和国际收支平衡等目标。宏观经济政策包括财政政策、货币政策、就业政策、收入政策以及各种经济政策的协调等。

二、宏观经济学的研究方法

宏观经济学是一门内容极其复杂的学科，这主要是由于该学科仍然处于不断的发展变化之中，其理论内容还存在一定争议，同时还有一些新的分析方法和研究视角被引入该学科，从而形成了宏观经济学中的各个流派和表达方式。因此，宏观经济学的研究方法有其自身的特点，主要有以下几种方法：

（一）总量分析

在宏观经济学的学习中，我们采取总量分析的方法，即从总体上考察个体的经济行为。在宏观经济学中，我们关心的不是一个家庭消费的是可口可乐，还是百事可乐；一个企业生产的是手机，还是电脑。我们感兴趣的是所有家庭的总体消费水平及企业总产量的变动情况。在分析问题时，我们需要把家庭和企业个别的选择行为进行加总，研究他们的总体选择，这就是总量分析。例如，我们想知道某个城市某个地段的犯罪率，这是微观经济学的分析方法。而如果要了解这个国家的犯罪状况，则必须把整个国家所有地区所有地段的犯罪率加总，这就是宏观经济学的分析方法。具体到宏观经济学的总量分析，就是对宏观经济运行总量指标及其影响因素、变动规律等进行的分析，如对国内生产总值、投资额、进出口额等进行分析。在进行总量分析时，要着重于大的经济趋势和动向，整体的经济反映和效果。

（二）均衡分析与非均衡分析

均衡分析是宏观经济学常用的方法，是指经济体系中变动着的各种力量处于平衡，以致这一体系内不存在变动要求的状态。这种均衡状态是一种所有重要经济变量都保持稳定不变的状况，即经济体系内各有关变量的变动都恰好相互抵消。它包括局部均衡和一般均衡。目前占主导地位的凯恩斯宏观经济学所采用的方法基本是均衡分析法。

但是，现实生活中常处于非均衡状态，非均衡分析认为经济现象及其变化的原因是多方面的、复杂的，不能单纯用有关变量之间的均衡与不均衡来解释，而主张以历史的、制度的、社会的因素等作为分析的基本方法。其实，非均衡分析是对均衡分析的一种深化和发展。

（三）规范分析与实证分析

在经济分析中，实证分析描述的是经济现象，避开价值判断，试图对经济行为进行客观的描述。实证分析完全以事实为基础，对宏观经济学进行分析和制定相应的宏观经济政策都十分重要。实证分析要求，一种理论或假说涉及的有关变量之间的因果关系，不仅要能够反映或解释已经观察到的事实，而且要能够对有关现象将来出现的情况做出正确的预测，也就是能经受将来发生的事件的检验。

而规范分析与价值判断相关。它研究经济应该是怎样的，或者为了达到这样的水平应该采取何种政策。规范分析有时隐含着对特定经济政策的支持，这主要是依据一定的价值判断做出的。由于人们的立场、观点、伦理道德标准不同，对于一个经济现象的看法会截然不同，不同的经济学家会得出不同结论，因此西方经济学家把规范分析定义为对政策行动的福利后果的分析。

综合上述，我们可以看出，实证分析研究经济运行规律，不涉及评价问题，而规范分析则要对经济运行做出评价。在经济分析中，实证分析和规范分析都是必要的，并且两者是相互补充的。少数西方经济学家认为，经济学应是一门实证科学；多数经济学家则认为经济学既应该像自然科学一样是一门实证科学，又应该像社会科学一样是一门规范科学。因为，在分析经济问题时，应采取什么研究方法、强调哪些因素，都与研究者的价值判断有关。所以，提出不同的政策主张除了与实证分析的结论不同有关，还与研究者的主观判断有关。在研究经济现象的时候，不仅要对经济现象本身进行研究，同时还应做出价值判断，只有这样才能说明经济运行过程的全貌，给决策制定者提供更真实的依据。

（四）静态分析、比较静态分析和动态分析

静态分析就是分析经济现象的均衡状态以及有关的经济变量达到均衡状态所需要具备的条件，它完全抽掉了时间因素和具体变动的过程，是一种静止地孤立地考察某些经济现象的方法。它能说明短期经济运行情况，但不能说明经济运行的变化过程。例如，在考察市场价格时，它研究的是供求变化对均衡价格的影响以及价格对供求关系的影响。

比较静态分析就是分析在已知条件发生变化以后经济现象均衡状态的相应变化，以及有关的经济总量在达到新的均衡状态时的相应变化，即对经济现象有关经济变量一次变动的前后进行比较。也就是原有的条件变动时，均衡状态发生了怎样的变化，并把新旧状态进行比较。例如，已知某种商品的供求状况，并能得出供求均衡时的价格和数量，那么现在由于消费者收入增加了，使消费者对该商品的需求增加，从而导致均衡价格上升、均衡数量增加。这里把原收入水平下所得到的均衡价格和均衡数量，与增加后的收入下所得到的均衡价格和均衡数量进行比较，这就是比较静态分析。

动态分析则是对经济变动的实际过程进行分析，其中包括分析有关变量在一定时间过程中的变动，这些经济变量在变动过程中的相互影响和彼此制约的关系。它是研究经济变量在不同时期的变动规律，是对经济运行的一种长期分析，说明长期经济运行情况并能解释经济运行过程及变化的原因。

三、宏观经济学中的基本概念

为了便于我们今后的学习和研究，需要了解和熟悉几个贯穿于宏观经济学理论始终的基本概念。

（一）三大市场

市场作为市场经济中配置资源的主要方式，根据交易物品的不同可划分为多个市场。宏观经济学研究的是整个经济的运行状况，与宏观经济有关的市场可以在理论上抽象为：产品市场、金融市场和要素市场。

产品市场包括所有的商品和劳务的交易。在产品市场中，商品和劳务的总供给和总需求是以国民收入和国内生产总值来衡量的。

金融市场包括全部金融资产的交易。金融市场分为货币市场和资本市场：货币市场发生的是短期债券交易，期限为1年以内；资本市场发生的是长期债券交易，期限为1年以上。

要素市场包括用于生产商品和劳务的全部生产要素的交易。生产商品所需生产要素主要包括：劳动、资本、土地和企业家才能。

宏观经济学研究这三个市场的目的是建立这三个市场的宏观均衡模型。产品市场确定一般价格水平和总产量，货币市场确定一般利率水平，生产要素市场确定要素的价格和数量。

（二）四大部门

市场经济中的行为主体基本上都是以市场参与者的身份存在的，国内市场的主要参与者是企业、家庭和政府。随着经济全球化的不断深化，一国经济必然越过国界向外扩张，这样就产生了第四个部门，对外贸易部门。

（三）宏观经济变量

通过建立某种经济模型来把各经济变量联系起来，用已知变量与未知变量的函数关系来解释、分析经济发展规律，制定经济政策，促进经济发展。

经济模型中涉及的变量有外生变量和内生变量。外生变量是由经济模型以外的因素所决定的变量，是模型本身给定的，被认为是已知的。内生变量是由模型本身所决定的变量，是模型要解释的变量。建立一个经济模型目的是说明外生变量是如何影响内生变量的，外生变量的变动会怎样影响内生变量，并通过内生变量的变化而起作用的。

（四）存量与流量

存量是指经济变量在某一时点上的数值；流量是指在一定时期内变量的变动量。有些流量兼有其对应的存量，如储蓄和储蓄额、投资和投资额等。有些流量没有对应的存量，但可直接影响其他存量，如进口流量可影响国内的资本存量，进而影响购买住宅建筑的存量等。

流量来自存量，又归于存量。存量只能经过流量发生变化，而流量的大小又会受到存量变动的影响。如资本存量因投资流量的增加而增加，投资流量也依赖于资本存量的大小。尽管流量受存量变动的影响，但是在短期内可将资本存量假定为不变，存量对流量不产生影响。

四、宏观经济学的基本内容

（一）经济增长

世界各国的贫富一直存在着巨大差异，从宏观经济学的角度来看，富国与穷国之间的差距来自它们各自不同的经济发展历程。富国通常经历过较长时期的高速经济增长，而穷国则从未有过持续的增长。美国是富裕发达国家的典型，从某种意义上讲，美国经济的长期增长源于不断增加的人口，这为经济发展提供了稳定的劳动力来源，更重要的是在劳动力数量既定情况下的产出增长。产出的增长，特别是人均产出的增长最终决定一国的贫富程度，因此宏观经济学的一个重要任务就是弄清影响人均产出的因素。

（二）经济周期

在经济学中，经济周期是指经济运行过程中出现的阶段性的不规则的上下波动。经济活动具有复杂性的特征，这就使得经济周期的演变过程难以预测。一国经济周期通常由衰退期、谷底、扩张期、顶峰构成，当一个衰退期衰退过于严重时，就会出现经济衰退，经济衰退以实际国内生产总值连续两个季度下降为标志，严重经济衰退之后的谷底就称为经济萧条。

除了国内生产总值外，经济的周期性波动还反映在失业率、股票价格和通货膨胀率等方面。在一个经济周期的衰退期，失业率就会上升；在扩张期，失业率就会下降；在顶峰，失业率会降到最低；在谷底，失业率将达到最高点。通货膨胀往往与经济周期是吻合的，并且通货膨胀的波动通常比经济周期的波动要剧烈。在经济衰退时，通货膨胀率往往随之下降，严重时会出现通货紧缩；而经济上升时，又会出现通货膨胀率的上升。

（三）失业

失业是发达国家和发展中国家都要面临的一个重要问题。失业是指在现行工资率水平下愿意工作的人找不到工作的状态。通常下，我们用失业率来衡量一个国家的失业状况，失业率等于失业人口与劳动力人口的比值。根据失业的原因，我们把失业归于三种类型：摩擦性失业、结构性失业和周期性失业。

在失业问题中我们还要了解的一个重要概念是充分就业，所谓充分就业是指职位空缺数与失业人口数量大致相当。在充分就业的情况下，失业只是摩擦性失业和结构性失业，而不存在周期性失业。当实现充分就业时的失业率称为自然失业率，所谓自然失业就是那些与市场经济运行机制无关，由“自然”因素决定的失业人口。比如摩擦性失业和结构性失业的产生都与市场机制无关，因为市场并不是没有提供就业机会，而是失业者还没有找到工作，因此把它们称之为自然失业。

（四）通货膨胀

通货膨胀是指一个国家平均价格水平持续上升，与之相对应的一个概念是通货紧缩，也就是一个国家平均物价水平持续下降。我们通常用通货膨胀率来衡量一国的通货膨胀情况，年通货膨胀率的计算公式为：

年通货膨胀率 =（今年的价格水平 - 去年的价格水平）/ 去年的价格水平 ×100%

公式中的价格水平通常选用消费者价格指数。

当发生通货膨胀时，货币就会贬值，货币购买力下降。所谓货币的价值就是一定量的货币所能购买到的产品和服务的数量。当通货膨胀率较高时，货币贬值的速度就快，货币的实际购买力也就下降得越快；而在通货膨胀率较低或是为负的时候，货币就显得很值钱。任何一个国家都会发生通货膨胀，然而通货膨胀率不尽相同，当两个国家通货膨胀率差别持续一段时间的时候，就会引起汇率的波动。

（五）开放经济

以全球化为特征的当今世界经济，任何一个经济达到一定规模的国家都会与一个或一些国家发生贸易和金融联系，这也是宏观经济学所研究的范畴。在开放经济下，国与国之间主要通过贸易与信贷发生联系，国际贸易是国与国之间商品和劳务的交换，国际信贷就是国与国之间的资金流动。国际贸易是国际经济的基础，从一国角度来看，国际贸易由进口和出口两部分构成，进口是指一国居民和企业购买的由国外生产的商品或劳务，出口是指由本国所生产的而被境外居民或企业所购买的商品或劳务。

一国对外贸易还伴随着国际资本的流动，商品和劳务的买卖同时涉及货币的支出和收入，因此，我们可以用国际收支的概念来表示一国经济的总体对外平衡状况。一国的国际收支是指一个国家来自其他国家的货币收入总额与付给其他国家的货币支出总额的差额。一个国家在一定时期（通常是指一年、一季度或一个月）所有对外收支总额的对照表称为国际收支账户，它是一种以复式记账法为基础的会计表格，账户记录了一个国家外汇收支的情况。一个国家的国际收支账户主要包括三个内容：经常项目、资本项目、官方结算项目。经常项目由商品和劳务贸易、净利息收入和净转移支付三项构成；资本项目是记录投资状况的，这里的投资是广义投资，包括短期的借款和贷款、直接投资和证券投资；官方结算项目是记录一个国家的官方储备情况的。当一国出现贸易逆差时，就意味着外国资本的流入和官方储备的减少，当一国贸易出现顺差时，情况正好相反。

通过数据分析，几乎所有国家的进口和出口都是不相等的，也就是说，在开放经济体中，对外贸易的顺差和逆差是经常发生的，国际收支账户也经常呈现不平衡的状态。所以，经常项目中贸易不平衡是开放经济的又一核心问题。

国际投资的新形态

1. 风险投资

又称创业投资，凡是以高科技与知识为基础，生产与经营技术密集型的创新产品或服务的投资，都可视为风险投资。它通过加速科技成果向生产力的转化推动高科技企业成长，并带动整个经济的蓬勃发展。风险投资在现代经济发展中起着举足轻重的作用，人们把它称为“经济增长的发动机”。

2.BOT（Built–Operate–Transfer）

意思是建设 - 经营 - 转让。最早产生于国际工程承包市场。BOT 的实质是一种债务与股权相混合的产权，它是由项目构成的有关单位组成的财团所成立的一个股份组织，对项目的设计、咨询、供货和施工实行一揽子总承包。项目竣工后，在特许权规定的期限内进行经营，向用户收取费用，以回收投资、偿还债务、赚取利润。特许权期满后，无偿将项目交给政府。BOT 方式承建的工程一般都是大型资本技术密集型项目，如交通、电力、通讯、环保等。项目期限一般为 15~20 年。如今 BOT 投资方式被广泛应用于很多国家。

（六）宏观经济政策

宏观经济政策是国家或政府为了增进社会经济福利而制定的解决经济问题的指导性原则和措施，是从全局上对经济运行施加影响，是政府的有意识干预。目的是要实现充分就业、物价稳定、经济增长和国际收支平衡。宏观经济政策主要包括财政政策和货币政策：财政政策一般是指为了实现经济目标而对政府支出、税收和借债水平所进行的选择；货币政策主要是中央银行通过控制货币供应量来调节利率进而影响投资和整个经济以达到一定经济目标的行为。

改革开放以来，我国政府开始由单纯的行政手段干预经济逐步向用市场经济手段调控经济的转变。20 世纪 90 年代后期，我国经济面临居民的消费需求和企业的投资需求的极度萎缩，甚至出现了通货紧缩的现象。在这种情况下，我国政府改变了适度从紧的货币政策，先后 7 次下调了利率，目的是将巨额的银行存款转向消费领域，但效果并不明显。为了进一步刺激消费和投资，政府开始实行积极的财政政策，增发国债，扩大基础设施的兴建等。而到 21 世纪初，经济又出现了“过热”现象，政府转而实行了适度从紧的宏观经济政策。当一国经济面临困难的时候，实行怎样的宏观经济政策才能使经济转危为安，什么才是适当的宏观经济政策，这些是宏观经济学所要研究的一个最为重要的问题。

第二节　经济增长模型

一、生产函数

对厂商生产技术的刻画有若干种不同的等价形式，如果一个厂商投入 n 种要素，以 n 维向量 $X=(x_1, x_2,\ldots, x_n)$ 表示，同时生产后种产品，以 k

维向量 $y=(y_1, y_2 \dots \ y_k)$ 表示，生产技术最一般的表示形式是生产可能集（production possibilities set）。不过，大多数时候，我们只考虑厂商只生产唯一一种产品的情况。在这种场合，生产函数是对厂商生产技术的一种基本的、也是最普遍的刻画形式。作为厂商理论的分析起点，我们先来对生产函数及其相关概念做出较为严格的定义。多种产出的生产技术则可以看作单产出情况的推广形式。

假设一个厂商投入 n 种不同的要素，生产唯一一种产品。如果在要素投入 $X=(x_1, x_2 \dots \ x_n)$ 下，可以得到产量 y，就称这样的要素组合 X 及产出 y，是一个可行的生产方案。一个可行的生产方案可以简单地以净产出向量 Z= $(y,-X)$ 表示，这里要注意要素投入被表示为负的净产出。作为一个基本的规范，我们假设各投入水平和产量都是非负的：X ⩾ 0，$y \geqslant 0$ O。所有可行的生产方案组成的集合称为生产可能集，记为 Z。

即使投入组合 x 固定，厂商的产量也可能会不同，因为这首先要看它的生产是否有效率。假如，某厂商投入 100 个单位的劳动和 200 个单位的资本，在有效率的生产时可能得到 500 千克；如果厂商的生产中有一些不必要的资源浪费，同样的技术的投入组合下产量可能只有 400 千克；如果厂商可以无成本地丢弃其不想要的资源，这称为无成本处置条件（free disposal condition），同样的投入组合生产 400、300 等任何低于 500 千克的产量都是可能的。

假设厂商的生产总是有效率的。这样，在特定投入组合石下厂商总是得到可能的最大产量，我们将这个最大产量记为 $f(x)$。这样，给定一个生产技术，我们事实上定义了与之对应的生产函数：

$$(\quad)=\max\{y \mid (\quad,-X)\in Z\}$$

生产函数不仅是厂商生产技术的刻画，而且由于 $f(x)$ 被定义为厂商在要素投入 x 时能达到的最大产量，所以它较好地体现了厂商所受到的技术约束。

（一）可变比例生产函数

1. 连续投入生产函数

假设生产的技术系数是可变的，再假设在生产时只有一种生产要素，如劳动（L）是可变的，其余生产要素不变，即由资本（K）所代表的厂房、设备等不变，这时的生产函数为$Q=f(\bar{K},L)$

（1）总产量、平均产量和边际产量

总产量（Total Product）是一定时间内投入生产要素后所得到的总产出量。劳动的总产量 TPL 是指与一定的劳动投入量相对应的最大产量，其公式表达为

$$TP_L=f(\bar{K},L)$$

平均产量（Average Product）是指平均每一单位某种生产要素所生产的产量。劳动的平均产量是每一单位劳动所生产的产量，AP_L 是总产量与所使用的劳动投入量之比，其公式表达为

$$AP_L=\frac{TP_L}{L}$$

边际产量（Marginal Product）是指某种生产要素增加一单位的投入所增加的产量。劳动的边际产量 MP_L 是增加一单位的劳动投入所增加的产量。其公式表达为

$$MP_L=\frac{\Delta TP_L}{\Delta L}$$

总产量、平均产量、边际产量随某种生产要素（如劳动等）的连续投入而变动的规律如下（表 4–1，图 4–1）。

表 4-1　总产量、平均产量和边际产量

劳动的投入量 L	劳动的总产量 TP_L	劳动的平均产量 AP_L	劳动的边际产量 MP_L
0	0	0	
1	3	3	3
2	8	4	5
3	12	4	4
4	15	3.75	3
5	17	3.4	2
6	17	2.83	0
7	16	2.3	-1

图 4–1 是根据表 4–1 的数据绘制的产量曲线图。从图中可以看到总产量、平均产量和边际产量都随着劳动投入的连续增加而先增长，到达一定点后产量减少。但三个产量开始减少的时点和下降的幅度不同。

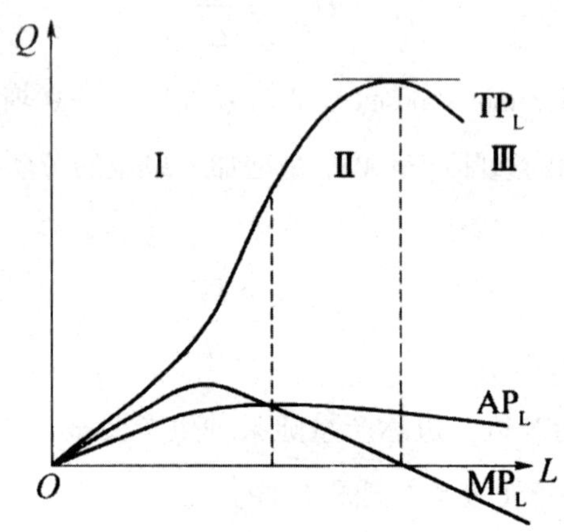

图4-1　一种可变生产要素的生产函数的产量曲线

2. 边际收益递减规律

在总产量、平均产量和边际产量之中，边际产量起着主导作用，正是边际产量的走势决定了平均产量和总产量的变化趋势。从表 4–1 和图 4–1 中，可以清楚地看到边际产量先上升后下降的特征，这一特征称边际收益递减规律，也称边际报酬递减规律。

边际收益递减规律是指在技术水平不变的条件下，当连续投入一种可变生产要素时，最初会使边际产量增加，当连续投入到达一定限度后，边际产量将会递减直至为零。甚至是负值。例如，在一个特定规模的纱厂，其他要素投入不变，连续增加纺纱工的数量，那么纺纱工数量的增加总会达到一个点，在这一点上再增加纱纺工的数量不但不能增加产量，反而会由于员工的过分拥挤而降低原有的产量。同样，在这个特定规模的纱厂，其他要素投入（包括纺织工人数）不变，连续投入纺纱机的数量也会出现这种现象。因此可以说边际收益递减规律是在技术不变条件下、短期内企业生产的基本规律。

边际收益递减规律产生的主要原因是。对于任何产品的短期生产来说都存在着可变要素投入和固定要素投入之间的最佳数量组合比例。在生产的开始阶段上，由于固定要素投入量给定，可变要素投入量为零，因此远远达不到最佳组合比例。随着可变要素投入量的逐渐增加，要素组合比例逐渐优化，在最优组合点上边际产量达到其最大值。此后随着可变要素的继续增加，生产要素的投入越来越偏离最佳组合点，相应地边际产量就会出现递减的趋势。

3. 总产量、平均产量和边际产量的关系

总产量、平均产量和边际产量三者之间关系的特点如下。

第一，当边际产量为正值时，总产量线一直是上升的；当边际产量为零时，总产量达到最大值；当边际产量为负值时，总产量开始下降。

第二，边际产量线与平均产量线在平均产量线的最高点相交。在相交前平均产量是递增的，边际产量大于平均产量（$MP_L > AP_L$）；在相交后平均产量是递减的，边际产量小于平均产量（$MP_L < AP_L$）；在相交时平均产量达到最大，边际产量等于平均产量（$MP_L = AP_L$）。边际产量和平均产量

之间之所以会有这种关系是因为只要边际量大于平均量，边际量就会将平均量向上拉，只要边际量小于平均量，边际量就会将平均量向下拉。例如，一个班的平均成绩是 80 分，如果新转入的学生成绩高于 80 分，全班的平均成绩会因新转入学生而提高，如果新转入的学生成绩低于 80 分，则全班平均成绩会下降。

4. 生产要素投入的合理区域

根据总产量线、平均产量线和边际产量之间的关系可以将一种可变生产要素的连续投入划分为三个阶段（图 4–1）。

在第 1 阶段，产量曲线的特征为：劳动的平均产量始终是上升的，且达到最大值；劳动的边际产量始终大于劳动的平均产量；劳动的总产量始终是增加的。这说明在这一阶段固定要素（资本）的投入量相对过多，生产者增加可变要素劳动的投入量是有利的，或者说生产者只要增加可变要素（劳动）的投入量，就可以增加总产量。因此任何理性的生产者都不会在这一阶段上就停止生产，而是要继续增加劳动的投入量，并将生产扩大到第Ⅱ阶段。

在第Ⅲ阶段，产量曲线的特征为：劳动的边际产量降为负值，劳动的平均产量持续下降，劳动的总产量也开始呈现下降趋势。这说明在这一阶段，可变要素劳动的投入量相对过多，生产者减少劳动的投入量是有利的。因此这时理性的生产者会减少劳动投入量以摆脱劳动的边际产量曲负值和总产量下降的局面。

由此可见，理性的生产者既不会将生产停留在第Ⅰ阶段，也不会将生产扩张到第Ⅲ阶段，因此只有第Ⅱ阶段才是生产者进行投入的合理区域。在第Ⅱ阶段的起点处，劳动的平均产量线和劳动的边际产量线相交，劳动的平均产量达最高点；在第Ⅱ阶段的终点处，劳动的边际产量线与水平轴相交，劳动的边际产量等于零。

至于在第Ⅱ阶段中生产者的最佳投入数量究竟在哪一点上，还有待于结合成本和收益的状况进行分析。

（二）两种生产要素可变的生产函数

1. 等产量线

（1）等产量曲线

等产量线是生产同一产量的两种生产要素投入量的不同组合点的轨迹。

假设使用资本和劳动两种生产要素，生产 300 单位的产品可以有 A、B、C、D 四种生产要素组合方式（表 4–2）。

表 4-2　产量为 300 单位的不同要素组合

组合方式	劳动投入	资本投入	产品数量
A	1	6	300
B	2	3	300
C	3	2	300
D	4	1	300

将表 4–2 进行分析和总结，作图如下（图 4–2）。

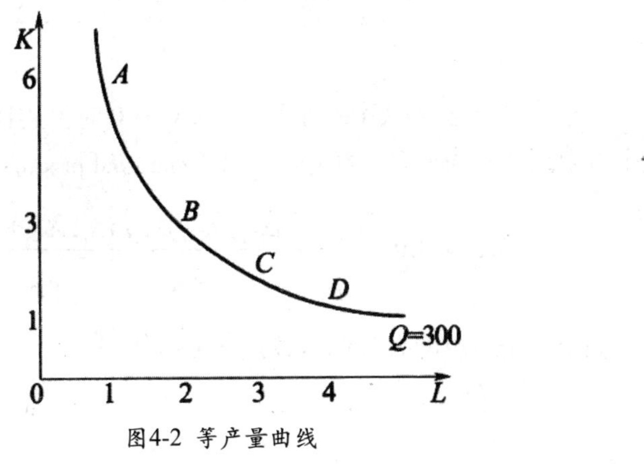

图4-2 等产量曲线

等产量线的特征如下：

1）在同一平面上有无数条等产量线，分别代表不同的产量，距离原点越远的等产量线所代表的产量越大。

2）在等产量线图上两条等产量线不相交，因为在交点上两条线代表的产量是相同的，显然这与不同等产量线代表不同产量是矛盾的。

3）等产量线向右下方倾斜，表示要保持特定的产量，减少一种要素的投入，必须增加另一种要素的投入。

4）等产量线凸向原点，表明两种生产要素的边际技术替代率的绝对值递减。

（2）边际产出和技术替代率

我们假定对厂商生产技术的刻画有若干种不同的等价形式，如果一个厂商投入 n 种要素，以 n 维向量 $X=(x_1, x_2 \dots\ x_n)$ 表示，同时生产后种产品，以 k 维向量 $y=(y_1, y_2 \dots\ y_k)$ 表示。

在这种情况下，如果我们要考虑一种要素对产量的“贡献”有多大，某种程度上可以看这种要素的边际产出是多少。假设在要素组合 X 的基础上，让要素 i 的投入增加 Δx_i，同时保持其他的要素 $X_{-i}=(x_1,\dots x_{i-1},x_{i+1}\dots x_n)$ 的投入量不变，则要素 i 的增加量 Δx_i 对产量的贡献可以由以下比值表示

$$\frac{\Delta y}{\Delta x_i}=\frac{f(x_i+\Delta x_i,X_{-i})-f(x_i,X_{-i})}{\Delta x_i}$$

如果生产函数 $f(X)$ 是可微的，$\Delta x_i \to 0$ 时上述比值的极限存在，那么这个极限就定义为要素 i 的边际产出（marginal product）为：

$$MP=\lim_{\Delta x_i \to 0}\frac{f(x_i+\Delta x_i,X_{-i})-f(x_i,X_{-i})}{\Delta x_i}=\frac{\vartheta f(x)}{\vartheta x_i}$$

如果引用简单的微分记号 $\vartheta f_i(X)=\dfrac{\vartheta f(x)}{\vartheta x_i}$，就有

$$MP_i=f_i(x)$$

有时候，厂商需要在保持产量不变的情况下，调整要素投入的相对比重。技术替代率（Technical Rate of Substitute，TRS）就是一个描述这种不影响产量的要素间替代关系的指标。如果将要素 i 的投入量变化 Δx_i（Δx_i >0 和 Δx_i <0 时分别是增加和减少要素 i 的投入），同时对要素 j 的投入量作一

个 Δx_j 的调整，使得原来的产量 y^0 保持不变，则 $\frac{\Delta x_j}{\Delta x_i}$ 就是要素 j 对要素 i 的技术替代率 TRS_{ji}。不过，这样定义的 TRS 会随 Δx_i 的大小变化，不足以成为一个精确的概念。所以，在 $\frac{\Delta x_j}{\Delta x_i}$ 的极限存在的情形下，总是将 TRS 定义为这个极限值：

$$TRS = \lim_{\Delta x_i \to \infty} \frac{\Delta x_j}{\Delta x_i}|y = y^0$$

按微分定义，这恰好是 $\vartheta \frac{x_j}{x_i}$ 如果生产函数 $f(X)$ 是可微的，就可以方便地求出这一导数：由于要保持产量 y^0 不变，在等产量方程：

$$f(X) = y^0$$

两端对 x_i 求导得：

$$\frac{\vartheta f(X)}{\vartheta x_i} + \frac{\vartheta f(X)}{\vartheta x_j}\frac{\vartheta x_j}{\vartheta x_i} = 0$$

（注意，由于我们只是作要素 i 和要素 j 之间的替代，所以除 x_i 和 x_j 外，其他投入水平都保持不变）。所以：

$$TRS = -\frac{MP_i}{MP_j}$$

在只有两种要素投入的情形下，豫 TRS_{12} 就是相应点处等产量曲线的切线斜率（图 4–2）。

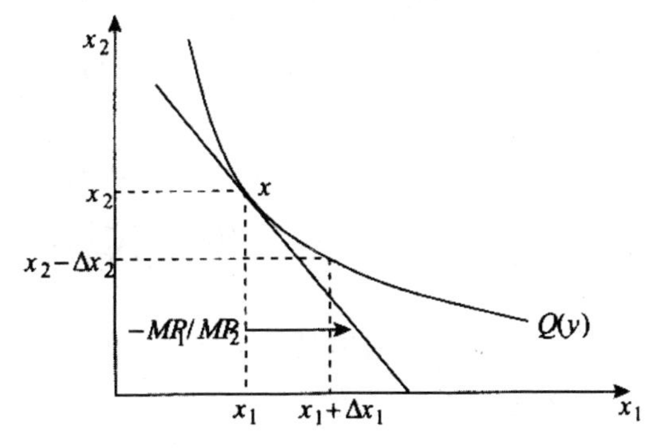

图4-2　只有两种要素情形下的技术替代率

（3）技术替代弹性

在分析与研究边际技术替代率的基础上，可以对与技术替代率展开相关的分析。在两种投入要素的情形下，技术替代率是等产量线的斜率，而技术替代弹性刻画的是等产量线的弯曲程度。如果要素投入比 $\frac{x_j}{x_i}$ 按一定的速度增长时技术替代率 TRS 口的变化速度较快，就表现为等产量线的弯曲程度较大；反之，当要素投入比按一定的速度增长时 TRS_{ij} 的变化速度较慢，等产量线较为平坦。在数学上，要素投入比的技术替代率的变化速度分别为：

$$\frac{\Delta(\frac{x_j}{x_i})}{\frac{x_j}{x_i}} \text{和} \frac{\Delta TRS_{ij}}{TRS}$$

替代性弹性定义为这两者时优值。在极限存在的情形下

$$\sigma_{ij}=\lim_{\Delta x_i \to 0}\frac{\frac{\Delta(\frac{x_j}{x_i})}{\frac{x_j}{x_i}}}{\frac{\Delta TRS_{ij}}{TRS}}=\frac{d}{d}\frac{\frac{x_j}{x_i}}{TRS_{ij}}\frac{TRS_{ij}}{\frac{x_j}{x_i}}$$

在两种投入要素的场合，越大 σ_{12} 等产量线越平直。

注意到 $d\ln z=\frac{dz}{z}$ 替代弹性又可写为

$$\sigma_{ij}=\frac{d\ln\frac{x_j}{x_i}}{d\ln\left|TRS_{ij}\right|}$$

其中 TRS 取绝对值是为了保证它取对数有意义。

2. 等成本线

等成本线是在既定的成本和既定的生产要素价格下，生产者可以购买到的两种生产要素的各种不同数量组合点的轨迹。

假设生产者的总成本为TC，要素市场上既定的劳动价格为ω，资本价格即利息率为r，则成本方程为：

$$TC = \omega L + rK$$

$$K = \frac{TC}{r} - \frac{\omega}{r}L$$

由上式可知，等成本线是一条斜率为$-\frac{\omega}{r}$的直线，该线的纵轴截距为$\frac{TC}{r}$，表示全部成本都购买资本时的最大量；该线的横轴截距为$\frac{TC}{\omega}$，表示全部成本都用于购买劳动时的最大量。等成本线的斜率为两种生产要素价格之比的负值（图4–3）。

在图4–3中，A点的劳动和资本组合是现有成本达不到的组合，B点的组合仍有剩余成本可以继续支出，只有线上的各点才是用全部成本购买到的劳动和资本的最大组合。

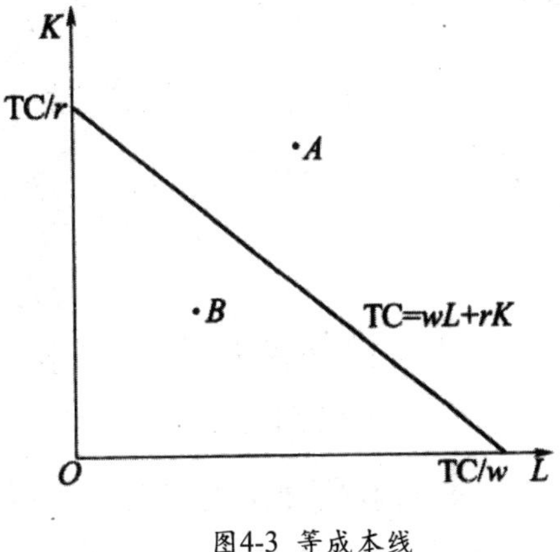

图4-3 等成本线

当生产要素的价格保持不变、总成本变化时，总成本线平行移动。总成本增加时等成本向右移动，总成本减少时等成本线向左移动（图4–4）。

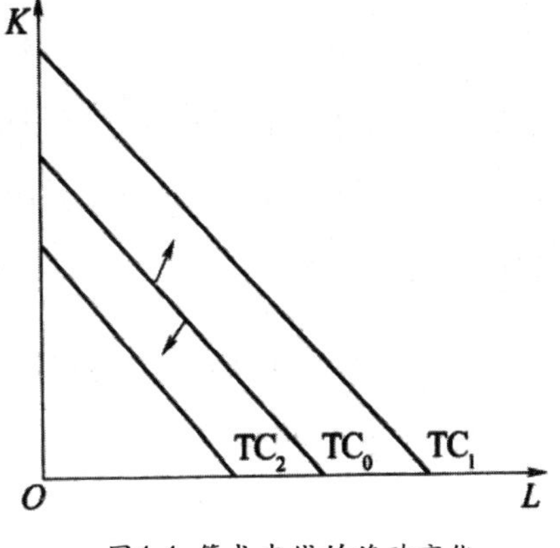

图4-4 等成本线的移动变化

（三）生产要素的最佳组合

对于生产者来说，生产要素的最佳组合状况就是可以达到利润最大化的状况，生产者要达到利润最大化既可以在既定成本条件下实现产量最大化，也可以在既定产量条件下实现成本最小化。

1. 既定成本下的产量最大化

既定成本下的等成本线 *A* 日与较低的等产量 Q_1 相交（图 4–5），因此 Q_1 是可以实现的产量，但不是最大产量；AB 线与较高产量线 Q_3 完全不相交，因此 Q_3 是该成本达不到的产量；*AB* 线与 Q_2 线在 E 点相切，这表明 Q_2 的产量是既定成本可以达到的最大产量，在 E 点生产者可以实现利润最大化。

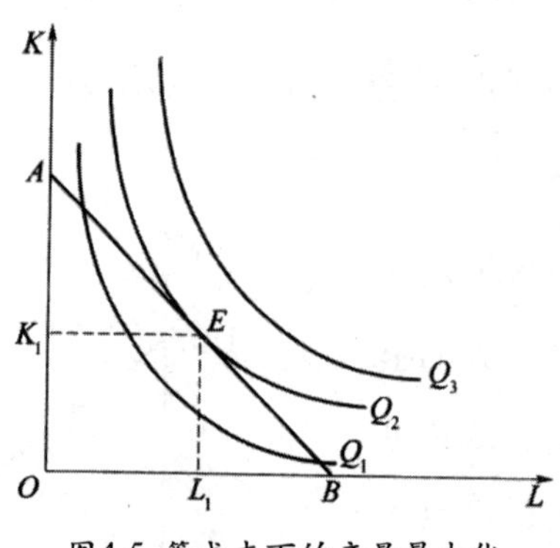

图4-5 等成本下的产量最大化

2. 既定产量下的成本最小化

等成本线 $A'B'$ 与既定产量线 *Q* 相交（图 4–6），说明以该成本投入可以实现既定产量的生产，但是 $A'B'$ 线的成本不是最小成本；等成本线 $A''B''$ 所代表的成本虽然较低，但是它与 *Q* 线既不相交也不相切，因而无法实现 *Q* 所代表的产量；等成本线 *AB* 与 *Q* 线相切于 E 点，说明 *AB* 线代表的成本水平是能够实现 *Q* 产量的最小成本水平，因此 E 点是生产的均衡点或最佳要素组合点，E 点的生产要素组合（L_1，K_1）可以在生产 *Q* 的产量时达到最小成本化。

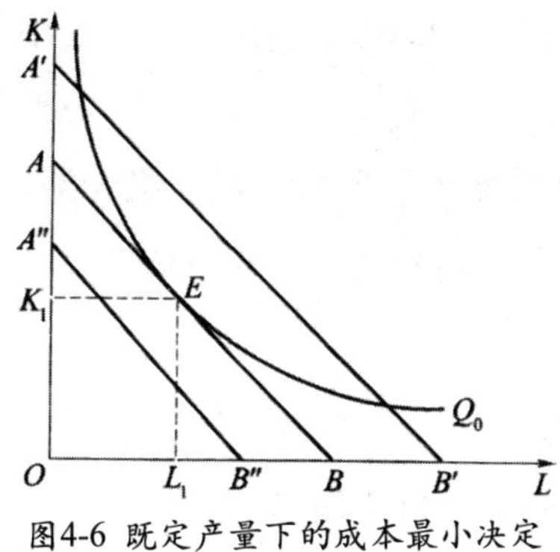

图4-6 既定产量下的成本最小决定

在图 4–5 和图 4–6 中的 E 点上均有等成本线与等产量线相切，因此在均衡点 E 点上有：

$$MRTS_{LK} = \frac{\omega}{r}$$

上式表示，生产者要选择最佳的生产要素组合就应该使两种生产要素的边际技术替代率等于两种生产要素的价格之比。

又因为

$$MRTS_{LK} = \frac{\mathrm{MP_L}}{\mathrm{MP_K}}$$

因此有

$$\frac{\omega}{r} = \frac{\mathrm{MP_L}}{\mathrm{MP_K}}$$

即

$$\frac{\mathrm{MP_L}}{r} = \frac{\mathrm{MP_K}}{\omega}$$

上式表明，生产者要达到生产要素的最佳组合。应该通过对两种生产要素投入量的不断调整。使得花费在每一种生产要素上的最后一单位的成本支出所获得的边际产量相等。

如果生产要素的投入有 n 种，上式可以扩展为 n 种可变生产要素投入的最佳组合条件为：

$$\frac{\mathrm{MP}_a}{P_a}=\frac{\mathrm{MP}_b}{P_b}=\frac{\mathrm{MP}_c}{P_c}=\cdots=\frac{\mathrm{MP}_n}{P_n}$$

即生产者使用n种可变生产要素的最佳组合条件是用于购买各种生产要素的最后一单位货币所得到的边际产量均相等。

4. 生产扩展线

生产扩展线是在生产要素价格不变条件下，与不同总成本线等产量线相对应的最佳要素组合点的轨迹（图 4–7）。

生产扩展线表明在生产要素价格、生产技术等其他条件不变时，当生产的成本或产量发生变化时，生产者必然会沿着生产扩展线来选择最佳生产要素的组合，从而实现既定成本下的最大产量或实现既定产量下的最小成本。生产扩展线是生产者在扩张或收缩生产时所要遵循的路线。

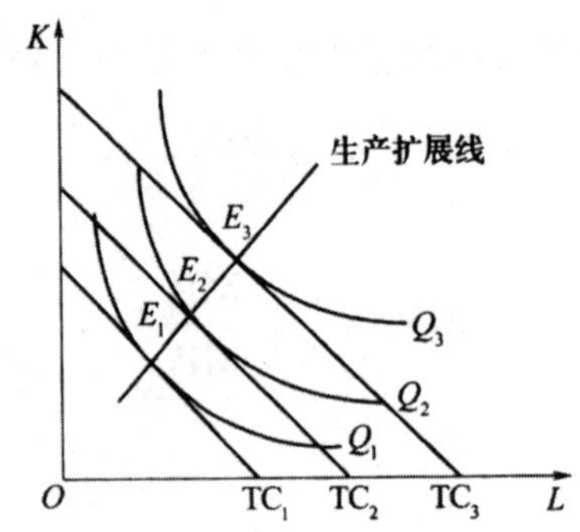

图4-7 生产扩展线

三、固定比例生产函数与规模经济

当两种或两种以上生产要素按原有技术系数同比例增加投入时会使生产规模扩大，这就涉及了规模经济理论。

（一）规模经济收益分析

生产的规模变化通常是指全部生产要素都以相同比例变化，此时带来的产量变化为规模收益变化。企业的规模收益变化可分为规模收益递增、规模收益不变和规模收益递减三种情况。

1. 规模收益递增

规模收益递增是指产量的增加的比例大于生产要素投入的增加比例。例如，全部生产要素（L，K）都增加一倍时，产量的增加幅度超过一倍，如果用图形表示规模收益递增（图 4–8）。在图 4–8（a）中，产量从 100 增加到 200 时，产量增加了 100%，资本和劳动的投入只增加了 2//3。规模收益递增的原因在于内在经济。

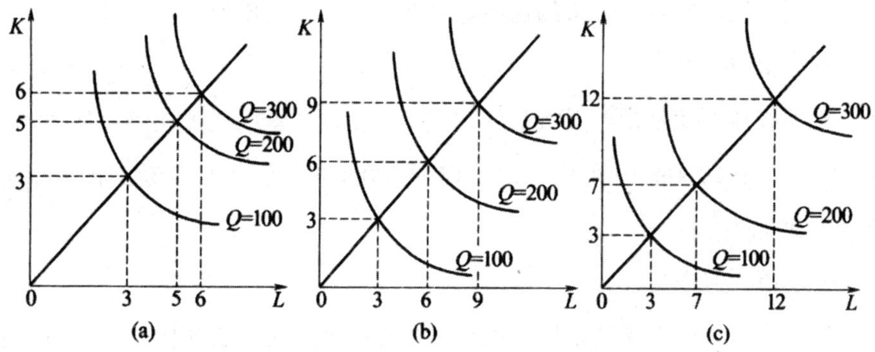

图4-8 规模收益变化情况

内在经济是指一个厂商在生产规模扩大时由自身内部原因所引起的产量与收益的增加。导致内在经济的主要原因有以下几方面：

（1）使用了更加先进的机器设备。机器设备这类生产要素具有不可分割性，当生产规模较小时，购置先进的大型设备较为困难，即使购买了也难以充分发挥其效用，只有生产规模较大时大型的机器设备的作用才能得到充分的发挥并使产量大幅度地增加。

（2）实行了专业化生产。当生产达到一定规模时，就可以实行精细的专业化分工，从而提高工人的技术水平和熟练程度，提高产量、提高生产效率。

（3）管理效率的提高。无论何种规模的生产都需要配备必要的管理人员，但在生产规模较小时，管理人员的才能往往难以得到充分的发挥；而在生产规模较大时可以在不增加管理人员的情况下充分发挥管理人员的作用，既可以提高管理效率又可以增加产量。

（4）副产品得到综合利用。在规模较小的生产中，生产过程中的副产品往往被作为废物丢弃掉，而在大规模生产中就可以对这些副产品进行综合利用。

（5）在生产要素的购买和产品的销售方面占据更有利的地位。由于较大规模的生产所需的各种生产要素很多，产品品种也很多，企业可以利用大量购销的优势地位获得更好的经济收益。

大规模生产给企业带来的这些好处在经济学上又称为规模经济。

2. 规模收益不变

规模收益不变是指产量增加的比例等于生产要素的增加比例，如图 4-8（b）所示。在图 4-8（b）中，产量增加 100%时，资本和劳动的投入增加也是 100%。

3. 规模收益递减

规模收益递减是指产量增加的比例小于生产要素的增加比例，如图 4-8（c）所示。在图 4-8（c）中，当产量增加 100%时，生产要素的投入增加了 4/3，大于 100%。

规模收益递减的原因在于内在不经济。

内在不经济是指一个企业由于本身生产规模过大而引起的产量或收益的减少。造成内在不经济的原因主要有：

（1）管理效率的降低。生产规模过大往往会使管理机构过于庞大，从而使管理和决策缺乏灵活性，对市场需求的变化难以做出及时的反应，管理机构的庞大也常会造成各管理环节之间的漏洞，这些都会降低生产效率，使产量和收益减少。

（2）各种费用大幅度增加。生产规模过大往往会使企业内部的通信费用、管理费用大幅度地增加。此外，由于大幅度增加对生产要素的需求会使生产要素的价格上升，从而增加生产要素费用的支出；产量的增加还会增加销售的困难并增加销售成本。

由生产规模扩大而带来的效率损失也称为规模不经济，可见生产规模并非越大越好。

（二）适度规模

在长期生产过程中企业的规模收益变化一般有如下规律：开始企业处于规模收益递增阶段，最初投资成本巨大的企业一旦进入大规模生产阶段，一般可以使单位生产成本迅速降低。然后企业会进入规模收益不变阶段，再继续扩大生产规模则会进入规模收益递减阶段。保持适度规模的基本原则应是使生产规模保持在规模收益不变阶段，避免滑人规模收益递减阶段。

个别企业适度规模的界限与技术水平、市场容量以及投资成本有关，一个企业的技术条件变了，适度规模水平就会变化，市场容量扩大了适度规模水平也会提高。

四、成本函数

（一）成本函数的相关概念

在对成本进行分析以前先解释几个有关的成本概念。

显性成本，是生产者在生产要素市场上购买或租用所需要的生产要素的实际支出，如支付工资、购买原材料、添置厂房、设备、利息和地租的支付等。这些成本都要被会计人员记录在账册上，因此也被称为会计成本。

隐性成本，是生产者使用自己拥有的生产要素进行生产时没有进行支付的那些成本，如使用自有资金和土地、亲自管理企业或亲自进行生产劳动等。虽然生产者没有向自己进行支付，但使用自有资源也是有成本的，这些成本应按照这些资源用在其他用途上所能得到的最大收入来计算，即按照机会成本来计算自有资源的隐性成本。

经济成本是显性成本与隐性成本之总和。

由成本概念可以进一步分析利润概念，利润可以分成经济利润与正常利润。

经济利润是企业总收益与经济成本的差额，是超过正常利润的部分，因此也称“超额利润”。获得经济利润是企业所追求的目标。

正常利润是生产者对自有资本和自己所提供的企业家才能等生产要素的报酬，这是隐性成本的组成部分，因此正常利润不包括在经济利润之中。

在对成本进行分析之前，还要引入短期和长期两个概念：

短期是指生产者来不及调整全部生产要素的数量，至少有一种生产要素的数量是固定不变的，如厂房和设备等，因此固定生产要素不能调整的时期称为短期。在短期里，生产要素的投入可以划分为固定部分和可变部分，相应地，生产成本可划分为固定成本和可变成本。

长期是生产者可以调整全部生产要素数量的时期。在长期里，企业可以缩小或扩大生产规模，甚至可以加入或退出一个行业的生产。由于在长期里所有的生产要素都是可变的，因此所有成本都是可变的，没有固定成本与可变成本之分。

短期和长期的划分以生产者能否改变全部生产要素的投入数量为标准，对于不同的产品生产，短期和长期的时间界限是不同的，一个钢铁企业的规模调整需要 3–5 年时间，而一个玩具厂的规模调整也许只需 3–5 个月的时间，这样一年时间对于钢铁企业来说只是短期，对于玩具厂就是长期了。

（二）短期成本分析

1. 短期总成本、短期平均成本和短期边际成本

短期总成本是短期内生产一定量产品所需要的全部成本。短期总成本又分为短期固定成本和短期可变成本两部分。短期固定成本是指生产者在短期内所必须支付的、不能随意调整的生产要素的费用，它不随产量的变动而变动，其中主要包括厂房、设备的折旧费以及管理人员的工资；短期可变成本指生产者在短期内所必须支付的、可以随时调整的生产要素的费用，它可以随产量的变动而变动，其中主要包括原材料、燃料的费用以及生产工人的工资。

如果以 TC 表示短期总成本，以 FC 表示短期固定成本，以 VC 表示短期可变成本，则有：

$$TC = FC + VC$$

短期平均成本是指短期内平均每生产一单位产品所花费的成本，它也分为短期平均固定成本和短期平均可变成本两部分。短期平均固定成本是平均每单位产品所消耗的固定成本；短期平均可变成本是平均每单位产品所消耗的可变成本。如果以 Q 代表总产量，则有：

$$\frac{TC}{Q} = \frac{FC}{Q} = \frac{VC}{Q}$$

如果以 AC 表示短期平均成本，以 AFC 表示短期平均固定成本，以 AVC 表示短期平均可变成本，则上式可写成：

$$AC = AFC + AVC$$

短期边际成本是指短期内生产者每增加一单位产品所增加的成本。

如果以 MC 表示短期边际成本，以 ΔQ 表示产量的增量，以 ΔTC 表示短期总成本的增量，则有：

$$MC = \frac{\Delta TC}{\Delta Q}$$

若 $\Delta Q \to 0$，则有

$$MC = \lim_{\Delta Q \to 0} \frac{\Delta TC}{\Delta Q}$$

2. 边际收益递减规律与短期成本变动的特征

边际收益递减规律是短期生产的基本规律，这一规律同时也决定了各条短期成本线先降后升的“U”形线特征。

假设生产要素的价格固定不变，边际收益在开始连续投入可变要素时是递增的，这就意味着每增加一单位产量所需要的边际成本是递减的；边际收益进入递减阶段后，每增加一单位可变要素投入的边际产量是递减的，这就意味着在这一阶段边际成本是递增的。显然，在边际收益递减规律的作用下，短期边际产量线和短期边际成本线之间存在着一定的对应关系：与边际产量的递增阶段对应的是边际成本的递减阶段；与边际产量递减阶

段对应的是边际成本的递增阶段；与边际产量的最大值对应的是边际成本的最小值；与边际产量线先升后降的特征相对应的是边际成本曲线先降后升的“u”形线特征。边际成本曲线先降后升的特征又决定了其他短期成本曲线的“U”形线特征。

（三）**短期总成本线、短期平均成本线和短期边际成本线的相互关系**

TC、AC与MC线之间的相互关系可以从下边的表格（表4–3）中看出。

表4-3　短期成本表

Q	FC	VC	TC	MC	AFC	AVC	AC
0	60	0	60				
1	60	30	90	30	60	30	90
2	60	49	109	19	30	24.5	54.5
3	60	65	125	16	20	21.7	41.7
4	60	80	140	15	15	20	35
5	60	100	160	20	12	20	32
6	60	124	184	24	10	20.7	30.7
7	60	150	210	26	8.6	21.4	30
8	60	180	240	30	7.5	22.5	30
9	60	215	275	35	6.7	23.9	30.6
10	60	255	315	40	6	25.5	3I_5
11	60	300	360	45	5.5	27.3	32.8
12	60	360	420	60	5	30	35

在表4–3中，MC先随产量的增加而下降，到达产量4后转而随产量的增加而上升。FC固定不变，都是60，VC由每一产量的边际成本之和决定，TC由VC与FC之和决定，各平均成本由各总成本除以产量得出。

根据表4–3中的数据：可以画出各条成本线的图形（图4–9，图4–10），图4–9是总成本曲线，图4–10是平均成本和边际成本曲线。

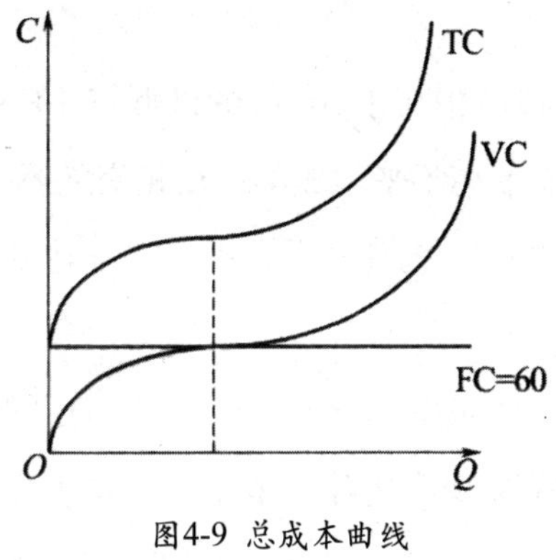

图4-9 总成本曲线

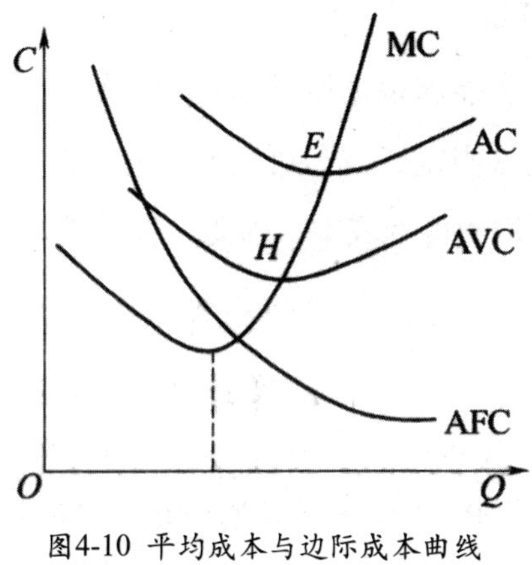

图4-10 平均成本与边际成本曲线

各条成本线的特征以及相互之间的关系如下：

（1）固定成本线 FC 为一条水平线，总成本线 TC 和总可变成本线 VC 一直是上升的，当边际成本线 MC 下降时，TC 和 VC 线以递减的速度上升；当边际成本线 MC 上升时，TC 和 VC 线以递增的速度上升。

（2）AVC、AC、MC 三条曲线都是先下降而后上升，表明短期里平均可变成本、平均成本和边际成本都是先随着产量的增加而减少，但到一定程度之后便又随着产量的增加而呈现递增的趋势。

（3）平均固定成本线 AFC 向右下方倾斜，开始较陡，之后较平缓，这说明平均固定成本虽然一直在减少，但开始时减少的幅度较大，之后减少的幅度逐渐变小。

（4）MC 与 AC 线必定相交于 AC 线的最低点（E），在相交之前平均成本一直在减少，边际成本小于平均成本；在相交之后平均成本一直在增加，边际成本大于平均成本；在交点 E 上，平均成本达到最低点，边际成本等于平均成本。

（5）MC 与 AVC 曲线必定相交于 AVC 曲线的最低点（日）。在相交之前平均可变成本一直在减少，边际成本小于平均可变成本；在相交之后平均可变成本一直在增加，边际成本大于平均可变成本；在相交点日上，平均可变成本达到最低点，边际成本等于平均可变成本。

（三）**长期成本分析**

所谓长期是生产者能够根据所要达到的产量来调整其全部生产要素的时期，在长期里不再有固定成本与可变成本的区别，一切生产要素都是可以调整的，一切成本均为可变成本，因此在长期成本分析中只分析总成本、平均成本与边际成本。

1. 长期总成本

长期总成本是指长期中生产一定量产品所花费的成本总和。因为没有产量便没有总成本，所以总成本线从原点开始向右上方递增（图 4–11）。

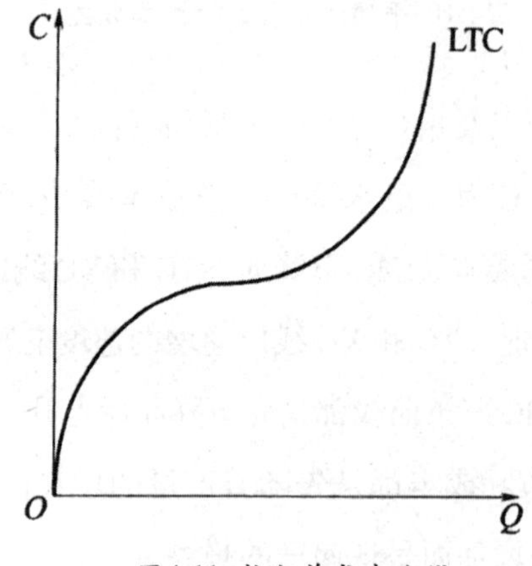

图4-11 长期总成本曲线

2. 长期平均成本

长期平均成本是长期中平均每单位产品的成本。长期平均成本曲线是一条与无数条短期平均成本曲线相切的线，从数学上讲，长期平均成本线就是短期平均成本线的包络曲线（图 4–12），中的 LAC 曲线就是长期平均成本线。

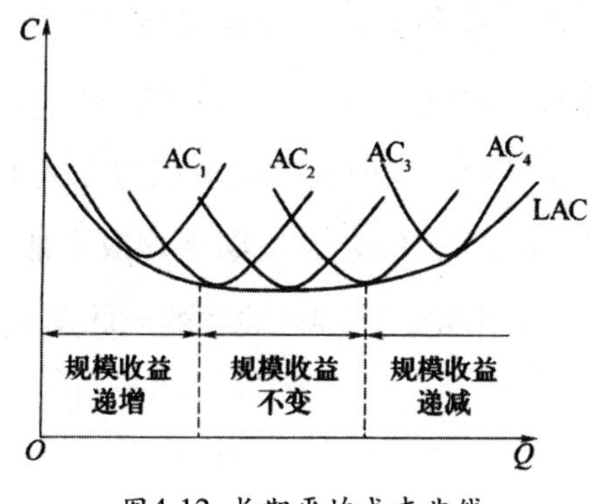

图4-12　长期平均成本曲线

假设某一生产者有几种不同的生产规模可供选择，每种生产规模都有一条短鞞平均成本益线与之相对应，如图 4–12 中的 SAC_1，SAC_2 和 DAC_3 等所示。生产者要根据其产量的大小来决定生产的规模并使平均成本达到最低。在短期内，生产者无法调整全部生产要素和生产规模，也不可能在任何时候都达到最低平均成本，但在长期中生产者可以根据所要达到的产量来讽整生产要素和生产规模，因而可以始终保持在最低平均成本状态，因此长期平均成本曲线就是一条与短期平均成本线相切的线，称为短期平均成本线的包络曲线。由于生产者在长期中可以根据这条曲线做出生产规划，确定生产规模的变动，因而它又被称为计划曲线。

从图形上看，长期平均成本曲线也是一条先下降后上升的“U”形曲线，表明随着产量的增加，长期平均成本也是先减少后增加的，但长期平均成本曲线与短期平均成本曲线相比，其下降和上升都要平缓得多，这表明长期平均成本的变动与短期平均成本的变动相比要缓慢得多。

长期平均成本随产量的增加而减少的阶段是规模收益递增的阶段；长期平均成本随产量的增加而增加的阶段是规模收益递减的阶段。

3. 长期边际成本

长期边际成本是长期中增加一单位产品所增加的成本。长期边际成本也是随产量的增加先减少而后增加的，但是比短期边际成本曲线要平坦一些，表明长期边际成本的变动比短期边际成本的变动要平缓些。长期边际成本与长期平均成本的关系和短期边际成本与短期平均成本的关系一样，也是在平均成本下降时边际成本小于平均成本；在平均成本上升时，边际成本大于平均成本；在平均成本曲线的最低点边际成本线与之相交，在交点上边际成本等于平均成本，LAC 为长期平均成本曲线（图 4-13），LMC 为长期边际成本曲线，二者相交于 LAC 曲线的最低点 E。

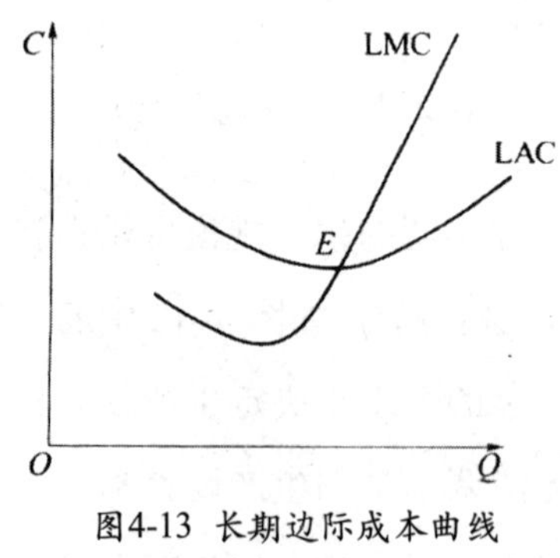

图4-13 长期边际成本曲线

五、收益分析与利润最大化原则

收益（Revenue）是生产者出售产品所得到的收入，是产品价格与销售量的乘积，在收益中扣除成本之后的剩余部分就是利润。

（一）收益分析

1. 总收益、平均收益和边际收益

（1）总收益

总收益（Total Revenue）是生产者出售一定产品所得到的全部收益，其公式为：

在价格不变 P 为常数的情况下，收益曲线是一条从原点发出的直线

（图 4–14）。在价格 P 随销量增加而下降的情况下，收益曲线是一条速率递减的上升曲线（图 4–15）。

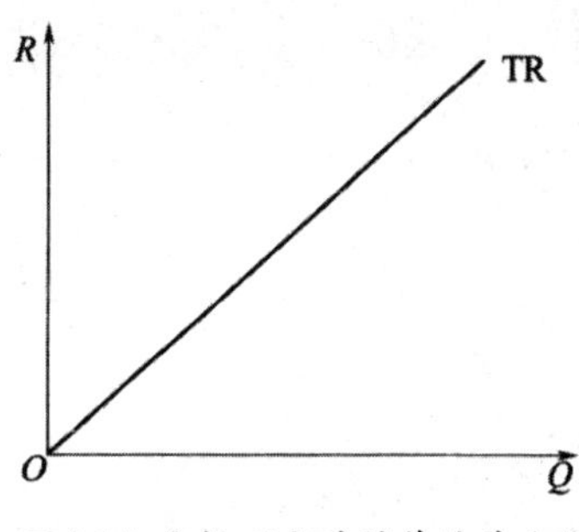

图4-14 价格不变时的总收益曲线

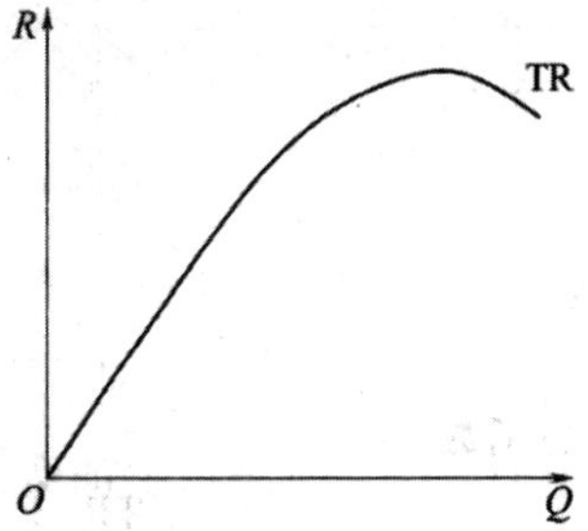

图4-15 价格变化时的总收益曲线

（2）平均收益

平均收益是平均每一单位产品的销售收入，其公式为

$$TR = P \cdot Q$$

在固定价格条件下，价格为一常数，平均收益等于市场价格，平均收益曲线勾一水平线，高度在市场价格 P_0 的位置上。

在价格随销量的增加而下降的条件下，平均收益曲线 AR 向右下方倾斜并与需求曲线 D 线重合（图 4–16）。

$$AR = \frac{TR}{Q}$$

（3）边际收益

边际收益（Marginal Revenue）是每增加一单位产品的销售所增加的收益。

其公式为：

$$MR = \frac{\Delta TR}{\Delta Q}$$

如果 $\Delta Q \to 0$，则 $MR = \lim_{\Delta Q \to 0} = TR'$

当价格为常数时，边际收益等于价格固定 P_0，边际收益曲线 MR 与平均收益曲线 AR 重合（图 4–16）。

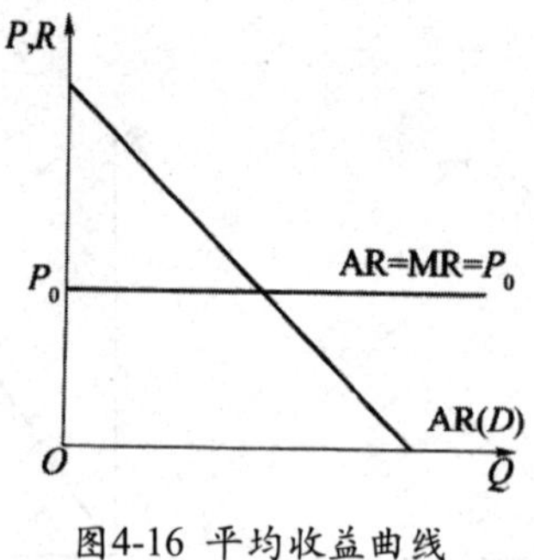

图4-16 平均收益曲线

当价格随销量的增加而下降时，边际收益曲线 MR 位于平均收益曲线 AR 的下方（图 4–17）。

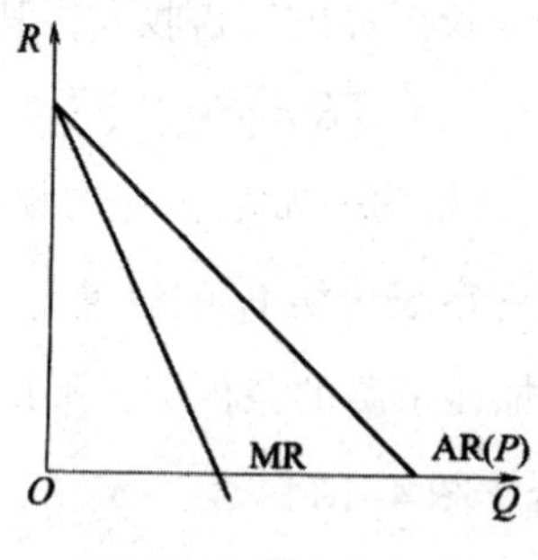

图4-17 边际收益曲线

2. 总收益、平均收益和边际收益

三者之间的相互关系假设需求函数为一线性函数

$$P = a - bQ$$

则总收益函数为

$$TR = P \bullet Q = aQ - bQ^2$$

平均收益函数为

$$AR = \frac{PQ}{Q} = P = a - bQ$$

边际收益函数为

$$MR = TR' = a - 2bQ$$

从图形上看，总收益、平均收益和边际收益三者之间的关系如下：

（1）当边际收益为正值时，总收益递增；当边际收益为零时，总收益达到最大值；当边际收益为负值时，总收益开始下降（图 4–18）。

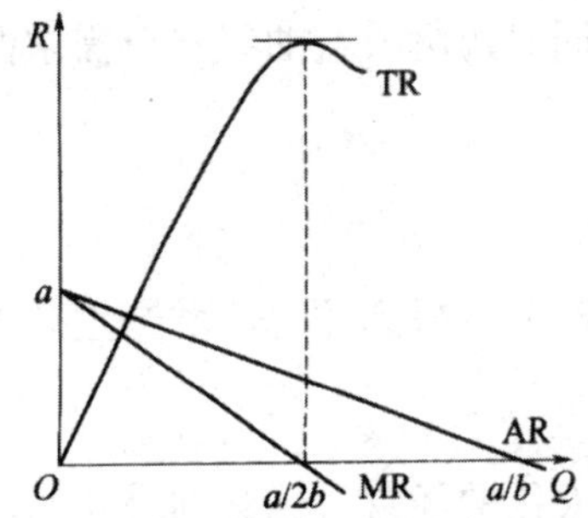

图4-18 总收益平局后羿和边际收益三者关系

（2）边际收益曲线与平均收益曲线在纵轴上的截距相同，都是 a。

（3）从绝对值上看，边际收益曲线的斜率是平均收益曲线斜率的二倍，也就是说从平均收益曲线上任一点向纵坐标轴引垂线，边际收益曲线穿过该垂线的中点，这一点也可以用几何方法来证明（图 4–19）。

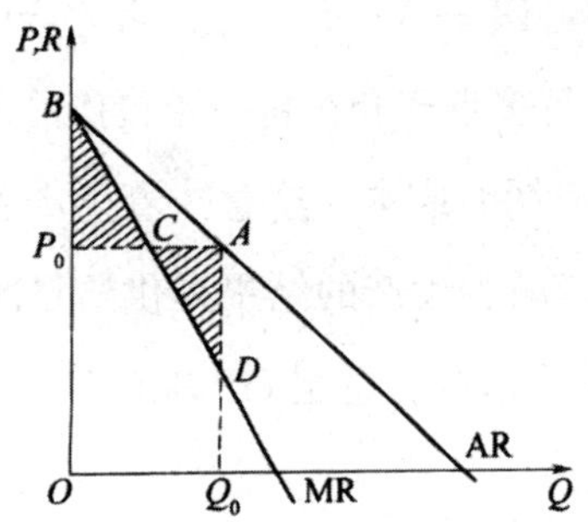

图4-19 边际收益曲线与平局收益曲线

在图 4–19 中，价格为 P_0 时销售量为仇 Q_0，此时的总收益 TR 为 $P_0 \cdot Q_0$，相当于矩形 $P_oA \cdot Q_oD$ 的面积。从另一方面看，此时的总收益也等于每单位销售量的边际收益之和，即相当于 BDQ_oD 的面积。因为：

$$BDQ_oD = BDQ_oQ$$

所以

$$\Delta BP_0C = \Delta DCA$$

所以

$$P_0C = CA$$

以上分析可以得出的结论是，当需求曲线（平均收益曲线）是直线时，边际收益曲线也是直线，同时边际收益曲线平分需求曲线与纵轴之间的任何一条水平线。

（二）利润最大化原则

利润是生产者从销售产品中得到的总收益与生产中所耗费的经济成本之间的差额。

生产者要实现利润最大化的经营目标必须遵守的基本原则是边际收益等于边际成本，即 MR = MC。

如果 MR > MC，表明每多生产和销售一单位产品所增加的收益大于生产和销售这一单位产品所消耗的成本，这就意味着还有潜在的利润没有得到，这时生产者继续增加生产还将是有利可图的，所以生产者必然会增加生产。生产者增加生产的结果是供给量增加、产品的价格下降、边际收益减少而边际成本上升，直到 MR = MC 时，生产者才会停止增加生产。

如果 MR < MC，表明每多生产和销售一单位产品所增加的收益小于生产和销售这一单位产品所消耗的成本，这意味着生产者有亏损，所以生产者必然会减少生产。生产者减少生产的结果是供给量减少、产品的价格上升、边际收益增加、边际成本减少，直至 MR=MC 时，生产者才会停止减少生产。

在 MR = MC 时，生产者将能赚到的利润都赚到了，能避免的损失也都避免了，这时的生产者既不会增加生产，也不会减少生产。

从下图（图 4–20）中我们可以看出，利润最大的产销量为 Q_0，在这一产量上，总收益 TR 与总成本 TC 之间的垂直距离最大，因此利润总额最大。在利润最大的产销量上有 TR 线与 TC 线切线的斜率相等，而 TR 线的切线斜率等于 MR，TC 线切线的斜率等于 MC，所以当利润达到最大时 MR =

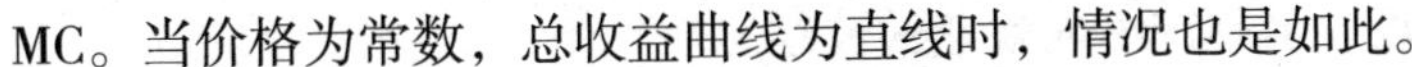

MC。当价格为常数，总收益曲线为直线时，情况也是如此。

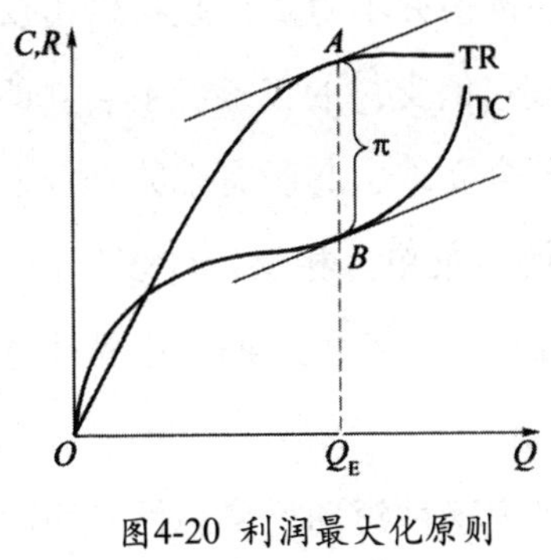

图4-20 利润最大化原则

第三节　经济周期

一、宏观经济学的时间范围

（一）短期和长期

大多数宏观经济学家认为，短期与长期之间的关键差别是价格行为。在长期，价格是有灵活性的，能对供给或需求的变动做出反应。在短期，许多价格是“黏性的”，固定在某个前定水平上。由于价格在短期与在长期有不同的行为，所以，各种经济事件和政策在不同时间范围中有不同的效应。

为了理解短期与长期有什么不同，考虑货币政策变动的效应。假定美联储突然将货币供给降低5%。根据古典模型，货币供给影响名义变量——用货币衡量的变量——但不影响实际变量。正如你可能从第4章回忆起来的，实际变量和名义变量理论上的分离被称为古典二分法，货币供给对实际变量决定的无关性被称为货币中性。大部分经济学家相信，这些古典思想描述了经济在长期如何运行：货币供给减少5%使所有价格（包括名义工资）下降5%，而产出、就业和其他实际变量仍然相同。因此，在长期，货币供给的变动并没有引起产出或就业的波动。

但是，在短期，许多价格并不对货币政策做出反应。货币供给减少不会立即引起所有企业削减它们支付的工资，不会立即引起所有商店更换它们的产品的价格标签，不会立即引起所有邮购企业发行新的目录单，也不会立即引起所有餐馆更换新菜单。相反，许多价格很少会发生立即变动；也就是说，许多价格是黏性的。这种短期价格黏性意味着货币供给变动的短期影响与长期影响并不相同。

经济波动模型必须考虑这种短期价格黏性。我们将看到，价格不能迅速和完全地对货币供给变动（以及经济状况的其他外生变动）做出调整意味着，在短期，产出和就业等实际变量必须做出某种调整。换言之，在价格为黏性的时间范围内，古典二分法不再成立：名义变量会影响实际变量，经济会背离古典模型所预言的均衡。

（二）总供给和总需求模型

当价格具有黏性时，经济的运行很不相同。在这种情况下，正如我们将会看到的，产出也取决于经济对产品与服务的需求。需求又取决于多种因素：消费者对经济前景的信心，企业对新投资项目营利性的了解，货币政策和财政政策。由于货币与财政政策可以影响需求，需求又影响经济在价格为黏性的时间范围内的产出，所以，价格黏性就为这些政策为什么对稳定短期经济可能有用提供了一种理论依据。

供给和需求模型提供了一些经济学中最基本的洞察力，它说明了任何一种产品的供给和需求如何共同决定该产品的价格和销售量，以及供给和需求的移动如何影响价格和产量。我们现在介绍该模型的“整体经济层次”（economy_size）版本——总供给与总需求模型。这个宏观经济模型使我们可以研究价格总体水平和总产出数量在短期是如何决定的。它还提供了一种比较经济在长期和在短期的行为的方法。

虽然总供给与总需求模型类似于单一产品的供给和需求模型，但这个类比是不准确的。单一产品的供给和需求模型只考虑一个大经济的一种产品。与此相比，总供给与总需求模型是纳入了许多市场之间的相互作用的一个更为复杂的模型。在这里，本书的目标不是完整地解释模型，而是介绍模型的关键要素和说明它如何有助于解释短期经济波动。

二、总需求

总需求（aggregate demand，AD）是产出需求量与价格总体水平之间的关系。换言之，总需求曲线告诉我们，在任何给定的价格水平上人们想购买的产品与服务的数量。在这里，用货币数量论提供一个简单但不完全的总需求曲线的推导。

作为总需求的数量方程

$$MV = PY$$

根据该理论，

$MV = PY$ 式中，M 为货币供给；V 为货币流通速度；P 为价格水平；Y 为产出量。如果货币流通速度是不变的，那么，这个方程是说，货币供给决定产出的名义值，产出的名义值又是价格水平与产出量的乘积。

在解释这一方程时，回忆下面这一点是有帮助的：数量方程可以被改写为用实际货币余额的供给和需求表示：

$$M / P = (M / P)^d = kY$$

式中，$k = 1 / V$，为代表人们对于每一美元收入想持有多少货币的一个参数。这种形式的货币数量方程是说，实际货币余额的供给 M/P 等于实际货币余额的需求（M/P），该需求与产出 Y 是成比例的。货币流通速度 V 是货币需求参数尼的倒数。不变流通速度的假设等价于每单位产出对实际货币余额的需求不变的假设。

如果我们假设流通速度 V 是常数，货币供给 M 由中央银行固定，那么数量方程得出了价格水平 P 和产出 Y 之间的负相关关系。下图（图 4–21）

描绘了 M 和 Y 保持不变时，满足数量方程的 P 和 Y 的组合。这条向下方倾斜的曲线被称为总需求曲线。

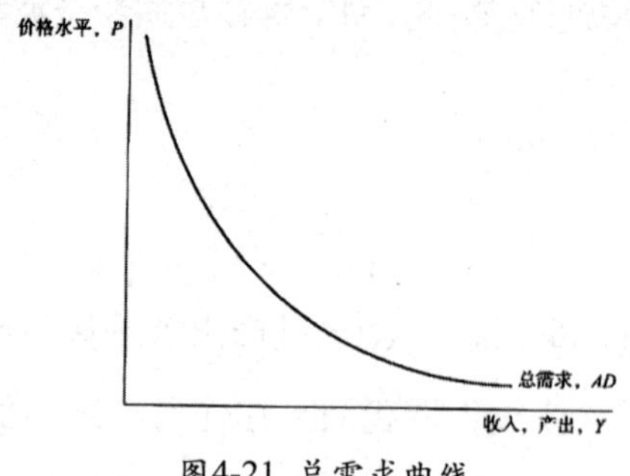

图4-21 总需求曲线

作为一个严格的数学问题，数量方程很简单地解释了总需求曲线为什么向右下方倾斜。货币供给 M 和货币流通速度 V 决定了产出的名义值 PY。一旦 PY 是固定的，如果 P 上升，Y 必定下降。

这种数学关系背后的经济学直觉是什么呢？对于总需求曲线向右下方倾斜的完整解释，就现在而言，考虑以下逻辑：由于我们假设货币流通速度是固定的，所以，货币供给决定了经济中所有交易的美元价值。如果价格水平上升，那么，每次交易都需要更多美元，因此，交易次数从而产品与服务的购买量必定下降。

我们还可以通过思考实际货币余额的供给和需求来解释总需求曲线为什么向右下方倾斜。如果产出越高，人们进行的交易就越多，需要的实际货币余额 M / P 就越多。对于一个固定的货币供给 M，实际货币余额越高意味着价格水平就越低。反过来，如果价格水平越低，实际货币余额就越高；实际货币余额水平越高就允许有更大的交易量，这就意味着产出的需求量越高。

总需求曲线是在货币供给数值固定的条件下做出的。换言之，它告诉我们，对于一个给定的 M 值，P 和 Y 可能的组合。如果美联储改变了货币供给，那么,P 和 Y 可能的组合也就改变了，这就意味着总需求曲线移动了。

例如，考虑如果美联储减少货币供给会发生什么。数量方程 MV=PY 告诉我们，货币供给减少导致产出名义值 PY 同比例减少。对任何给定的价格水平而言，产出的数量更低了；对任何给定的产出而言，价格水平更低了。正如图 4-22（a）所示，联系着 P 与 Y 的总需求曲线向内移动。

如果美联储增加货币供给，那么相反的情况就会出现。数量方程告诉我们，M 增加引起 PY 增加。对任何给定的价格水平而言，产出更高了；对任何给定的产出而言，价格水平更高了。正如图 4-22（b）所示，总需求曲线向外移动。

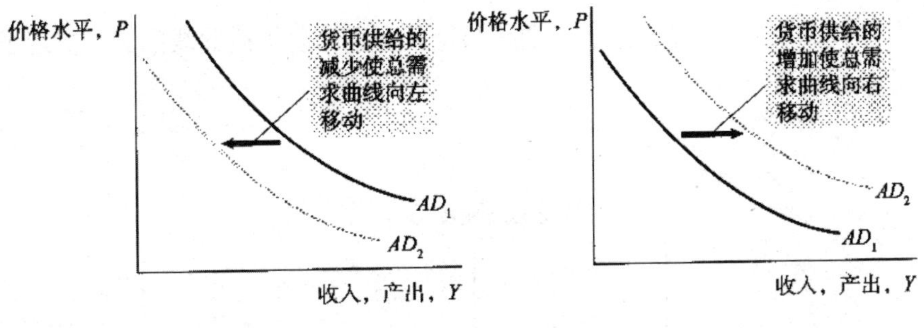

图4-22 总需求曲线的移动

尽管货币数量论为理解总需求曲线提供了一个非常简单的基础，我们要预先警告，现实更为复杂。货币供给的波动并不是总需求波动的唯一来源。即使货币供给保持不变，如果某种事件引起货币流通速度变动，总需求曲线也会移动。在接下来两章中，我们将建立更一般的总需求模型，称为 IS—LM 模型，它将使我们能够考虑总需求曲线移动的许多可能的原因。

三、总供给

总供给（aggregate supply，AS）是产品与服务的供给量和价格水平之间的关系。由于供给产品与服务的企业在长期中有具有弹性的价格，但在短期中价格是黏性的，总供给关系取决于时间范围。我们需要讨论两种不同的总供给曲线：长期总供给曲线 LRAS 与短期总供给曲线 SRAS。我们还需要讨论经济如何从短期向长期过渡。

长期：垂直的总供给曲线

由于古典模型描述了经济在长期的行为，所以我们从古典模型中推导长期总供给曲线。生产的产出数量取决于固定的资本与劳动量以及可获得的技术。为了说明这一点，我们写成

$$Y = F(\overline{K}, \overline{L}) = \overline{Y}$$

根据古典模型，产出并不取决于价格水平。为了说明不管价格水平如何，产出都固定在这一水平，我们绘出一条垂直的总供给曲线，如下图所示（图 4–23）。在长期，总需求曲线与这条垂直的总供给曲线的交点决定了价格水平。

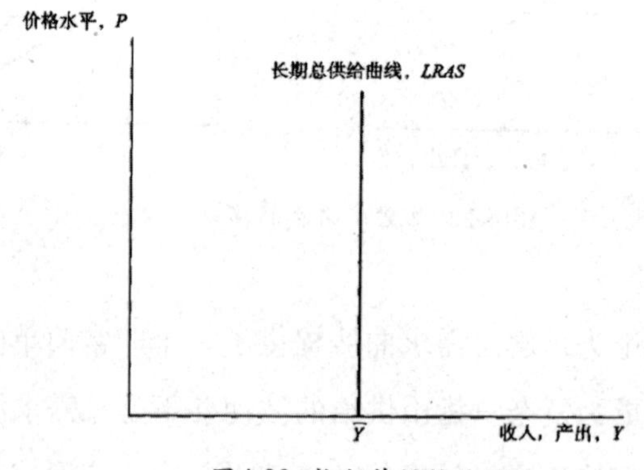

图4-23 长期总供给曲线

如果总供给曲线是垂直的，那么，总需求的变动影响价格但不影响产出。例如，如图所示（图 4–24），如果货币供给减少，总需求曲线向下移

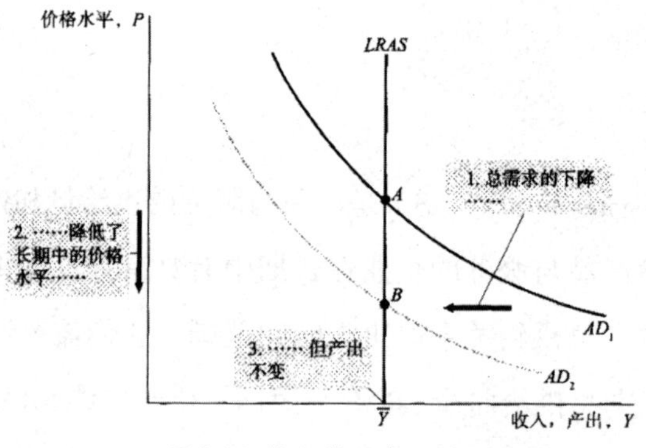

图4-24 长期总需求曲线的移动

动。经济从总供给与总需求原先的交点 A 移动到新交点 B。总需求的移动只影响价格。

垂直的总供给曲线满足古典二分法，因为它意味着产出水平独立于货币供给。这一长期产出水平，P，被称为产出的充分就业（full employment）或自然（natural）水平。它是经济的资源得到充分利用，或者更现实地说，失业为其自然率时的产出水平。

口短期：水平的总供给曲线

古典模型和垂直的总供给曲线只在长期中适用。在短期中，一些价格是黏性的，因而不能根据需求的变动做出调整。由于这种价格黏性，短期总供给曲线不是垂直的。

在这里，我们将通过假设一个极端的例子简化分析。假定所有企业都印发产品的价格目录，而且，印发新价格目录对它们来说是昂贵的。因此，所有价格都被黏在前定水平上。在这些价格上，顾客愿意购买多少，企业就愿意出售多少。而且，它们雇用刚好充足的劳动来生产需求的数量。由于价格水平是固定的，在下图（图 4–25）中用水平的总供给曲线来代表这种情况。

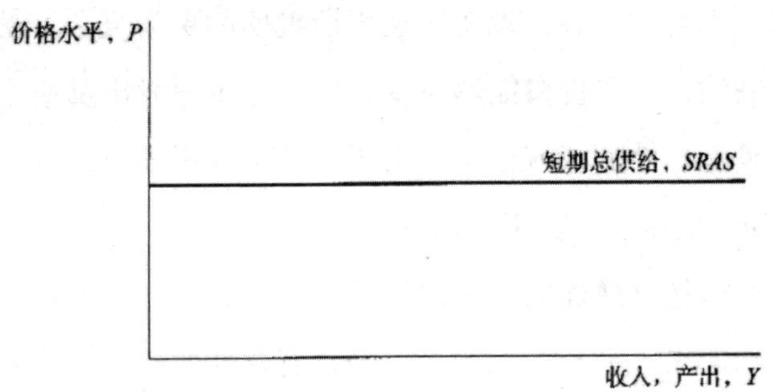

图4-25 短期总供给曲线

经济的短期均衡是总需求曲线与这条水平的总供给曲线的交点。在这种情况下，总需求变动确实影响产出水平。例如，如果美联储突然减少货币供给，总需求曲线向内移动，如图所示（图 4–26）。经济从总需求曲线与总供给曲线原先的交点 A 点移动到新交点 B 点。从 A 点移动到 B 点代表了在固定价格水平上产出的减少。

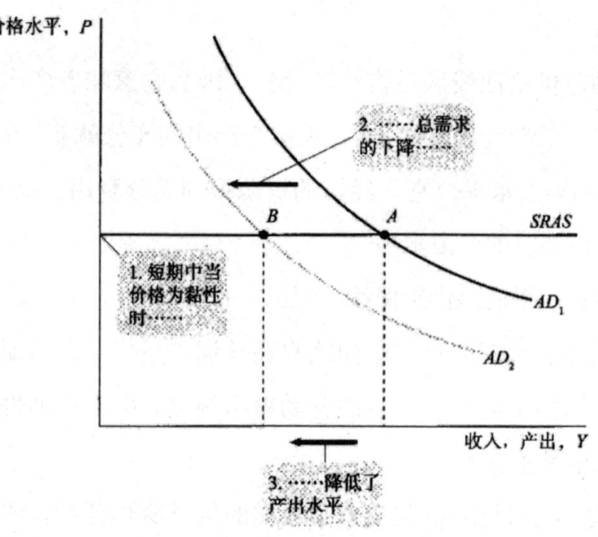

图4-26 短期中总需求曲线的移动

因此，短期中总需求的减少使产出下降，这是因为价格并没有立即调整。在总需求突然减少之后，企业被黏在太高的价格上。在需求低和价格高的情况下，企业卖出的产品减少了，因此，它们减少生产并解雇工人。经济经历着一次衰退。

需要再次预先警告的是，现实比这里所说明的更为复杂。虽然许多价格在短期具有黏性，一些价格能够对变化的环境迅速做出反应。上图显示了所有价格都具有黏性的极端情况。由于这种情况更简单，对于思考短期总供给曲线来说，它是一个有用的起点。

在长期，价格是有弹性的，总供给曲线是垂直的，总需求变动影响价格水平但不影响产出水平。在短期，价格是有黏性的，总供给曲线是平坦的，总需求变动确实影响经济中产品与服务的产出。

经济如何从短期向长期过渡呢？让我们追踪总需求减少随着时间推移的效应。假定经济最初处于下图（图 4–27）中所示的长期均衡。在这幅图中，有三条曲线：总需求曲线、长期总供给曲线以及短期总供给曲线。长期均衡位于总需求曲线与长期总供给曲线的交点。价格调整达到了均衡。

因此，当经济处于其长期均衡时，短期总供给曲线必定也经过这一点。

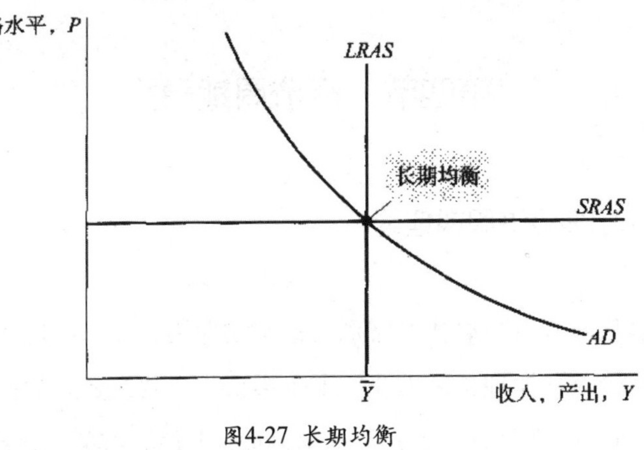

图4-27 长期均衡

现在假定美联储减少货币供给，总需求曲线向下方移动，如图所示（图 4–8）。在短期中，价格是黏性的，因此经济从 A 点移动到 B 点。产出和就业下降到其自然水平以下，这意味着经济处于衰退中。随着时间的推移，作为对低需求的反应，工资和价格下降。价格水平的逐渐下降使经济沿着总需求曲线向下移动到 C 点，这是新的长期均衡。在新的长期均衡（C 点），产出和就业又回到其自然水平，但价格比原先的长期均衡（A 点）更低。因此，总需求的移动在短期中影响产出，但随着时间的推移，由于企业调整其价格，这种效应逐渐消失。

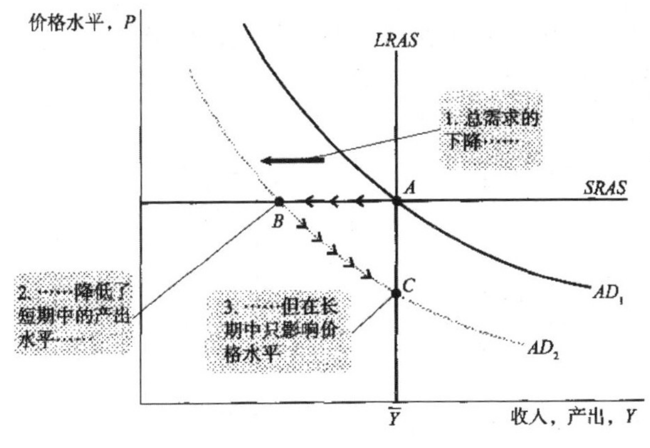

图4-28 总需求的减少

第四节　经济周期模型

一、卡尔多经济周期理论

长尔多从经济本身寻找经济周期波动的原因，以非线性的投资函数和储蓄函数，将凯恩斯理论动态化。卡尔多认为，收入是影响投资和储蓄的垂要因素，但边际投资倾向和边际储蓄倾向都与收入有关，而不是常数。

（一）投资函数和储蓄函数

卡尔多认为投资曲线是一条“斜S曲线”。当收入太低时，投资倾向很低，一方面是因为收入低，只能满足常需要，另一方面也是因为这时经济中存在过剩的生产能力，增加的收入不会增加投资。但如果收入很高，投资倾向也不可能高，这是因为高收入意味着生产潜力已得到充分开发与利用，投资近于饱和，增加的收入也不会较多地用于投资。只有在收入处于中等水平时，经济中既有增加投资的愿望和要求，也有增加投资的能力，投资的边际倾向才比较大。这样，随着收入由低向高变化，投资曲线先是比较平坦，然后变陡，上升很快，最后又在高水平上变得比较平坦，如下图所示（图4–29），在经济活动低于H和高于K的区域，投资曲线均较为平坦。

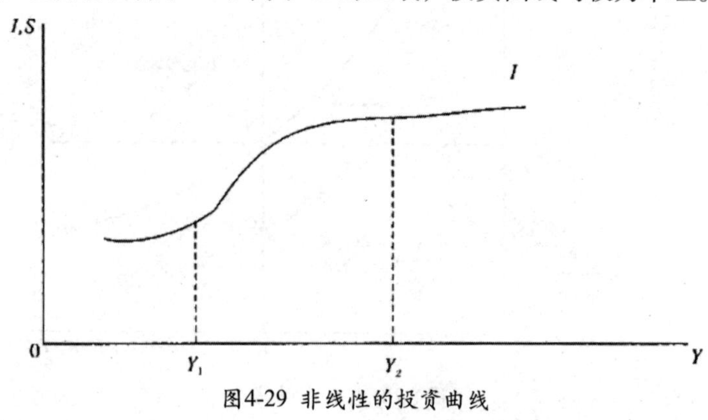

图4-29 非线性的投资曲线

储蓄曲线则是一条“反 S 曲线”。在较低的收入水平上，人们的储蓄倾向比较高。卡尔多的解释是：经济衰退时，人们的收入降低到比较低的水平，为了维持与以前的生活水平，就要大大减少储蓄；而在经济复苏初期，人们为了使储蓄恢复到以往水平，就要大大增加储蓄。因此，在收入较低时期，随着收入的减少，储蓄减少的速度会越来越快；随着收入增加，储蓄增加的速度也越来越快。

当收入水平较高时，储蓄倾向也较高，这是因为人们的消费是有限的，收入达到较高水平时，再增加收入，只会使储蓄增多。只有当收入处于中等水平时，人们既有增加消费的愿望，也有满足消费的能力，因此边际储蓄倾向才较小。这样，随着收入水平由低向高发展，储蓄曲线先是比较陡，上升较快，然后变得平坦，上升速度放慢，最后在高水平上又变得陡起来，如下图所示（图 4–30），当经济活动位于低于 K 和高于 Y_4 区域时，储蓄曲线的倾斜程度均较大。

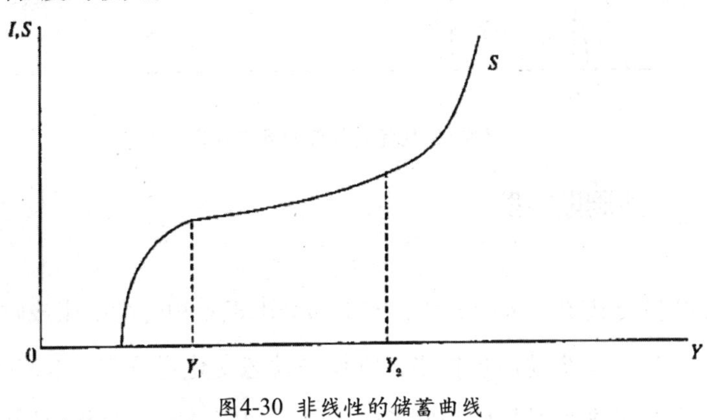

图4-30　非线性的储蓄曲线

（二）**投资和储蓄的多重均衡**

当我们将图 4–30 和图 4–31 非线性投资函数和储蓄函数放置在图 4–31 中时，会出现储蓄函数和投资函数有几个交点的情形。图中两条曲线相关于 A、B 和 C 三点，对应的收入水平为 Y_1、Y_2 和 Y_3。从图中可见，当经济处于 A 点的状态时，在 A 点左边，计划投资大于计划储蓄，经济有扩张的趋势；在 A 右边，计划投资小于计划储蓄，经济有收缩的趋势。因此，A

点是一个稳定均衡点。同理，C点左边有扩张趋势，右边有收缩趋势，也是一个稳定均衡点。而B点左边计划投资小于计划储蓄，经济有收缩的趋势；B点右边计划投资大于计划储蓄，经济有扩张的趋势，是一个不稳定均衡点。B点的经济含义在于，当经济处于该点之上，出现扩张过程，一直到C点达到稳定均衡为止。而在B点以下，则会出现收缩过程，一直到A点达到稳定均衡为止。

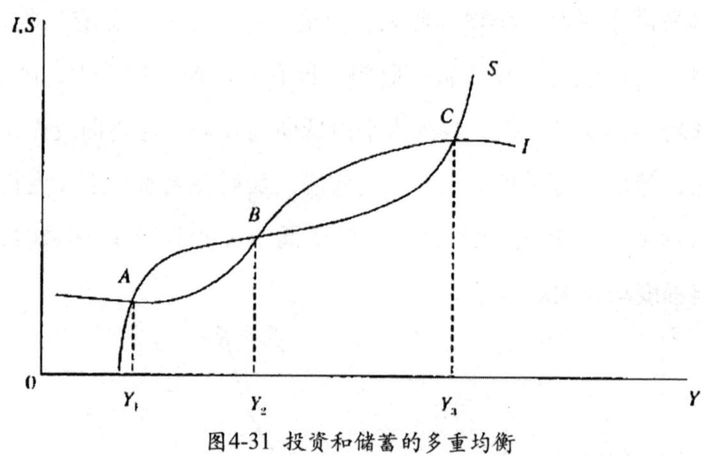

图4-31 投资和储蓄的多重均衡

（三）经济周期模型

上述分析反映了经济所处的状态不同会出现累积性的扩张或收缩过程，那么经济如何一步步地出现扩张、收缩的动态变化过程呢？卡尔多认为还要考虑资本存量本身对投资和储蓄的影响。储蓄是资本存量的增函数，即对于任意经济活动水平而言，当资本存量越大时，生产出来的产品数量越大，收入越高，储蓄量也越大。而投资则是资本存量的减函数，也就是说，当资本存量越大，达到一定经济活动水平所需要的投资量就越小，即当现有资本存量足以提供既定产品时，就不需要再进行投资以补充资本存量。当资本存量变动时会引发经济均衡点的移动，从而带来经济周期性的波动现象。

在下图中（图 4–32），假设经济目前处于 E_1 点所示的均衡点，经济处于高水平，收入水平为 Y_1。这时，资本存量处于高水平，投资量减少，投资曲线向下移动，对应的，储蓄曲线向上移动。经济从 E_1 点收缩，比如到达图 4–33 所示的第二阶段，收入调整到 Y_2，这时，投资曲线与储蓄曲线相切于 E_2。在 E_2 点，计划投资小于计划储蓄，E_2 点不是一个稳定的均衡点，经济还有进一步收缩的趋势，投资曲线进一步下移，储蓄曲线进一步上移，经济向 E_3 点移动。到达 E_3 点，经济重新回到稳定均衡状态，也达到了经济收缩的低谷 Y_3 水平，见图 4–34。收入处于 Y_3 水平时，资本存量处于低水平，投资量开始增加，投资曲线转而开始向上移动，对应的，储蓄曲线向下移动，经济从易又开始扩张，比如到达图 4–35 中 E_4 位置。E_4 也不是一个稳定均衡点，投资曲线仍有向上移动的趋势，储蓄曲线也有进一步下移的趋势，收入进一步提高，最终达到图 4–16 中 E_5 点，从而达到经济扩张的峰顶。由此又开始下一个经济周期。

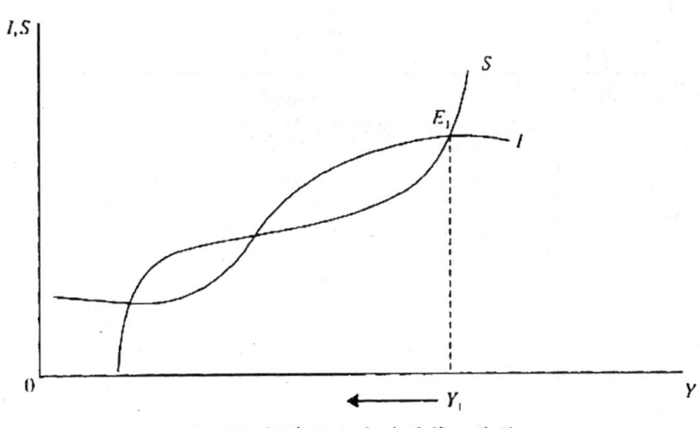

图4-32 经济周期变动的第一阶段

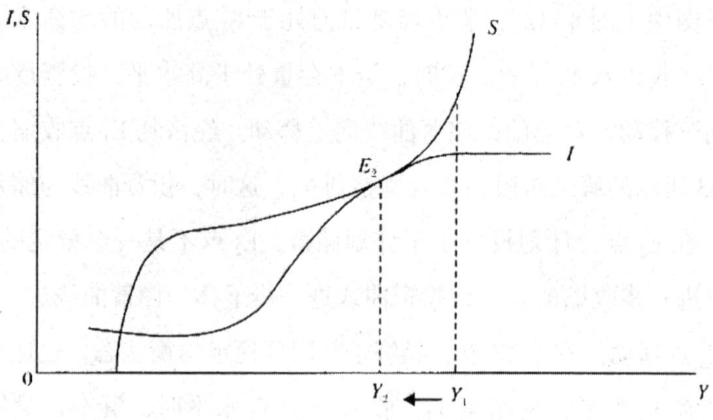

图4-33 经济周期变动的第二阶段

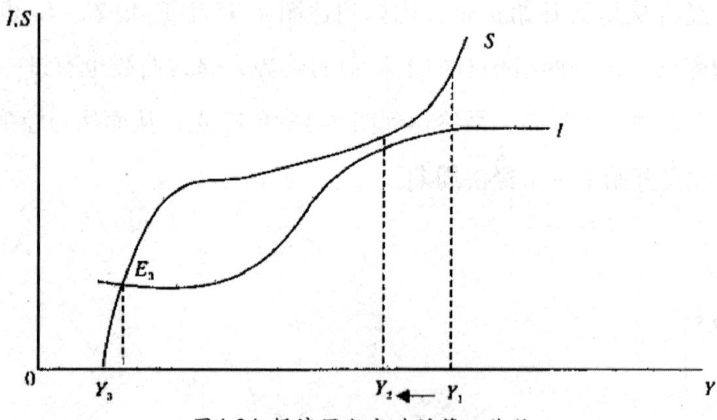

图4-34 经济周期变动的第三阶段

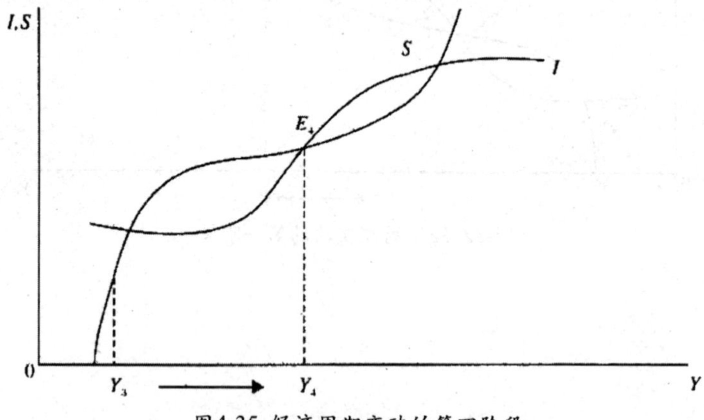

图4-35 经济周期变动的第四阶段

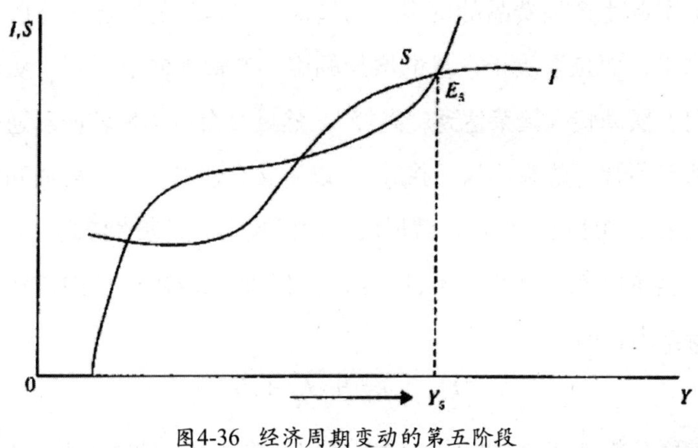

图4-36 经济周期变动的第五阶段

卡尔多经济周期模型的基本结论是：经济周期是由经济体系内在的一些因素造成的，经济活动水平本身会自发地引起投资和储蓄的变动，而投资和储蓄的变动又会进一步强化经济活动的变动，这些因素的相互强化和促进导致经济出现周期性的波动，收入从高到低，再由低到高波动性地变化。经济周期时间进程的长短取决于投资和储蓄曲线的移动速度，当投资和储蓄调整速度较快时，经济周期的时间期间就会较短；反之则较长。进一步，经济周期的波幅大小则取决于投资曲线和储蓄曲线的具体形态，即取决于最初两条曲线所形成的稳定均衡点之间的距离，距离越大引发的波动幅度也就越大。

二、乘数—加速模型

1939年，萨缪尔森在其《乘数分析和加速原理的相互作用》一文中，将克拉克的加速数原理与凯恩斯的乘数理论结合起来，指出两者的相互作用将使经济呈现出扩张——收缩——扩张——收缩……的动态过程。

根据乘数理论，增加一定量的政府支出将使国民收入增加一个更大的量；根据加速数原理，国民收入的增加又将导致消费增加，消费品生产的增加又会引起生产消费品的资本品的增加。资本品的增加不是取决于产量的绝对水平，而是取决于产量的增加幅度，产量地向上积累，从萧条时期自动地向上摆动转入繁荣达到“高峰”，然后又会自动地转向和通过向下的积累，从繁荣转入萧条达到“谷底”，以后又会使经济自动转向和向上摆动而进入繁荣，如此反复循环，就形成了国民收入的周期性波动。

模型基本框架是：均衡条件为当期国民收入取决于现期消费、现期投资和政府支出，即

$$Y_t = C_t + I_t + G_t$$

与前面分析加速数时相同，假定现期消费是上一期收入 Y_{t-1} 的函数。根据加速原理，投资为两期消费之差的函数，即

消费函数：$C_t = bY_{t-1}$

其中，b 为边际消费倾向，为简化分析，假定自发性消费为零。

投资函数：$I_t = \alpha(C_t - C_{t-1})$

其中，a 为加速系数，在资本产出比率不变的情况下，加速系数与资本产出比率在数值上相等。

那么，汉森－萨缪尔森模型就是：

$$\begin{cases} Y_t = C_t + I_t + G_t & \text{均衡条件} \\ C_t = bY_{t-1} & \text{消费函数} \\ I_t = \alpha(C_t - C_{t-1}) & \text{投资函数} \\ Gt = \overline{G} & \text{政府支出} \end{cases}$$

将消费函数、投资函数和政府支出代人均衡条件，可得：

$$Y_t = bY_{t-1} + \alpha b(Y_{t-1} - Y_{t-2}) + \overline{G}$$

由此形成关于收入的二阶差分方程，即当期均衡收入是前两期收入的函数。

下面以具体的数字例子来说明这一模型。假定边际消费倾向 $b = 0.8$，加速系数 $\alpha = 2$，为简化起见，假定前两期的均衡收入均为0，每期政府

支出为 1，那么，均衡收入、消费和投资的变化情况见下表（表 4–4）。当边际消费倾向和加速系数保持不变的情况下，经济自发地出现了扩张和衰退的上下交替变动。

表 4-4　汉森—萨缪尔森模型例释

时期	消费	投资	政府支出	均衡收入	变化阶段
t_1	0	0	1	1	扩张
t_2	0.6	2.2	1	2.8	
t_3	1.68	2.16	1	4.84	
t_4	2.904	2.448	1	6.352	
t_5	3.8 112	1.8 144	1	6.6 256	繁荣
t_6	3.97 536	0.32 832	1	5.30 368	
t_7	3.182 208	-1.5 863	1	2.595 904	衰退
t_8	1.557 542	-3.24 933	1	-0.69 179	
t_9	-0.41 507	-3.94 523	1	-3.3 603	
t_{10}	-2.01 618	-3.20 222	1	-4.2 184	萧条
t_{11}	-2.53 104	-1.02972	1	-2.56076	
t_{12}	-1.53 645	1.989173	1	1.452718	
t_{13}	0.871 631	4.816171	1	6.687802	复苏
t_{14}	4.012 681	6.282101	1	11.29478	
t_{15}	6.776869	5.528376	1	13.30524	繁荣
t_{16}	7.983147	2.412555	1	11.3957	
t_{17}	6.837421	-2.29145	1	5.54597	衰退
t_{18}	3.327582	-7.01968	1	-2.6921	
t_{19}	-1.61526	-9.88568	1	-10.5009	
t_{20}	-6.30056	-9.37061	1	-14.6712	萧条

当边际消费倾向（决定了系数大小）和加速系数不同时对均衡收入会产生不变的影响，如下表所示（表 4–5）。从表中可见，当边际消费倾向越大，即系数越大时，经济的波幅越大，而加速系数越大时，经济的波幅也更大。

表 4-5　边际消费倾向和加速系数不同对均衡收入的不同影响

时期	$b=0.6,\alpha=2$	$b=0.8,\alpha=2$	$b=0.6,\alpha=1$	$b=0.8,\alpha=1$
t_1	1	1	1	1
t_2	2.8	3.4	2.2	2.6
t_3	4.84	7.56	3.04	4.36
t_4	6.352	13.704	3.328	5.896
t_5	6.6 256	21.7936	3.1696	6.9456
t_6	5.30 368	31.37824	2.80672	7.39616
t_7	2.595 904	41.43802	2.466304	7.277376
t_8	-0.69 179	50.24605	2.275533	6.726874
t_9	-3.3 603	55.2897	2.250857	5.941097
t_{10}	-4.2 184	53.3016	2.335709	5.124256
t_{11}	-2.56076	40.46032	2.452336	4.445932
t_{12}	1.452718	12.82221	2.541378	4.014087
t_{13}	6.687802	-32.9632	2.578252	3.865793
t_{14}	11.29478	-98.6273	2.569076	3.973999
t_{15}	13.30524	-182.964	2.535939	4.265765
t_{16}	11.3957	-280.311	2.501682	4.646024
t_{17}	5.54597	-379.003	2.480455	5.021026
t_{18}	-2.6921	-460.109	2.475536	5.316823
t_{19}	-10.5009	-496.858	2.482371	5.490096
t_{20}	-14.6712	-455.285	2.493523	5.530695

汉森－萨缪尔森模型的基本结论可以总结如下：

（1）经济周期中波动的根源在于经济体内部，即宏观经济内在就存在着波动的趋势，乘数和加速数都有强化经济波动的趋势。

（2）当只有乘数作用时，即加速系数为零，一定支出数额的增加只会使均衡收入增加，而不会造成经济波动。乘数和加速数相互作用才会导致经济波动。

（3）宏观经济波动的幅度取决于边际消费倾向和加速系数的数值大小，当这两个参数较小，经济的波动幅度较小。

三、存货周期模型

梅茨勒是最早就合意存货对经济影响进行正式研究的经济学家。厂商在进行生产和销售时通常要保持一定数量的存货。预期外需求的突然增加将使生产突然增加，存货发生非计划性减少；反之，需求的突然收缩将使生产下降，存货增加。由于厂商一般根据产量的一定比例保持存货，因此，当发生不合意的存货增减时，厂商通过产量的反向变动使存货比例保持不变。当经济不振时，需求的减少导致存货增加，厂商为了保持一定比例的存货而减少产量，经济进一步萎缩，这样达到一定的程度，直到经济重新呈现上扬的趋势，需求增加导致存货减少，厂商又将增加产量，从而经济扩张。因此，厂商对存货的调整，类似于乘数加速数模型的作用，引起了经济重复着从扩张—收缩—扩张—收缩……的过程。

四、随机经济周期理论、政治周期理论、货币主义经济周期理论

由于在实际经济生活中，任何一个国家的经济都会或多或少地受到外生因素的影响，经济运行动态不可能完全是内生的，因此西方经济学家也研究了外生因素对经济周期产生的影响。

一般而言，使宏观经济产生波动的外生因素通常来自三方面的冲击：一是来自生产方面的供给冲击，包括技术进步、气候变化、自然灾害、资源发现和世界市场原料价格的波动等；二是来自宏观管理当局的政策冲击，包括财政政策、货币政策等；三是来自私人需求方面的冲击，包括经济主体预期和偏好的变动引起的投资和消费支出变动等。

与这些不同外生因素相对应的周期理论有随机经济周期理论、政治周

期理论、货币主义经济周期理论等。

（一）随机经济周期理论

由于经济周期不是由某一特定外在因素引起的，并且各种外生因素的发生又是随机的，其影响非常复杂。因此，有些经济学家将所有影响经济周期的外生因素用一个随机变量来表示，既简化了问题，又说明了实际观察到的经济不规则现象。

（二）政治周期理论

政府行为是经济周期外生冲击的源泉之一。一方面，明智的宏观管理者可以通过合理的政策来熨平经济波动；另一方面，政府官员利用某些政策为自己的利益服务。这种人为地选择政策及其实施时间、力度所造成的经济波动称为政治周期。

（三）货币主义经济周期理论

货币主义学派最早将经济的周期波动完全或主要归结为货币数量的变动。根据货币数量论，货币存量的变动是名义收入变动的主要决定因素。由于货币需求相对稳定，工资和物价的调整滞后，因此货币供应量的较高或较低的增长率将导致总需求和实际经济活动在长期增长趋势中产生相应的波动。长期较低的货币供应量增长率很可能会使经济衰退，长期较高的货币增长率会使经济扩张。

（四）新凯恩斯主义经济周期理论

与古典学派将经济波动看作均衡运动不同，新凯恩斯主义学派认为，经济周期是由不稳定因素产生的偏离均衡的波动。而外生冲击和市场不完善被新凯恩斯主义学派认为是经济发生偏离的主要原因。

三、新古典主义周期

1936 年凯恩斯出版《就业、利息和货币通论》后，经济周期的发展集中在建立各种凯恩斯主义式的模型，例如本章后两节介绍的卡尔多和萨缪尔森模型。20世纪50年代以后，宏观经济学领域开始有不少学派的理论或其政策主张向凯恩斯前的理论回归，称为新古典主义周期理论，主要有货币主义、实际经济周期、政治经济周期、理性预期、供应学派等。

货币主义代表了对纯货币理论所采用的基本观点的回归，对传统的货币数量论中的交易方程式MV=PT的重新考虑。交易方程式指出一段时期内的平均货币供应量乘以货币流通速度，等于所生产的平均产出量乘以平均价格。传统货币数量论认为货币供应是外生的，V和T、仅有很慢的变化，而P总是正的。因此，货币供应上小的变化将导致价格一个完全成比例的变化。现代货币主义认为货币供应是外生的，其变化是总量经济活动系列变化的主要决定因素。

货币理论主义认为，经济波动的根本原因是货币冲击。经济周期性波动是经济人在不完全信息下对一般价格水平做出错误判断的结果。引起一般价格水平变化的原因是货币冲击，即波动的根源是货币供给量的意外变化。

假定中央银行增加货币供给，公众没有察觉。在过去价格比较稳定的条件下，厂商和工人会将价格上涨看作是局部的；在过去价格起伏较大的情况下，厂商和工人会将价格上涨看作是全局的。面对局部或全局性的需求增加，厂商会增加投资和产量，工人会提供更多的工作量。当然，公众经过一段时间后，会观察到货币供给的增加，准确地预期价格水平，产出和劳动供给又回到自然率水平。同样，货币供给减少，价格下降时，厂商以为需求下降，从而减少产量，工人劳动供给也减少，失业增加。最终，公众会发现货币供给减少，较准确地预期价格水平，于是经济又回到自然率水平。

总之，货币冲击与不完全信息会在短期中引起经济的周期波动，在长期中，由于人们能够逐渐获得完全信息，货币冲击的影响消失，经济恢复到自然率的增长路径。因此，任何稳定经济的货币政策都是无效的。

实际经济周期（也译作真实经济周期）理论认为经济波动的首要原因

是对经济的实际（而不是货币的）冲击。实际经济周期理论是从1973年和1980年石油价格冲击以及1972年食品冲击的后果中发展起来的，实际上早期非货币因素的投资过度理论的现代翻版，将增长和周期结合在同一种理论中的一个重要的尝试。

供应学派是基于对萨伊市场法则的修正，代表人物是拉弗，他认为取得稳定增长的最佳途径是使企业家增加总供给尽可能地容易，这意味着增加对企业家投资的刺激。他认为造成抑制投资的主要因素是高的公司税率，适中的税率取得更多的收入，而由于高税率对工作和投资的抑制，高税率并不会得到比低税率更多的收入。

政治经济周期的基础是政府采取政策，如各种财政和货币政策，以使其重新获得选举胜利的机会最大。经济周期大体上与政策制定者的执政期相同。在大选之前，政府运用其所有力量来刺激经济。然而，刺激行动的消极后果直到选举一年之后才会被感受到，所以政策必须转向。这种观点的主要结论是，选举型经济周期可以通过实际可支配收入和失业率来确定。

理性预期学派提出了“均衡经济周期”观点，他们认为，经济周期是完全正常的过程表示形式，通过它使经济适应于变化，经济周期决不需要干预来扰乱，而是经济正常增长过程的一部分。这种观点根植于两个重要假定：一是市场出清，即认为价格和工资是高度富有弹性；二是经济主体可能有效地利用所掌握的所有信息，经济主体不会犯一贯性的错误。由此得出政策对经济的干预是无效的，这是因为这些政策已经被经济活动的参与者预见到了。因此，经济周期是经济发展变化的正常表现。

第五章　资源环境政策与规划

第一节　循环经济发展政策

一、循环经济政策概述

目前我国循环经济发展政策主要体现在两项法规中:《中华人民共和国循环经济促进法》(2008年)规定了发展循环经济的基本要求、管理制度、政策导向和激励措施等内容;《关于支持循环经济发展的投融资政策措施意见的通知》(发改环资［2010］801号)对相关的投融资政策措施进行了深化和细化。

(一)循环经济促进法定义的循环经济概念

循环经济是指在生产、流通和消费等过程中进行的减量化、再利用、资源化活动的总称。

1. 减量化是指在生产、流通和消费等过程中减少资源消耗和废物产生。

2. 再利用是指将废物直接作为产品或者经修复、翻新、再制造后继续作为产品使用,或者将废物的全部或者部分作为其他产品的部件予以使用。

3. 资源化是指将废物直接作为原料进行利用或者对废物进行再生利用。

(二)循环经济的发展方针、实施原则和基本要求

1. 发展方针统筹规划、合理布局，因地制宜、注重实效，政府推动、市场引导，企业实施、公众参与。

2. 实施原则在技术可行、经济合理和有利于节约资源、保护环境的前提下，按照减量化优先的原则实施。

3. 基本要求在废物再利用和资源化过程中，应当保障生产安全，保证产品质量符合国家规定的标准，并防止产生再次污染。

（三）社会参与者的权利义务和作用

1. 企业事业单位、建立健全管理制度，采取措施，降低资源消耗，减少废物的产生量和排放量，提高废物的再利用和资源化水平。

2. 公民增强节约资源和保护环境意识，合理消费，节约资源。有权举报浪费资源、破坏环境的行为，有权了解政府发展循环经济的信息并提出意见和建议。

3. 行业协会，国家鼓励和支持行业协会在循环经济发展中发挥技术指导和服务作用。县级以上人民政府可以委托有条件的行业协会等社会组织开展促进循环经济发展的公共服务。

4. 中介机构、学会和其他社会组织国家鼓励和支持中介机构、学会和其他社会组织开展循环经济宣传、技术推广和咨询服务，促进循环经济发展。

二、建立发展循环经济的基本管理制度

（一）规划制度

1. 规划编制

国务院循环经济发展综合管理部门会同国务院环境保护等有关主管部门编制全国循环经济发展规划，报国务院批准后公布施行。

设区的市级以上地方人民政府循环经济发展综合管理部门会同本级人民政府环境保护等有关主管部门编制本行政区域循环经济发展规划，报本

级人民政府批准后公布施行。

2. 规划内容

循环经济发展规划应当包括规划目标、适用范围、主要内容、重点任务和保障措施等，并规定资源产出率、废物再利用和资源化率等指标。

（二）总量调控制度

1. 区域总量控制县级以上地方人民政府应当依据上级人民政府下达的本行政区域主要污染物排放、建设用地和用水总量控制指标，规划和调整本行政区域的产业结构，促进循环经济发展。

2. 项目总量控制新建、改建、扩建建设项目，必须符合本行政区域主要污染物排放、建设用地和用水总量控制指标的要求。

（三）评价指标体系和考核制度

1. 评价指标体系国务院循环经济发展综合管理部门会同国务院统计、环境保护等有关主管部门建立和完善循环经济评价指标体系。

2. 考核制度，上级人民政府规定循环经济主要评价指标，对下级人民政府发展循环经济的状况定期进行考核，并将主要评价指标完成情况作为对地方人民政府及其负责人考核评价的内容。

（四）以生产者为主的责任延伸制度

1. 生产列入强制回收名录的产品或者包装物的企业，必须对废弃的产品或者包装物负责回收；对其中可以利用的，由该生产企业负责利用；对因不具备技术经济条件而不适合利用的，由该生产企业负责无害化处置。

2. 对前款规定的废弃产品或者包装物，生产者委托销售者或者其他组织进行回收的，或者委托废物利用或者处置企业进行利用或者处置的，受托方应当依照有关法律、行政法规的规定和合同的约定负责回收或者利用、处置。

3. 对列入强制回收名录的产品和包装物，消费者应当将废弃的产品或者包装物交给生产者或者其委托回收的销售者或者其他组织。

4. 强制回收的产品和包装物的名录及管理办法，由国务院循环经济发展综合管理部门规定。

（五）重点企业监督管理制度

1. 重点监督管理对象国家对钢铁、有色金属、煤炭、电力、石油加工、化工、建材、建筑、造纸、印染等行业年综合能源消费量、用水量超过国家规定总量的重点企业，实行能耗、水耗的重点监督管理制度。

2. 监管依据重点能源消费单位的节能监督管理，依照《中华人民共和国节约能源法》的规定执行。重点用水单位的监督管理办法，由国务院循环经济发展综合管理部门会同国务院有关部门规定。

（六）统计、标准体系和标识制度

1. 统计制度国家建立健全循环经济统计制度，加强资源消耗、综合利用和废物产生的统计管理，并将主要统计指标定期向社会公布。

2. 标准体系国务院标准化主管部门会同国务院循环经济发展综合管理和环境保护等有关主管部门建立健全循环经济标准体系，制定和完善节能、节水、节材和废物再利用、资源化等标准。

3. 标识制度国家建立健全能源效率标识等产品资源消耗标识制度。

三、关于减量化的规定

（一）实行名录制度

国务院循环经济发展综合管理部门会同国务院环境保护等有关主管部门，定期发布鼓励、限制和淘汰的技术、工艺、设备、材料和产品名录。

禁止生产、进口、销售列入淘汰名录的设备、材料和产品，禁止使用列入淘汰名录的技术、工艺、设备和材料。

（二）工艺、设备、产品及包装物的生态设计

1. 从事工艺、设备、产品及包装物设计，应当按照减少资源消耗和废物产生的要求，优先选择采用易回收、易拆解、易降解、无毒无害或者低毒低害的材料和设计方案，并应当符合有关国家标准的强制性要求。

2. 对在拆解和处置过程中可能造成环境污染的电器电子等产品，不得设计使用国家禁止使用的有毒有害物质。禁止在电器电子等产品中使用的有毒有害物质名录，由国务院循环经济发展综合管理部门会同国务院环境保护等有关主管部门制定。

3. 设计产品包装物应当执行产品包装标准，防止过度包装造成资源浪费和环境污染。（三）主要领域及行业资源节约利用与保护

我国《循环经济促进法》对主要资源、领域、行业的资源利用与保护做了明确规定，包括水资源、矿产资源，涉及建筑领域、农业领域、公共机构，同时涵盖对企业的资源节约利用的要求。

（四）限制资源浪费

国家鼓励和支持使用再生水。在有条件使用再生水的地区，限制或者禁止将自来水作为城市道路清扫、城市绿化和景观用水使用。

国家在保障产品安全和卫生的前提下，限制一次性消费品的生产和销售。具体名录由国务院循环经济发展综合管理部门会同国务院财政、环境保护等有关主管部门制定。

对列入前款规定名录中的一次性消费品的生产和销售，由国务院财政、税务和对外贸易等主管部门制定限制性的税收和出口等措施。

四、关于再利用和资源化的规定

（一）发展区域循环经济

1. 政府县级以上人民政府应当统筹规划区域经济布局，合理调整产业结构，促进企业在资源综合利用等领域进行合作，实现资源的高效利用和循环使用。

2. 各类产业园区各类产业园区应当组织区内企业进行资源综合利用，促进循环经济发展。国家鼓励各类产业园区的企业进行废物交换利用、能量梯级利用、土地集约利用、水的分类利用和循环使用，共同使用基础设

施和其他有关设施。新建和改造各类产业园区应当依法进行环境影响评价，并采取生态保护和污染控制措施，确保本区域的环境质量达到规定的标准。

（二）工业用水和废物综合利用

1. 企业应当按照国家规定，对生产过程中产生的粉煤灰、煤矸石、尾矿、废石、废料、废气等工业废物进行综合利用。

2. 企业应当发展串联用水系统和循环用水系统，提高水的重复利用率。

企业应当采用先进技术、工艺和设备，对生产过程中产生的废水进行再生利用。

3. 企业应当采用先进或者适用的回收技术、工艺和设备，对生产过程中产生的余热、余压等进行综合利用。

4. 建设利用余热、余压、煤层气以及煤矸石、煤泥、垃圾等低热值燃料的并网发电项目，应当依照法律和国务院的规定取得行政许可或者报送备案。电网企业应当按照国家规定，与综合利用资源发电的企业签订并网协议，提供上网服务，并全额收购并网发电项目的上网电量。

（三）建筑废物的综合利用和处理

建设单位应当对工程施工中产生的建筑废物进行综合利用；不具备综合利用条件的，应当委托具备条件的生产经营者进行综合利用或者无害化处置。

（四）农业、林业废物的再利用和资源化

农业：国家鼓励和支持农业生产者和相关企业采用先进或者适用技术，对农作物秸秆、畜禽粪便、农产品加工业副产品、废农用薄膜等进行综合利用，开发利用沼气等生物质能源。林业：县级以上人民政府及其林业主管部门应当积极发展生态林业，鼓励和支持林业生产者和相关企业采用木材节约和代用技术，开展林业废弃物和次小薪材、沙生灌木等综合利用，提高木材综合利用率。

（五）废物交换和回收设施建设

1. 国家支持生产经营者建立产业废物交换信息系统，促进企业交流产业废物信息。企业对生产过程中产生的废物不具备综合利用条件的，应当提供给具备条件的生产经营者进行综合利用。

2. 国家鼓励和推进废物回收体系建设。

地方人民政府应当按照城乡规划，合理布局废物回收网点和交易市场，支持废物回收企业和其他组织开展废物的收集、储存、运输及信息交流。

废物回收交易市场应当符合国家环境保护、安全和消防等规定。

（六）特定物品的处理和再利用

1. 对废电器电子产品、报废机动车船、废轮胎、废铅酸电池等特定产品进行拆解或者再利用，应当符合有关法律、行政法规的规定。

2. 回收的电器电子产品，经过修复后销售的，必须符合再利用产品标准，并在显著位置标识为再利用产品。

3. 回收的电器电子产品，需要拆解和再生利用的，应当交售给具备条件的拆解企业。

4. 国家支持企业开展机动车零部件、工程机械、机床等产品的再制造和轮胎翻新。

销售的再制造产品和翻新产品的质量必须符合国家规定的标准，并在显著位置标识为再制造产品或者翻新产品。

（七）生活垃圾和污泥的资源化

县级以上人民政府应当统筹规划建设城乡生活垃圾分类收集和资源化利用设施，建立和完善分类收集和资源化利用体系，提高生活垃圾资源化率。

县级以上人民政府应当支持企业建设污泥资源化利用和处置设施，提高污泥综合利用水平，防止产生再次污染。

五、激励措施

（一）政府资金直接支持

1. 设立发展循环经济专项资金

国务院和省、自治区、直辖市人民政府设立发展循环经济的有关专项资金，支持循环经济的科技研究开发、循环经济技术和产品的示范与推广、重大循环经济项目的实施、发展循环经济的信息服务等。具体办法由国务院财政部门会同国务院循环经济发展综合管理等有关主管部门制定。

2. 对科技创新的财政支持

国务院和省、自治区、直辖市人民政府及其有关部门应当将循环经济重大科技攻关项目的自主创新研究、应用示范和产业化发展列入国家或者省级科技发展规划和高技术产业发展规划，并安排财政性资金予以支持。

利用财政性资金引进循环经济重大技术、装备的，应当制定消化、吸收和创新方案，报有关主管部门审批并由其监督实施；有关主管部门应当根据实际需要建立协调机制，对重大技术、装备的引进和消化、吸收、创新实行统筹协调，并给予资金支持。

（二）税收优惠政策

国家对促进循环经济发展的产业活动给予税收优惠，并运用税收等措施鼓励进口先进的节能、节水、节材等技术、设备和产品，限制在生产过程中耗能高、污染重的产品的出口。具体办法由国务院财政、税务主管部门制定。

企业使用或者生产列入国家清洁生产、资源综合利用等鼓励名录的技术、工艺、设备或者产品的，按照国家有关规定享受税收优惠。

（三）投融资政策

政府引导：县级以上人民政府循环经济发展综合管理部门在制定和实施投资计划时，应当将节能、节水、节地、节材、资源综合利用等项目列为重点投资领域。

金融机构：对符合国家产业政策的节能、节水、节地、节材、资源综合利用等项目，金融机构应当给予优先贷款等信贷支持，并积极提供配套金融服务。对生产、进口、销售或者使用列入淘汰名录的技术、工艺、设备、材料或者产品的企业，金融机构不得提供任何形式的授信支持。

（四）价格政策、收费制度和采购政策

1. 价格政策国家实行有利于资源节约和合理利用的价格政策，引导单位和个人节约和合理使用水、电、气等资源性产品。

国务院和省、自治区、直辖市人民政府的价格主管部门应当按照国家产业政策，对资源高消耗行业中的限制类项目，实行限制性的价格政策。

对利用余热、余压、煤层气以及煤研石、煤泥、垃圾等低热值燃料的并网发电项目，价格主管部门按照有利于资源综合利用的原则确定其上网电价。

2. 收费制度省、自治区、直辖市人民政府可以根据本行政区域经济社会发展状况，实行垃圾排放收费制度。收取的费用专项用于垃圾分类、收集、运输、贮存、利用和处置，不得挪作他用。

国家鼓励通过以旧换新、押金等方式回收废物。

3. 采购政策国家实行有利于循环经济发展的政府采购政策。使用财政性资金进行采购的，应当优先采购节能、节水、节材和有利于保护环境的产品及再生产品。

（五）表彰和奖励政策

政府机构：县级以上人民政府及其有关部门应当对在循环经济管理、科学技术研究、产品开发、示范和推广工作中做出显著成绩的单位和个人给予表彰和奖励。

企事业单位：企业事业单位应当对在循环经济发展中做出突出贡献的集体和个人给予表彰和奖励。

六、新的投融资政策

（一）充分发挥政府引导作用

1. 制定循环经济发展规划，用循环经济理念指导编制各类专项规划、区域规划以及城市规划。通过编制规划，确定发展循环经济的重点领域、重点工程和重大项目，为社会资金投向循环经济指明方向。

2. 加大对循环经济投资的支持力度，将“减量化、再利用、资源化”

等循环经济项目列为重点投资领域。对发展循环经济的重大项目和技术示范产业化项目加大支持力度。

3. 研究完善促进循环经济发展的产业政策认真清理限制循环经济发展的不合理规定，制定并细化有利于循环经济发展的产业政策体系。

4. 研究促进循环经济发展的相关价格和收费政策要逐步建立能够反映资源稀缺程度、环境损害成本的价格机制。鼓励实施居民生活用水阶梯式水价制度，合理确定再生水价格，要合理调整污水和垃圾处理费、排污费等收费标准，要通过调整价格和完善收费政策，引导社会资金加大对循环经济项目的投入。

（二）全面改进和提升金融服务

1. 明确信贷支持重点

金融机构要重点给予信贷支持的项目：

（1）国家、省级循环经济发展综合管理部门支持的节能、节水、节材、综合利用、清洁生产、海水淡化和“零排放”等减量化项目。

（2）废旧汽车零部件、工程机械、机床等产品的再制造和轮胎翻新等再利用项目。

（3）废旧物资、大宗产业废弃物、建筑废弃物、农林废弃物、城市典型废弃物、废水、污泥等资源化利用项目。

金融机构要积极给予包括信用贷款在内的多元化信贷支持的园区、企业：列入国家、省级循环经济发展综合管理部门批准的循环经济示范试点园区、企业。

2. 创新金融产品和服务方式

通过动态监测、循环授信等具体方式，积极开发与循环经济有关的信贷创新产品。研究推动应收账款、收费权质押以及包括专有知识技术、许可专利及版权在内的无形资产质押等贷款业务。

（三）多渠道拓展直接融资途径

1. 积极通过各类债权融资产品和手段支持循环经济发展对于综合经济

效益好的国家、省级循环经济示范试点园区、企业，在符合条件的情况下，支持其发行企业（公司）债券、可转换债券和短期融资券、中期票据等直接融资工具。探索循环经济示范试点园区内的中小企业发行集合债券。鼓励各类担保机构为债权融资产品的发行提供担保服务。

2. 发挥股权投资基金和创业投资企业的资本支持作用鼓励产业投资基金投资于资源循环利用企业和项目，鼓励社会资金通过参股或债权等多种方式投资资源循环利用产业。引导社会资金设立主要投资于资源循环利用企业和项目的创业投资企业。

3. 积极支持资源循环利用企业上市融资鼓励、支持符合条件的资源循环利用企业申请境内外上市和再融资。鼓励企业将通过股票市场的募集资金积极投向循环经济项目。

（四）加大利用国外资金支持力度

积极支持符合条件的循环经济项目申请使用国际金融组织贷款和外国政府贷款。支持鼓励循环经济项目申请清洁发展机制项目（CDM）。

第二节　节能管理政策

一、节能管理概述

（一）基本概念

1. 能源：是指煤炭、石油、天然气、生物质能和电力、热力以及其他直接或者通过加工、转换而取得有用能的各种资源。

2. 节能：是指加强用能管理，采取技术上可行、经济上合理以及环境和社会可以承受的措施，从能源生产到消费的各个环节，降低消耗、减少损失和污染物排放、制止浪费，有效、合理地利用能源。

3. 节约资源的战略地位：节约资源是我国的基本国策。国家实施节约与开发并举、把节约放在首位的能源发展战略。

（二）政府的职责

1. 编制计划和规划

（1）将节能工作纳入规划：国务院和县级以上地方各级人民政府应当将节能工作纳入国民经济和社会发展规划、年度计划，并组织编制和实施节能中长期专项规划、年度节能计划。

）2）报告节能工作：国务院和县级以上地方各级人民政府每年向本级人民代表大会或者其常务委员会报告节能工作。

2. 实行节能考核

（1）考核制度：节能目标责任制和节能考核评价制度，将节能目标完成情况作为对地方人民政府及其负责人考核评价的内容。

（2）报告节能目标责任的履行情况：省、自治区、直辖市人民政府每年向国务院报告。

3. 开展节能宣传教育

国家鼓励、支持节能科学技术的研究、开发、示范和推广，促进节能技术创新与进步。国家开展节能宣传和教育，将节能知识纳入国民教育和培训体系，普及节能科学知识，增强全民的节能意识，提倡节约型的消费方式。

（三）社会参与者的权利和义务

任何单位和个人：应当依法履行节能义务，有权检举浪费能源的行为。新闻媒体：应当宣传节能法律、法规和政策，发挥舆论监督作用。

二、节能管理基本制度

（一）节能标准体系管理制度

1. 国家和行业标准

国务院标准化主管部门和国务院有关部门依法组织制定并适时修订有

关节能的国家标准、行业标准，建立健全节能标准体系。

国家和行业标准制定单位：国务院标准化主管部门会同国务院管理节能工作的部门和国务院有关部门。

制定的标准：强制性的用能产品、设备能源效率标准和生产过程中耗能高的产品的单位产品能耗限额标准。

2. 企业节能标准

国家鼓励企业制定严于国家标准、行业标准的企业节能标准。

3. 地方节能标准

省、自治区、直辖市制定严于强制性国家标准、行业标准的地方节能标准，由省、自治区、直辖市人民政府报经国务院批准。

4. 建筑节能标准

建筑节能的国家标准、行业标准由国务院建设主管部门组织制定，并依照法定程序发布。省、自治区、直辖市人民政府建设主管部门可以根据本地实际情况，制定严于国家标准或者行业标准的地方建筑节能标准，并报国务院标准化主管部门和国务院建设主管部门备案。

（二）固定资产投资项目节能评估和审查制度

国家实行固定资产投资项目节能评估和审查制度。具体办法由国务院管理节能工作的部门会同国务院有关部门制定。

（三）落后耗能产品、设备和生产工艺淘汰制度

国家对落后耗能产品、设备和生产工艺实行淘汰制度。淘汰的耗能产品、设备、生产工艺的目录和实施办法，由国务院管理节能工作的部门会同国务院有关部门制定并公布。

（四）能源效率标识管理制度

国家对家用电器等使用面广、耗能量大的用能产品，实行能源效率标识管理。实行能源效率标识管理的产品目录和实施办法，由国务院管理节能工作的部门会同国务院产品质量监督部门制定并公布。

1. 对列入国家能源效率标识管理产品目录的用能产品生产者和进口商

应当:

（1）对其标注能源效率标识。

（2）在产品包装物上或者说明书中予以说明。

（3）按照规定报国务院产品质量监督部门和国务院管理节能工作的部门共同授权的机构备案。

（4）对其标注的能源效率标识及相关信息的准确性负责。

2. 禁止性规定

禁止销售应当标注而未标注能源效率标识的产品。

禁止伪造、冒用能源效率标识或者利用能源效率标识进行虚假宣传。

（五）节能产品认证制度

用能产品的生产者、销售者，可以根据自愿原则，按照国家有关节能产品认证的规定，向经国务院认证认可监督管理部门认可的从事节能产品认证的机构提出节能产品认证申请；经认证合格后，取得节能产品认证证书，可以在用能产品或者其包装物上使用节能产品认证标志。

禁止使用伪造的节能产品认证标志或者冒用节能产品认证标志。

（六）节能信息统计发布制度

县级以上各级人民政府统计部门应当会同同级有关部门，建立健全能源统计制度，完善能源统计指标体系，改进和规范能源统计方法，确保能源统计数据真实、完整。

国务院统计部门会同国务院管理节能工作的部门，定期向社会公布各省、自治区、直辖市以及主要耗能行业的能源消费和节能情况等信息。

三、节能规定

（一）一般规定

1. 加强节能管理、用能单位应当按照合理用能的原则，加强节能管理，制定并实施节能计划和节能技术措施，降低能源消耗。

2. 建立节能目标责任制、用能单位应当建立节能目标责任制，对节能工作取得成绩的集体、个人给予奖励。

3. 开展节能教育和培训用能单位应当定期开展节能教育和岗位节能培训。

4. 加强能源计量管理用能单位应当加强能源计量管理，按照规定配备和使用经依法检定合格的能源计量器具。用能单位应当建立能源消费统计和能源利用状况分析制度，对各类能源的消费实行分类计量和统计，并确保能源消费统计数据真实、完整。

5. 禁止行为，能源生产经营单位不得向本单位职工无偿提供能源。任何单位不得对能源消费实行包费制。

（二）工业节能

1. 结构调整和布局优化，国务院和省、自治区、直辖市人民政府推进能源资源优化开发利用和合理配置，推进有利于节能的行业结构调整，优化用能结构和企业布局。

2. 制定节能技术政策国务院管理节能工作的部门会同国务院有关部门制定电力、钢铁、有色金属、建材、石油加工、化工、煤炭等主要耗能行业的节能技术政策，推动企业节能技术改造。

3. 推动设备、技术节能国家鼓励工业企业采用高效、节能的电动机、锅炉、窑炉、风机、泵类等设备，采用热电联产、余热余压利用、洁净煤以及先进的用能监测和控制等技术。

4. 电网节能，电网企业应当按照国务院有关部门制定的节能发电调度管理的规定，安排清洁、高效和符合规定的热电联产、利用余热余压发电的机组以及其他符合资源综合利用规定的发电机组与电网并网运行，上网电价执行国家有关规定。

5. 禁止行为禁止新建不符合国家规定的燃煤发电机组、燃油发电机组和燃煤热电机组。

（三）**建筑节能**

1. 采暖、制冷节能措施使用空调采暖、制冷的公共建筑应当实行室内温度控制制度。国家采取措施对实行集中供热的建筑分步骤实行供热分户计量、按照用热量收费的制度。新建建筑或者对既有建筑进行节能改造，应当按照规定安装用热计量装置、室内温度调控装置和供热系统调控装置。

2. 节电措施、县级以上地方各级人民政府有关部门应当加强城市节约用电管理，严格控制公共设施和大型建筑物装饰性景观照明的能耗。

3. 新材料、新能源应用，国家鼓励在新建建筑和既有建筑节能改造中使用新型墙体材料等节能建筑材料和节能设备，安装和使用太阳能等可再生能源利用系统。

（四）交通运输节能

1. 交通运输主管部门职责

（1）国务院有关交通运输主管部门按照各自的职责负责全国交通运输相关领域的节能监督管理工作，会同国务院管理节能工作的部门分别制定相关领域的节能规划。

（2）国务院及其有关部门指导、促进各种交通运输方式协调发展和有效衔接，优化交通运输结构，建设节能型综合交通运输体系。

（3）应当加强交通运输组织管理，引导道路、水路、航空运输企业提高运输组织化程度和集约化水平，提高能源利用效率。

（4）应当加强对交通运输营运车船燃料消耗检测的监督管理。

2. 优先发展公共交通

县级以上地方各级人民政府应当优先发展公共交通，加大对公共交通的投入，完善公共交通服务体系，鼓励利用公共交通工具出行；鼓励使用非机动交通工具出行。

3. 交通运输工具节能

国家鼓励开发、生产、使用节能环保型汽车、摩托车、铁路机车车辆、船舶和其他交通运输工具，实行老旧交通运输工具的报废、更新制度。

国家鼓励开发和推广应用交通运输工具使用的清洁燃料、石油替代燃料。

国务院有关部门制定交通运输营运车船的燃料消耗量限值标准；不符合标准的，不得用于营运。

（五）公共机构节能

公共机构是指全部或者部分使用财政性资金的国家机关、事业单位和团体组织。公共机构应当厉行节约，杜绝浪费，带头使用节能产品、设备，提高能源利用效率。

1. 制定节能规划

国务院和县级以上地方各级人民政府管理机关事务工作的机构会同同级有关部门制定和组织实施本级公共机构节能规划。公共机构节能规划应当包括公共机构既有建筑节能改造计划。

2. 制定年度节能目标和实施方案

公共机构应当制定年度节能目标和实施方案，加强能源消费计量和监测管理，向本级人民政府管理机关事务工作的机构报送上年度的能源消费状况报告。

国务院和县级以上地方各级人民政府管理机关事务工作的机构会同同级有关部门按照管理权限，制定本级公共机构的能源消耗定额，财政部门根据该定额制定能源消耗支出标准。

3. 加强用能系统管理

公共机构应当加强本单位用能系统管理，保证用能系统的运行符合国家相关标准。

公共机构应当按照规定进行能源审计，并根据能源审计结果采取提高能源利用效率的措施。

4. 节能产品、设备采购

优先采购：列入节能产品、设备政府采购名录中的产品、设备。禁止采购：国家明令淘汰的用能产品、设备。

节能产品、设备政府采购名录由省级以上人民政府的政府采购监督管理部门会同同级有关部门制定并公布。

（六）重点用能单位节能

1. 重点用能单位

（1）年综合能源消费总量一万吨标准煤以上的用能单位。

（2）国务院有关部门或者省、自治区、直辖市人民政府管理节能工作的部门指定的年综合能源消费总量五千吨以上不满一万吨标准煤的用能单位。

2. 能源利用状况报告制度

重点用能单位应当每年向管理节能工作的部门报送上年度的能源利用状况报告。

能源利用状况内容：能源消费情况、能源利用效率、节能目标完成情况和节能效益分析、节能措施等。

3. 能源利用状况审查报告制度

管理节能工作的部门应当对重点用能单位报送的能源利用状况报告进行审查。

对节能管理制度不健全、节能措施不落实、能源利用效率低的重点用能单位，管理节能工作的部门应当开展现场调查，组织实施用能设备能源效率检测，责令实施能源审计，并提出书面整改要求，限期整改。

4. 能源管理岗位制度

重点用能单位应当设立能源管理岗位，在具有节能专业知识、实际经验以及中级以上技术职称的人员中聘任能源管理负责人，并报管理节能工作的部门和有关部门备案。

能源管理负责人负责组织对本单位用能状况进行分析、评价，组织编写本单位能源利用状况报告，提出本单位节能工作的改进措施并组织实施。

能源管理负责人应当接受节能培训。

四、节能技术进步

（一）主要措施

1. 发布节能技术政策大纲国务院管理节能工作的部门会同国务院科技主管部门发布节能技术政策大纲，指导节能技术研究、开发和推广应用。

2. 支持节能技术研发县级以上各级人民政府应当把节能技术研究开发作为政府科技投入的重点领域，支持科研单位和企业开展节能技术应用研究，制定节能标准，开发节能共性和关键技术，促进节能技术创新与成果转化。

3. 制定节能技术、产品推广目录国务院管理节能工作的部门会同国务院有关部门制定并公布节能技术、节能产品的推广目录，引导用能单位和个人使用先进的节能技术、节能产品。

4. 实施重大节能项目、工程国务院管理节能工作的部门会同国务院有关部门组织实施重大节能科研项目、节能示范项目、重点节能工程。

（二）加强农业和农村节能工作

1. 县级以上各级人民政府：应当按照因地制宜、多能互补、综合利用、讲求效益的原则，加强农业和农村节能工作，增加对农业和农村节能技术、节能产品推广应用的资金投入。

2. 农业、科技等有关主管部门：应当支持、推广在农业生产、农产品加工储运等方面应用节能技术和节能产品，鼓励更新和淘汰高耗能的农业机械和渔业船舶。

3. 国家鼓励、支持在农村大力发展沼气，推广生物质能、太阳能和风能等可再生能源利用技术，按照科学规划、有序开发的原则发展小型水力发电，推广节能型的农村住宅和炉灶等，鼓励利用非耕地种植能源植物，大力发展薪炭林等能源林。

五、激励措施

（一）财政政策

1. 节能专项资金中央财政和省级地方财政安排节能专项资金，支持节能技术研究开发、节能技术和产品的示范与推广、重点节能工程的实施、节能宣传培训、信息服务和表彰奖励等。

2. 财政补贴支持国家通过财政补贴支持节能照明器具等节能产品的推广和使用。政府采购监督管理部门会同有关部门制定节能产品、设备政府采购名录，应当优先列入取得节能产品认证证书的产品、设备。

（二）税收政策

1. 对生产、使用列入推广目录的需要支持的节能技术、节能产品，实行税收优惠等扶持政策。

2. 实行有利于节约能源资源的税收政策，健全能源矿产资源有偿使用制度，促进能源资源的节约及其开采利用水平的提高。

3. 运用税收等政策，鼓励先进节能技术、设备的进口，控制在生产过程中耗能高、污染重的产品的出口。

（三）金融和融资政策

1. 引导金融机构增加对节能项目的信贷支持，为符合条件的节能技术研究开发、节能产品生产以及节能技术改造等项目提供优惠贷款。

2. 国家推动和引导社会有关方面加大对节能的资金投入，加快节能技术改造。

（四）价格政策

国家实行有利于节能的价格政策，引导用能单位和个人节能。

1. 国家运用财税、价格等政策，支持推广电力需求侧管理、合同能源管理、节能自愿协议等节能办法。

2. 国家实行峰谷分时电价、季节性电价、可中断负荷电价制度，鼓励电力用户合理调整用电负荷；对钢铁、有色金属、建材、化工和其他主要耗能行业的企业，分淘汰、限制、允许和鼓励类实行差别电价政策。

（五）表彰奖励政策

各级人民政府对在节能管理、节能科学技术研究和推广应用中有显著成绩以及检举严重浪费能源行为的单位和个人，给予表彰和奖励。

第三节　全国土地利用总体规划纲要

《全国土地利用总体规划纲要（2006 ~ 2020 年）》主要阐明规划期内的国家土地利用战略，明确政府土地利用管理的主要目标、任务和政策，实行最严格土地管理制度的纲领性文件。2017 年国务院印发了《全国国土利用总体规划纲要（2016 ~ 2030 年）》是对《全国土地利用总体规划纲要》的升级。

一、指导原则与目标任务

（一）指导原则

坚持节约资源和保护环境的基本国策，坚持保护耕地和节约集约用地的根本指导方针，实行最严格的土地管理制度。按照全面建设小康社会的目标和转变经济发展方式的要求，统筹土地利用与经济社会协调发展，充分发挥市场在土地资源配置中的基础性作用，加强宏观调控，落实共同责任，注重开源节流，推进科技创新和国际合作，构建保障和促进科学发展新机制，不断提高土地资源对经济社会全面协调可持续发展的保障能力。

基本原则是严格保护耕地、节约集约用地、统筹各业各类用地、加强土地生态建设、强化土地宏观调控。

（二）主要任务

1. 以严格保护耕地为前提，统筹安排农用地。

2. 以推进节约集约用地为重点，提高建设用地保障能力。

3. 以加强国土综合整治为手段，协调土地利用与生态建设。

4. 以优化结构布局为途径，统筹区域土地利用。

5. 以落实共同责任为基础，完善规划实施保障措施。

二、保护和合理利用农用地

（一）严格控制耕地流失

1. 严格控制非农建设占用耕地

强化对非农建设占用耕地的控制和引导，建设项目选址必须贯彻不占或少占耕地的原则，确需占用耕地的，应尽量占用等级较低的耕地，扭转优质耕地过快减少的趋势。到 2020 年，新增建设占用耕地控制在 300 万公顷（4500 万亩）以内。

2. 严格禁止擅自实施生态退耕

切实落实国家生态退耕政策，凡不符合国家生态退耕规划和政策、未纳入生态退耕计划自行退耕的，限期恢复耕作条件或补充数量质量相当的耕地。

3. 加强对农用地结构调整的引导

合理引导种植业内部结构调整，确保不因农业结构调整降低耕地保有量。各类防护林、绿化带等生态建设应尽量避免占用耕地，确需占用的，必须按照数量质量相当的原则履行补充耕地义务。通过经济补偿机制、市场手段引导农业结构调整向有利于增加耕地的方向进行。

4. 加大灾毁耕地防治力度

加强耕地抗灾能力建设，减少自然灾害损毁耕地数量，及时复垦灾毁耕地。规划期间力争将因灾损毁减少的耕地控制在 73.33 万公顷（1100 万亩）以内。

（二）加大补充耕地力度

1. 严格执行建设占用耕地补偿制度

切实落实建设占用补充耕地法人责任制。按照建设占用耕地占补平衡的要求，严格落实省、自治区、直辖市补充耕地义务；支持有条件的地区在完成补充耕地义务的基础上，增加补充耕地任务，确保耕地保护目标实现。

对国家重大工程建设项目的补充耕地任务，经国务院批准，通过实施土地整理复垦开发重大工程，在全国范围内统筹安排。

积极推进土地整理复垦开发补充耕地，努力拓宽资金渠道，探索市场化运作模式。

2. 大力加强农村土地整理

积极稳妥地开展田水路林村综合整治，在改善农村生产生活条件和生态环境的同时，增加有效耕地面积，提高耕地质量。组织实施土地整理重大工程。

2020 年，通过土地整理补充耕地 182 万公顷（2730 万亩）。

3. 积极开展工矿废弃地复垦

加快闭坑矿山、采煤塌陷、挖损压占等废弃土地的复垦，立足优先农业利用、鼓励多用途使用和改善生态环境，合理安排复垦土地的利用方向、规模和时序。组织实施土地复垦重大工程。

2020 年，通过工矿废弃地复垦补充耕地 46 万公顷（690 万亩）。

4. 适度开发宜耕后备土地

在保护和改善生态环境的前提下，依据土地利用条件，有计划、有步骤地推进后备土地资源开发利用，组织实施土地开发重大工程。

到 2020 年，通过开发未利用地补充耕地 139 万公顷（2080 万亩）。

（三）加强基本农田保护

1. 稳定基本农田数量和质量

严格按照土地利用总体规划确定的保护目标，依据基本农田划定的有关规定和标准，参照农用地分等定级成果，在规定期限内调整划定基本农田，并落实到地块和农户，调整划定后的基本农田平均质量等级不得低于原有质量等级。

严格落实基本农田保护制度，除法律规定的情形外，其他各类建设严禁占用基本农田；确需占用的，须经国务院批准，并按照“先补后占”的原则，补划数量、质量相当的基本农田。

2. 加强基本农田建设

建立基本农田建设集中投入制度，加大公共财政对粮食主产区和基本农田保护区建设的扶持力度，大力开展基本农田整理，改善基本农田生产条件，提高基本农田质量。综合运用经济、行政等手段，积极推进基本农田保护示范区建设。

（四）强化耕地质量建设

1. 加大耕地管护力度

依据耕地等级实施差别化管护，对水田等优质耕地实行特殊保护。建立耕地保护台账管理制度，明确保护耕地的责任人、面积、耕地等级等基本情况。加大中低产田改造力度，积极开展农田水利建设，加强坡改梯等水土保持工程建设，推广节水抗旱技术，大力实施“沃土工程”和“移土培肥”等重大工程。

2. 确保补充耕地质量

依据农用地分等定级成果，加强对占用和补充耕地的评价，从数量和产能两方面严格考核耕地占补平衡，对补充耕地质量未达到被占耕地质量的，按照质量折算增加补充耕地面积。积极实施耕作层剥离工程，鼓励剥离建设占用耕地的耕作层。

（五）统筹安排其他农用地

1. 提高园地利用效益

重点发展优质果园，建设优势果产品基地，促进品种结构调整和产品质量提高。调整园地布局，引导新建园地向立地条件适宜的丘陵、台地和荒坡地集中发展。加强对中低产园地的改造和管理，稳步提高园地单产和效益。

2. 严格保护林地

禁止毁林开垦和非法占用林地，严格控制各项建设工程征占国家重点公益林、天然林、自然保护区、森林公园以及大江大河源头等生态脆弱地区的林地。管好、用好现有林地，加强低效林地的改造，加快迹地更新及受损林地的恢复和重建。充分利用宜林荒山荒坡造林，扩大有林地面积。

3. 推进牧草地综合整治

合理利用草场资源，防止超载过牧，严禁滥挖、滥采、滥搂、滥垦。坚持用养结合，科学合理地控制载畜量。加强天然草原改良，培育、提高草地生产力。牧区逐步改变依赖天然草原放牧的生产方式，建设高产人工草地和饲草饲料地。半农半牧区发展人工种草，实行草田轮作。支持退化草场治理、退牧还草、草地生态系统恢复重建等工程的实施。

4. 合理安排畜禽养殖用地

加强畜禽养殖用地调查与规划，鼓励规模化畜禽养殖。引导新建畜禽场（小区）利用废弃地和荒山荒坡等未利用地，发展畜禽养殖。

三、节约集约利用建设用地

（一）严格控制建设用地规模

1. 严格控制新增建设用地规模

以需求引导和供给调节合理确定新增建设用地规模，强化土地利用总体规划和年度计划对新增建设用地规模、结构和时序安排的调控。以控制新增建设用地规模特别是建设占用耕地规模，来控制建设用地的低效扩张，促进土地利用模式创新和土地利用效率提高，以土地供应的硬约束来促进经济发展方式的根本转变。

2. 加大存量建设用地挖潜力度

积极盘活存量建设用地，加强城镇闲散用地整合，鼓励低效用地增容改造和深度开发；积极推行节地型城、镇、村更新改造，重点加快城中村改造，研究和推广各类建设节地技术和模式，促进各项建设节约集约用地，提高现有建设用地对经济社会发展的支撑能力。

3. 积极拓展建设用地新空间

加强规划统筹和政策引导，在不破坏生态环境的前提下，优先开发缓坡丘陵地、盐碱地、荒草地、裸土地等未利用地和废弃地，积极引导城乡建设向地上、地下发展，拓展建设用地新空间。

（二）优化配置城镇工矿用地

1. 控制城镇工矿用地过快扩张

合理调控城镇工矿用地增长规模和时序，引导大中小城市和小城镇协调发展，防止城镇工矿用地过度扩张。严格执行国家工业项目建设用地控制指标，防止工业用地低效扩张，从严控制城镇工矿用地中工业用地比例。从严从紧控制独立选址项目的数量和用地规模，除矿山、军事等用地外，新增工矿用地必须纳入城镇建设用地规划范围。严格按照土地利用总体规划和节约集约用地指标审核开发区用地，对不符合要求的，不得扩区、升级。

2. 优化工矿用地结构和布局

依据国家产业发展政策和土地资源环境条件，合理制定产业用地政策，优先保障技术含量高、社会经济效益好的产业发展用地，重点保障与地区资源环境条件相适应的主导产业用地。科学配置不同类型和不同规模的企业用地，提高工业用地综合效益，促进地区产业链的形成。鼓励利用原有工业用地发展新兴产业，降低用地成本，促进工业产业升级。调整优化工矿用地布局，改变布局分散、粗放低效的现状。

3. 引导城镇用地内部结构调整

控制生产用地，保障生活用地，提高生态用地比例，促进城镇和谐发展。严格限定开发区内非生产性建设用地的比例，提升开发区用地效率和效益。合理调整城镇用地供应结构，优先保障基础设施、公共服务设施、廉租住房、经济适用住房及普通住宅建设用地，增加中小套型住房用地，切实保障民生用地。

（三）整合规范农村建设用地

1. 积极支持新农村建设

按照新农村建设的要求，切实搞好乡级土地利用总体规划和镇规划、乡规划、村庄规划，合理引导农民住宅相对集中建设，促进自然村落适度撤并。重点保障农业生产、农民生活必需的建设用地，支持农村道路、水利等基础设施建设和教育、卫生、人口计生等社会事业发展。

2. 加强农村宅基地管理

合理安排农村宅基地，禁止超标准占地建房，逐步解决现有住宅用地超标准问题。农民新建住宅应优先安排利用村内空闲地、闲置宅基地和未利用地，村内有空闲地、原有宅基地已达标的，不再安排新增宅基地。引导和规范农村闲置宅基地合理流转，提高农村宅基地的利用效率。

3. 稳步推进农村建设用地整治

按照尊重民意、改善民生、因地制宜、循序渐进的原则，开展田水路林村综合整治，加强对“空心村”用地的改造。到 2020 年，完成农村建设用地整理 90 万公顷（1350 万亩）。

（四）加强建设用地空间管制

1. 实行城乡建设用地扩展边界控制

各地要按照分解下达的城乡建设用地指标，严格划定城镇工矿和农村居民点用地的扩展边界，明确管制规则和监管措施，综合运用经济、行政和法律手段，控制城乡建设用地盲目无序扩张。

2. 落实城乡建设用地空间管制制度

（1）城乡建设用地扩展边界内的农用地转用，要简化用地许可程序，完善备案制度，强化跟踪监管。

（2）城乡建设用地扩展边界外的农用地转用，只能安排能源、交通、水利、军事等必需单独选址的建设项目，提高土地规划许可条件，严格许可程序，强化项目选址和用地论证，确保科学选址和合理用地。

3. 完善建设项目用地前期论证制度

加强建设项目用地前期论证，强化土地利用总体规划、土地利用年度计划和土地供应政策等对建设用地的控制和引导；建设项目选址应按照节约集约用地原则进行多方案比较，优先采用占地少特别是占用耕地少的选址方案。

四、协调土地利用与生态建设

（一）加强基础性生态用地保护

1. 严格保护基础性生态用地

严格控制对天然林、天然草场和湿地等基础性生态用地的开发利用，对沼泽、滩涂等土地的开发，必须在保护和改善生态功能的前提下，严格依据规划统筹安排。规划期内，具有重要生态功能的耕地、园地、林地、牧草地、水域和部分未利用地占全国土地面积的比例保持在75%以上。

2. 构建生态良好的土地利用格局

因地制宜调整各类用地布局，逐渐形成结构合理、功能互补的空间格局。支持天然林保护、自然保护区建设、基本农田建设等重大工程，加快建设以大面积、集中连片的森林、草地和基本农田等为主体的国土生态安全屏障。在城乡用地布局中，将大面积连片基本农田、优质耕地作为绿心、绿带的重要组成部分，构建景观优美、人与自然和谐的宜居环境。

（二）加大土地生态环境整治力度

1. 巩固生态退耕成果

切实做好已退耕地的监管，巩固退耕还林成果，促进退耕地区生态改善、农民增收和经济社会可持续发展。在调查研究和总结经验基础上，严格界定生态退耕标准，科学制定和实施退耕还林工程建设规划，切实提高退耕还林的生态效益。

2. 恢复工矿废弃地生态功能

推进矿山生态环境恢复治理，加强对采矿废弃地的复垦利用，有计划、分步骤地复垦历史上形成的采矿废弃地，及时、全面复垦新增工矿废弃地。推广先进生物技术，提高土地生态系统自我修复能力。加强对持久性有机污染物和重金属污染超标耕地的综合治理。

3. 加强退化土地防治

积极运用工程措施、生物措施和耕作措施，综合整治水土流失；加快风蚀沙化土地防治，合理安排防沙治沙项目用地，大力支持沙区生态防护体系建设；综合运用水利、农业、生物以及化学措施，集中连片改良盐碱化土地；建立土壤环境质量评价和监测制度，严格禁止用未达标污水灌溉农田，综合整治土壤环境，积极防治土地污染。

（三）因地制宜改善土地生态环境

1. 快速城镇化地区

要遏制城镇建设用地盲目扩张，鼓励城镇组团式发展，实行组团间农田与绿色隔离带有机结合，发挥耕地的生产、生态功能。严格保护农用地特别是耕地，合理调整农用地结构，大力发展城郊农业。促进产业结构升级，严格限制高耗能、高污染企业用地。

2. 平原农业地区

要把严格保护耕地特别是基本农田放在土地利用的优先地位，加强基本农田建设，大力发展生态农业。在保护生态环境前提下，重点优化交通、水利等基础设施用地结构，鼓励发展城镇集群和产业集聚。严格控制工业对土地的污染，防治农田面源污染。

3. 山地丘陵地区

要大力推进国土综合整治，严格控制非农建设活动，积极防治地质灾害。因地制宜加强植被建设，稳步推进陡坡耕地的退耕还林还草，发挥生态系统自我修复功能。以小流域为单元，积极防治水土流失。建立山区立体复合型土地利用模式，充分利用缓坡土地开展多种经营，促进山区特色产业发展。

4. 能源矿产资源开发地区

要坚持资源开发与环境保护相协调，禁止向严重污染环境的开发项目提供用地。加强对能源、矿山资源开发中土地复垦的监管，建立健全矿山生态环境恢复保证金制度，强化矿区生态环境保护监督。

五、统筹区域土地利用

（一）明确区域土地利用方向

1. 西部地区

稳定耕地面积，提高耕地质量，确保基本口粮田。统筹安排基础设施、生态环境建设、特色优势产业发展和承接产业转移用地，重点支持依托中心城市和交通干线的开发，逐步提高集约用地水平。

2. 东北地区

建设用地：保障先进装备、精品钢材、石化、汽车和农副产品深加工、高新技术、能源等产业发展和加强基础设施建设等用地，促进现代农业发展和资源枯竭城市转型，提高土地资源综合效益。适度增加年均新增建设用地规模，加快城镇工矿建设用地整合，盘活利用存量建设用地。重点保障东部铁路通道和跨省区公路运输通道等建设用地。开展土地利用政策与机制创新，为阜新、大庆、伊春、辽源、白山、盘锦等资源型城市经济转型和发展接续替代产业提供用地保障。

农用地：加强基本农田整理和建设，强化粮食基地建设的支持力度。

生态用地：加强天然林、牧草地和湿地的保护，积极支持黑土地水土流失治理、东北西部荒漠化综合治理。加大工矿废弃地再利用力度，加强采煤沉陷区治理，改善矿区土地生态环境。

3. 中部地区

加大耕地整理力度，促进粮食生产基地建设。合理安排装备制造业、高新技术产业、新型建筑材料、农产品深加工等产业和大型煤炭能源基地、综合交通运输体系建设的用地，适度增加年均新增建设用地规模，促进中部地区崛起。

4. 东部地区

严格保护现有耕地和基本农田，加强水田等优质耕地的保护和建设，促进现代农业发展。优化整合建设用地，降低年均新增建设用地规模，控制城镇和工业用地外延扩张，积极盘活存量土地，提高土地利用效率。

（二）实施差别化的区域土地利用政策

根据资源环境承载能力、土地利用现状和开发潜力，统筹考虑未来我国人口分布、经济产业布局和国土开发格局，按照不同主体功能区的功能定位和发展方向，实施差别化的土地利用政策。

1. 大力推进优化开发区域土地利用转型

严控建设用地增量，积极盘活建设用地存量，鼓励土地利用模式和方式创新，促进优化开发区域经济发展方式转变和产业结构升级，促进国家竞争力的提升。

建设用地：严格控制建设用地特别是城镇工矿用地规模扩大，逐步降低人均城镇工矿用地面积，适度增加城镇居住用地；整合优化交通、能源、水利等基础设施用地，支持环保设施建设；限制占地多、耗能高的工业用地，支持高新技术、循环经济和现代服务业发展；探索实施城镇建设用地增加与农村建设用地减少相挂钩的政策，推进农村建设用地整理。

农用地：严格保护耕地，加强区内集中连片、高标准基本农田的建设，切实加大耕地污染的防治力度。

生态用地：保留城市间开敞的绿色空间，保护好水系、林网、自然文化遗产等用地，促进区域生态环境改善。

2. 有效保障重点开发区域集聚人口及经济的用地需求

适当扩大建设用地供给，提高存量建设用地利用强度，拓展建设用地新空间，促进重点开发区域支柱产业的培育和经济总量的提升，促进人口和经济集聚能力的进一步提高。

建设用地：合理安排中心城市的建设用地，提高城市综合承载能力，促进城市人口和经济集聚效益的发挥；加强城镇建设用地扩展边界控制，鼓励城市存量用地深度开发；统筹安排基础设施建设用地，促进公路、铁路、航运等交通网的完善，推动和加快基础设施建设；优先保障承接优化开发区域产业转移的用地需求，支持资金密集型、劳动密集型产业发展用地，促进主导产业的培育和发展，积极引导产业集群发展和用地的集中布局。

农用地及生态用地：积极推进农用地和农村建设用地的整理，加大基本农田建设力度，严格保护生态用地，切实发挥耕地特别是基本农田在优化城镇、产业用地结构中的生态支撑作用，促进人口、经济的集聚与资源、环境的统筹协调。

3. 切实发挥限制开发区域土地对国家生态安全的基础屏障作用

严格土地用途管制，加强农用地特别是耕地保护，坚持土地资源保护性开发，统筹土地资源开发与土地生态建设，促进限制开发区域生态功能的恢复和提高，切实维护国家生态安全。

生态用地及农用地：禁止可能威胁生态系统稳定的各类土地利用活动，严禁改变生态用地用途；积极支持区域内各类生态建设工程，促进区域生态环境的修复与改良。严格保护农用地特别是耕地、林地、草地，构建耕地、林草、水系、绿带等生态廊道，加强各生态用地之间的有机联系。

建设用地：按照区域资源环境承载能力，严格核定区域建设用地规模，严格限制增加建设用地；新增建设用地主要用于发展特色产业以及基础设施、公共设施等的建设，严格禁止对破坏生态、污染环境的产业供地，引导与主体功能定位相悖的产业向区外有序转移。

4. 严格禁止在自然文化遗产保护区域土地的开发建设

按照法律法规规定和相关规划，对依法设立的国家级自然保护区、世界文化自然遗产、国家级风景名胜区、国家森林公园、国家地质公园等禁止开发区域，必须实行强制性保护，严禁任何不符合主体功能定位的各类土地利用活动，确保生态功能的稳定发挥。

（三）加强省级土地利用调控

根据各土地利用分区的调控方向和差别化的区域土地利用政策，综合经济社会发展水平、发展趋势、资源环境条件、土地利用现状和潜力等因素，分别确定各省、自治区、直辖市的耕地保有量、基本农田保护面积、城乡建设用地规模、人均城镇工矿用地、新增建设占用耕地规模等土地利用约束性指标，以及园地面积、林地面积、牧草地面积等预期性指标，强化省级政府的土地利用调控责任。

六、保障措施

（一）强化土地利用总体规划自上而下的控制

地方各级人民政府应按照下级规划服从上级规划的原则，组织修编土地利用总体规划，落实《纲要》确定的各项目标和任务。

1. 省级土地利用总体规划要强化战略性和政策性，重点确定本行政区域土地利用的目标、指标和任务。

2. 地级和县级土地利用总体规划要突出空间性和结构性，合理调整土地利用结构和布局，重点明确中心城区和城镇建设用地区的范围。

3. 乡级土地利用总体规划要提高针对性和操作性，重点将土地用途落实到地块。

（二）严格建设项目用地预审

加强和改进建设项目用地预审，强化建设项目批准（核准）前的土地规划审查和许可，凡不符合土地利用总体规划的，不得通过建设项目用地预审。项目建设单位申报审批或核准需要申请使用土地的建设项目时，必须附具土地预审意见，没有预审意见或预审未通过的，不得审批或核准建设项目。

（三）强化节约集约用地的价格调节机制

积极推进征地制度改革，合理确定土地征收补偿标准，逐步建立有利于节约集约用地的征地价格形成机制；健全和完善土地协议出让和招标拍卖挂牌出让制度，发挥地价杠杆调控作用，规范经营性基础设施用地地价管理，提高工业用地出让最低价标准，规范土地出让价格。

（四）从严制定用地标准和供地政策

按照节约集约用地的原则，完善能源、交通和公用设施、公共设施等各类建设用地标准，严格按标准审核各类建设项目用地。适时调整划拨用地目录，控制并减少划拨供地数量，除军事、社会保障性住房和特殊用地外，对其他土地要加快实行有偿使用。

第六章　我国经济迈向高质量发展的措施

第一节　推动我国经济高质量发展的思路和对策

习近平同志在党的十九大报告中指出，“我国经济已由高速增长阶段转向高质量发展阶段，正处在转变发展方式、优化经济结构、转换增长动力的攻关期”。高质量发展开启了我国新一轮经济转型。当前和今后一个时期，我国推动高质量发展既具有多方面有利条件，也面临诸多未曾遇到的挑战。实现高质量发展，关键是要创新体制机制，形成适应高质量发展要求的体制环境。

一、高质量发展的内涵和维度

发展质量是一个多维度的概念。从经济学意义看，在微观层面，主要指产品和服务的质量；在中观层面，主要指产业和区域发展质量；在宏观层面，主要指国民经济整体质量和效率，全要素生产率是重要衡量指标。从投入产出关系看，高质量发展是生产要素投入少、成本低、效益好的发展。从适应我国社会主要矛盾变化看，高质量发展是有利于解决发展不平衡不充分问题、更好满足人民日益增长的美好生活需要的发展。

（一）高质量发展是满足高质量需求的发展

进入新时代，我国社会主要矛盾已转化为“人民日益增长的美好生活需要和不平衡不充分的发展之间的矛盾”。美好生活主要是由高质量的商品和服务供给所支撑的。

在微观层面提高产品和服务质量。我国是全球第一大制造业国和出口国，生产了全世界超过 19% 以上的产品。但是，我国自主品牌产品在美欧等发达国家消费品市场上的份额还不高，在满足人民群众的高品质需求上仍存在不足。要加快建设国家质量基础设施，加快瞄准国际标准提高水平，促进提高产品和服务质量。

在中观层面提升产业价值链。增加高质量的产品和服务供给，需要提升产业价值链分工，从中低端加工组装向研发、设计、品牌、供应链管理等中高端价值链环节提升，利用资金、市场、供应链的优势整合国际先进技术，促进我国产业迈向全球价值链中高端。

在宏观层面提高全要素生产率。当前，主要发达国家增长动力的 70% 来源于以技术进步为主体的全要素生产率。转向高质量发展阶段，要推动经济发展效率变革，形成更加有效的要素配置环境，着力提高全要素生产率和对经济增长贡献。

（二）高质量发展是促进人的全面发展的发展

高质量发展不仅要形成高效率的生产体系，也要保证全体人民在共建共享发展中有更多获得感，不断促进人的全面发展、全体人民共同富裕，这是中国特色社会主义的本质要求。

构建合理的收入分配体系。人的全面发展需要有基本的家庭收入和教育投入作为支撑，应该通过更大力度的再分配机制，为人的全面发展提供保障。这种政府更多干预的分配模式可能会降低财富带来的激励作用，但从长远看，增加了社会发展的人力资本，提供了人的全面发展的良好环境。

构建与发展水平相适应的社会保障体系。增进民生福祉是发展的根本目的，在建设合理的收入分配体系基础上，构建与发展水平相适应的社会保障体系，在幼有所育、学有所教、病有所医、老有所养、弱有所扶等领域不断取得新进展。

（三）高质量发展是可持续的发展

生态兴则文明兴、生态衰则文明衰。良好的生态环境既是发展所必需的条件，也是发展的目的。高质量发展是满足人民日益增长的美好生活需要的发展，必须实行最严格的生态环境保护制度，形成绿色发展方式和生活方式，为人民创造良好生产生活环境。

二、高质量发展开启了我国新一轮经济转型

高质量发展，就是要在改革开放以来经济总量和人均水平大幅提升的基础上，大力提高发展质量和效益，在工业化、城镇化取得历史性进展的情况下，建设现代化经济体系，更好满足人民日益增长的美好生活需要。与高速增长阶段更多表现为“数量追赶”“规模扩张”和“要素驱动”的特征不同，高质量发展阶段的主要任务是“质量追赶”，主要途径是“结构优化”，主要动力是“创新驱动”。

（一）从“数量追赶”转向“质量追赶”

1979~2016 年国内生产总值年均增长 9.6%。2010 年经济总量超过日本跃居世界第二，进入到中等偏上收入国家行列。经济的快速发展，使我国社会生产力水平大幅提升。2010 年制造业增加值超过美国，之后连续 8 年位居世界第一，220 多种工农业产品生产能力跃居世界第一，“有没有”的矛盾逐步缓解。而随着居民收入水平提高和中等收入群体扩大，居民消费结构加快向多样化、个性化、服务化方向升级，“数量追赶”时期迅猛扩张形成的生产能力跟不上市场需求变化，出现了严重的产能过剩，“好不好”的矛盾日趋凸显。如果说，填补产品产量、资本存量等“数量缺口”是高速增长阶段发展的动力源泉，这个阶段主要任务是实现“数量追赶”，那么，进入高质量发展阶段，填补产品质量、生产效率等“质量缺口”就是

经济发展的潜力所在，这个阶段主要任务是要实现“质量追赶”，以显著增强我国经济发展的质量优势为主攻方向。

（二）从“规模扩张”转向“结构优化”

在高速增长阶段，经济发展主要依靠生产能力的规模扩张，而随着钢铁、煤炭、石化、建材、有色等产能陆续达到历史需求峰值，传统产业大规模扩张的阶段基本结束，再像过去那样圈地建工业园区、搞大规模产能扩张的路子越来越走不下去了，必须从“铺摊子”为主转向“上台阶”为主的发展模式，着力提升产业价值链和产品附加值，推动产业迈向中高端水平。“上台阶”不仅要从生产低技术含量、低附加值产品转向生产高技术产品和先进智能产品，满足市场对产品品质和质量的需求，更重要的是实现生产要素从过剩领域转移到有市场需求领域，从低效领域转移到高效领域，进而提高资源配置效率。

（三）从“要素驱动”转向“创新驱动”

随着近年来我国劳动年龄人口逐年减少，土地、资源供需形势变化，生态环境硬约束强化，“数量红利”正在消失，支撑经济发展的主要驱动力已由生产要素大规模高强度投入，转向科技创新、人力资本提升带来的“乘数效应”。与高速增长阶段“电力瓶颈”“交通瓶颈”等制约发展的瓶颈不同，这个阶段的瓶颈主要是创新能力和人力资本不足，必须把创新作为第一动力，依靠科技创新和人力资本投资，不断增强经济创新力和竞争力。

总之，高质量发展是从中国的发展阶段和基本国情提出的战略目标，不能简单地以成熟经济体的“标准结构”作为参照依据，必须充分考虑中国的大国特征、结构快速变动期和发展的不平衡不充分。要实现高质量发展，最根本途径还是要坚定不移推进改革开放，增强经济的活力、创新力和竞争力。

三、我国经济结构重大变革为高质量发展创造条件

党的十八大以来，我国适应引领经济发展新常态，推动和深化供给侧结构性改革，经济结构出现重大变革，中等收入群体不断扩大，科技创新

和技术扩散进入活跃期，"美丽中国"建设取得重大进展，全面深化改革持续推进，引领我国经济发展取得历史性成就、发生历史性变革，为转向高质量发展打下坚实基础。

（一）经济结构出现重大变革，为高质量发展创造有利条件

2013~2017 年最终消费对经济增长的贡献率年均为 56.2%，高于资本形成 12.4 个百分点，2017 年最终消费的贡献率为 58.8%，比资本形成高 26.7 个百分点，消费成为经济增长主要驱动力。与需求结构变化相适应，供给结构调整优化，2017 年服务业占国内生产总值比重比 2012 年提高 6.3 个百分点，2013~2017 年，服务业对经济增长的贡献率年均为 52.8%，高于第二产业 10.2 个百分点。消费贡献率上升、服务业占比提高，增强了经济运行的稳定性，改善了高质量发展的基础条件。

（二）中等收入群体不断扩大，为高质量发展提供强大市场驱动力

随着居民收入水平提高，我国已形成世界上人口最多的中等收入群体，进而推动国内市场成为全球最大的消费市场。2017 年我国恩格尔系数降至 29.3%，达到联合国划分的 20%~30% 的富足标准。居民对商品和服务的品质、质量要求明显提升，千禧一代、互联网一代更加追求个性化消费，旅游、养老、教育、医疗等服务需求快速增长，由此形成的消费结构向高端化、个性化、服务化转型升级，增强了高质量发展的市场推动力。

（三）供给侧结构性改革深入推进，为高质量发展开辟了有效途径

钢铁、煤炭去产能超额完成年度目标任务，房地产库存明显减少，企业杠杆率稳中有降，减税降费成效显现，公共服务和基础设施等短板加快补齐。供给侧结构性改革，不仅有效扭转了供需形势，改善了市场预期，使持续 54 个月负增长的工业品价格由负转正，工业企业利润明显改善，而且有效增强市场功能，优化了存量资源配置。我国全要素生产率增速自 2015 年由降转升，扭转了金融危机后的下行态势，反映了供给侧结构性改革对提高资源配置效率的重要作用。

（四）科技创新和技术扩散进入活跃期，为高质量发展提供了技术支撑

实施创新驱动发展战略，科技创新和战略高技术取得重大突破，使我国在科技领域从跟跑为主转向跟跑、并跑和领跑并存。根据世界知识产权组织发布的《2017年全球创新指数报告》，我国创新指数世界排名升至第22位，比2013年提升了13位，成为前25名中唯一的非高收入经济体。推动创新技术产业化，使我国移动支付、电子商务、平台经济、无人零售、共享单车、新能源汽车等跻身世界前列，增强了高质量发展的技术基础。

（五）"美丽中国"建设取得重大进展，为高质量发展打开新天地

推进生态文明建设决心之大、力度之大、成效之大前所未有，大气、水、土壤污染防治行动成效显现，主要污染物排放总量得到控制，生态环境质量明显改善。更重要的是，"绿水青山就是金山银山"理念深入人心，政府积极推动，企业和居民广泛参与，使绿色发展成为发展新方式。

（六）全面深化改革持续推进，为高质量发展提供制度保障

改革全面发力、多点突破、纵深推进，主要领域改革主体框架基本确立。"改革开放是决定当代中国命运的关键一招"成为全社会共识。今年是改革开放40周年，将进一步激发全社会全面深化改革的决心，推进重大领域和关键环节改革，加强产权特别是知识产权保护，扩大服务业特别是金融业对外开放。改革开放不断深化，将有效改善高质量发展的制度环境。

四、推动我国经济实现高质量发展的对策

转向高质量发展阶段，将会遇到高速增长阶段未曾遇到的新挑战新矛盾。推动高质量发展，必须有效应对新挑战，解决新问题，最根本的是要形成适应高质量发展要求的体制环境。

（一）形成公平竞争的市场环境，倒逼企业提高产品和服务质量

竞争是市场经济的本质要求。完善公平竞争的市场环境，打破行政性垄断，防止市场垄断，是推动高质量发展的重要基础条件。

确立竞争政策的基础性地位。有竞争才能有创新，有竞争才会倒逼企业提高产品和服务质量。要完善反垄断和反不正当竞争的法律法规，加强监管机制建设，加强统一执法，发挥公平竞争对鼓励创新、提高产品和服务质量的促进作用。

加快产业政策转型。适应新形势下需求升级快、产业技术路线变化频繁的特点，减少政府对产业发展的直接干预，推进产业政策从选择型向功能型转型，公平支持各类市场主体竞争前的研发环节，加大从需求侧支持产业发展的力度。

完善市场监管机制。整合分散在不同部门的反垄断执法职能，建立更高层级的反垄断执法机构，增强独立性和权威性，提高专业化水平，赋予其公平竞争审查职能，加强对新制定法律法规和政策的公平竞争审查，并逐步修订妨碍公平竞争的已有法律法规和政策。

扩大优质服务产品供给。降低服务业准入门槛，鼓励各类资本进入医疗、教育、养老、体育、文化等服务业领域，进一步放开服务领域的外资准入，促进竞争性供给和降低成本，提高优质服务供给规模。

关注新兴产业“赢者通吃”带来的问题，制定新兴产业监管规则，引导和促进新兴产业健康发展。

（二）推进科技创新，推动经济增长从要素驱动转向创新驱动

创新是发展的第一动力。把创新摆在高质量发展的核心位置，增强创新对经济增长的驱动力，是推动高质量发展的根本途径。

推进市场导向的科技创新。引导创新资源向企业集聚，完善科研院所和高校的技术成果向企业转移机制，加大对中小微企业创新的扶持力度，促使企业摆脱对资源和要素消耗较多的加工制造环节的过度依赖，更多地依靠研发、设计、标准、供应链管理、品牌建设和无形资产投资，满足差异化和个性化需求，推进传统制造向以研发为基础的新型制造转型。

通过科技创新推动产业转型升级。推动集成电路、第五代移动通信、飞机发动机、新能源汽车、新材料等产业发展，发展工业互联网平台，推动高新技术产业由加工组装为主向自主研发制造为主转变；加快传统重化工业现代化改造，增加高附加值环节的比重；推动劳动密集型产业向劳动、知识、技能密集相结合的方向发展，提高产品的知识、技术和人力资本含量。

营造有利于创新的制度环境。落实和完善企业研发费用加计扣除、高新技术企业扶持等普惠性政策，鼓励企业增加研发投入。建立科技成果的产权激励制度，加快科技成果使用处置和收益管理改革，扩大股权和分红激励政策实施范围，探索赋予科研人员科技成果所有权和长期使用权，使创新人才分享成果收益。

（三）深化教育体制改革，加快人力资本积累

人才是发展的第一资源。加大人力资本投资，释放人才红利，是推动高质量发展的战略保障。

积极探索创新型人才培养和成长机制。完善人才评价、流动和配置机制，发现、培养和用好人才，使各类人才的创新智慧和潜能竞相迸发。培养造就一大批具有国际水平的战略科技人才、科技领军人才、青年科技人才和高水平创新团队。在充分用好国内人才资源的同时，积极引进国外高质量人才和智力资源。

激发人力资本潜能。完善企业家精神的激励机制，尊重和保护个人财产权利，稳定有产者预期和信心。加快推进农民工特别是第二代农民工市民化，让进城农民工变成无差别的城市人，激发其投入经济建设和创业的激情。

建立现代教育体系。推进高等教育内涵式发展，以创新人才培养为中心，提高教育质量，增强高等学校的创新能力建设。放宽国外一流大学到国内合作办学的条件，推动高等教育改革和提高教育质量。加快发展现代职业教育，把部分地方本科院校转型为职业技术高校和职业教育学院，加大劳动力的职业技术培训，培养大批专业技能人才。强化基础教育的普惠性和公平性，巩固提高义务教育，加快普及学前教育和高中阶段教育，提升基础教育质量，缩小城乡教育差距。

（四）优化区域空间结构，提高空间资源配置效率

区域是经济发展的载体。促进形成网络化区域发展格局，提高空间资源配置效率，是推动高质量发展的重要途径。

促进形成网络化区域发展格局。加快完善国家高速铁路网，优化客运枢纽集疏运功能，建设安全经济、高效通达的快速客运系统。加强物流基础设施网络建设，打造便捷可靠、优质高效的快速货运系统，提高货物换装的便捷性、兼容性，促进各种运输方式的顺畅衔接和高效中转，提升物流效率，降低区域间物流成本。

积极发展城市群和大都市圈。优化发展长三角、京津冀和珠三角三大城市群，促进形成以上海、北京、广州等一批国际大都市为核心的开放型国际化城市体系。积极培育长江中游、成渝地区、中原地区、关中地区、北部湾等一批基础条件较好、发展潜力较大的新兴城市群。以高速铁路、高速公路为骨干，以综合交通枢纽为支点，建设连接主要中心城市的综合立体快速通道，强化城市群内部和城市群之间的快速高效连接。

（五）增进社会流动性，进一步扩大中等收入群体

中等收入群体是经济发展的重要依托力量。增进社会流动性，进一步扩大中等收入群体，是推动高质量发展的重要条件。

增进教育公平。推动城乡义务教育一体化发展，教育投入继续向困难地区和薄弱环节倾斜。严格实施教师定期轮岗和学生就近入学措施，均衡配置教育资源。政府部门、国有企事业单位和有条件的其他所有制单位，以一定比例从不发达地区招收员工。继续实施农村和贫困地区专项招生计划。让每个人都有平等机会通过教育改变自身命运、成就人生梦想。

构建更加灵活的劳动力市场。打破地域、户籍、行业、编制、社会保障对劳动力流动的限制，构建全国统一的劳动力市场。建立覆盖全国、互联互通的劳动力市场信息系统，为劳动力供求双方提供信息服务和征信服务。

加快农民工市民化进程。进一步推进户籍制度改革。对农民工数量多、占比高的城市，通过“积分落户”制度促进有稳定就业和住所的农民工有序落户。解决社会保险“统筹账户”跨地区转移接续问题，促进农民工参加城镇社会保险。将符合条件的农民工纳入城镇住房保障范围。将公积金制度覆盖范围逐步扩大到包括在城市中有固定工作的农民工群体。

（六）深化土地制度改革，提高土地资源配置效率

土地是最重要的生产要素。深化土地制度改革，提高土地资源配置效率，是推动高质量发展的重要途径。

深化集体经营性建设用地入市改革，实现城乡建设用地同等入市、同权同价，统筹农村集体经营性建设用地入市与盘活利用闲置农房和宅基地。

完善农民闲置宅基地和闲置农房政策，探索宅基地所有权、资格权、使用权“三权分置”，落实宅基地集体所有权，保障宅基地农户资格权和农民房屋财产权，适度放活宅基地和农民房屋使用权。重点结合发展乡村旅游、返乡下乡人员创新创业等先行先试，探索盘活利用农村闲置农房和宅基地，增加农民财产性收入，促进城乡要素双向流动，提高农村资源的配置效率和收入实现可能性。

改进耕地占补平衡管理办法，建立高标准农田建设等新增耕地指标、城乡建设用地增减挂钩节余指标跨省域调剂机制，将所得收益全部用于巩固脱贫攻坚成果和支持实施乡村振兴战略。

（七）解决突出环境问题，有效应对污染排放峰值期的环境挑战

我国正进入环境库兹涅茨曲线的峰值期。解决突出环境问题，有效应对污染排放峰值期的环境挑战，是推动高质量发展必须解决好的问题。

加快解决突出环境问题，打赢蓝天保卫战，加快水污染防治，强化土壤污染管控和修复。着力解决群众反映强烈的突出环境问题。提高污染排放标准，强化排污者责任，健全环保信用评价、信息强制性披露，严惩重罚等制度。

1991 年美国普林斯顿大学经济学教授格罗斯曼（Grossman）和克鲁格

（Krueger）提出，在大规模工业化阶段，环境质量与经济增长的关系呈现先加大后缩小的规律，即当大规模工业化展开时，由于资源投入大量增加，带来了更多的污染排放，从而产生了对环境的负的规模效应，环境质量不断恶化；而当大规模工业化进入深化发展阶段时，由于新技术应用、产业结构优化升级，以及清洁能源的推广，环境改善出现正的规模效应，使环境质量随着经济增长逐步改善。

深化环境监管体制改革。围绕提高环境监管有效性、完善环境监管法律法规、优化组织体系、调整监管权力分配、改进监管程序、优化监管工具和手段、提高专业性和监管能力、切实完善环境监管问责机制。

加快绿色技术和绿色产品开发创新。加快开发从污染控制到绿色能源在内的各种绿色技术和绿色产品，加快推动我国产业结构升级，支撑我国绿色转型发展。

（八）健全风险管控体制，有效防范化解过去积累的风险

我国正处于风险易发高发期。健全风险管控体制，有效防范化解过去积累的风险，是推动高质量发展的底线性要求。

重构金融监管框架。按照权力有效制衡、提高监管效率的原则，完善金融监管体系。加强对系统重要性金融机构和跨业经营活动的监管。规范市场行为，强化金融消费者保护。明确地方金融监管机构负责监管地方批准的金融机构和类金融机构，真正实现金融监管全覆盖。

加快金融机构公司治理改革。优化金融机构股权结构，综合考虑国家金融安全和经济效率的需要，调整国有控股的范围和比例。强化对股东特别是主要股东行为的监管，引导股东建立长期投资意识。探索和试点股权激励，将薪酬体系与金融机构中长期利润和风险挂钩。

完善金融基础设施建设。完善人民银行的征信系统，适度扩大征信体系的收集和使用范围，将小额贷款公司、P2P平台借贷等民间借贷信息纳入征信体系，建立分层次、多维度的征信数据，提高对征信数据的再加工水平。加快建立覆盖全面、标准统一、信息共享的金融业综合统计体系。

营造防范化解金融风险的宏观环境。打破债券市场刚性兑付预期，通过市场行为提升经营主体和个人的风险意识。在保持宏观经济稳定的前提下，密切监控流动性，营造适度的货币环境，满足去杠杆、去产能以及风险处置中金融机构正常的流动性需求。

（九）进一步扩大开放特别是服务业开放，缩小与前沿国家生产率的差距

开放带来进步，封闭必然落后。进一步扩大开放特别是服务业开放，缩小与前沿国家生产率的差距，为推动高质量发展提供了机遇。

有序扩大服务业对外开放。有重点放开服务业领域外资准入限制，推动对外开放迈出更大步伐。在完善审慎监管和有效管控风险的基础上，鼓励人民币向境外贷款和投资，培育建设人民币离岸市场，扩大人民币境外循环，稳步推进人民币国际化。

实行积极的进口政策。进一步降低关税，取消非关税进口限制措施，扩大中高档消费品进口，扩大高端装备、关键零部件和我国稀缺资源的进口。

支持具有比较优势的企业“走出去”。鼓励钢铁、有色、石化、建材等原材料生产企业到海外建立生产基地，逐步将直接进口资源转变为进口原材料，推进我国制造业向精深加工化、服务化主导转变。拓展高铁、核电、通讯、航空等大型成套设备的国际市场空间，形成一批具有国际竞争力的跨国企业，着力打造一批世界级品牌，培育竞争新优势。

（十）进一步深化改革，形成与高质量发展相适应的体制环境

改革是发展的动力之源。进一步深化改革，形成与高质量发展相适应的体制环境，是推动高质量发展的制度保障。

推进国资国企改革。制定出资人监管权责清单。深化国有资本投资、运营公司等改革试点，赋予更多自主权。继续推进国有企业优化重组和央企股份制改革，加快形成有效制衡的法人治理结构和灵活高效的市场化经营机制，提升主业核心竞争力。

完善产权制度。以保护产权、维护契约、统一市场、平等交换、公平竞争为基本导向，完善相关法律法规。依法处理各种侵权行为，依法甄别纠正产权纠纷案件。强化知识产权保护，实行侵权惩罚性赔偿制度。

完善要素市场化配置机制。加快技术、土地等要素价格市场化改革，深化资源类产品和公共服务价格改革，打破行政垄断，防止市场垄断。

第二节　迈向高质量服务：抓住机遇向服务业强国迈进

当前，全球服务业发展日新月异，呈现出诸多新趋势和新特征。我国服务业发展方兴未艾，正处在全面跃升的关键期。加快发展服务业不仅是适应把握引领经济发展新常态、推进供给侧结构性改革的重要内容，也是实现经济转型升级和社会全面进步的根本途径。我们要充分认识全球服务业发展的新趋势和新特征，把握我国服务业发展进入全面跃升关键期的历史方位，通过改革开放推动服务业创新发展，加快服务业大国向服务业强国迈进的步伐。

一、全球服务业发展呈现新趋势新特征

二十世纪七八十年代以来，随着经济全球化和信息技术革命的迅猛发展，全球经济服务化趋势日趋明朗，高收入经济体加快向服务经济转型。这是继工业革命之后新的产业革命，是技术业态、产业组织、经营管理、商业模式、运行体制、发展方式的全方位变革，可以称之为“服务革命”。随着经济服务化的快速发展，服务业在世界经济的比重超过60%、在发达国家经济的比重已经超过70%、在发展中国家经济的比重在60%左右，服务业跨国投资占国际投资总额的比重超过2/3，服务贸易总额占世界贸易总额的比重超过1/5。服务业成为引领技术创新和商业模式创新的主导力量。

全球经济向服务经济转型，呈现出一系列新趋势、新特征。

一是经济服务化。服务业成为国民经济的主导产业，经济部门服务化不断深化，服务性活动成为经济活动的主导方式。服务不仅成为提高产业竞争力的重要手段，也成为经济活动的重要组成部分，企业越来越将业务中心从产品生产转到提供服务上来。

二是服务外部化。制造企业将研发、设计、仓储、营销等服务功能逐步分离出来，外包给专业服务公司，生产性服务业发展成为相对独立的部门。政府向社会和市场购买公共服务，政府从“管理型政府”向“服务型政府”转变。

三是产业融合化。服务业与农业、制造业之间相互渗透和融合的趋势日趋明显，产品和服务的边界日趋模糊。消费者和生产者的关系从一次性购买转变为持续的多次服务，消费者和生产者趋于融合。农业、制造业和服务业的业务、组织、管理趋于融合，形成全产业价值链增值体系。

四是价值高端化。企业生产向研发、设计、标准、供应链管理、营销网络、品牌等高价值链区段转移，生产性服务环节在产业价值链增值中的比重不断提高，供应链、营销网络、服务方式、赢利模式等商业模式创新成为创新活动的新内涵。

五是要素知识化。物质形态的要素投入作用越来越小，而凝结了知识、诀窍等的人力资本与经济增长的关系日趋紧密，人力资本取代物质资本成了主导经济增长的最重要因素，要素投入的知识化趋势不断增强，促进服务经济成为以知识要素投入为主的生产过程。

六是组织网络化。企业利用生产网络和不同地区的比较优势，把不同的价值链环节配置到成本相对最低的区位，并对生产网络进行系统整合。生产工序和价值链分工深化，推动产业链与营销网络和服务体系的深度融合，促进企业实现更大空间尺度的资源优化配置。

七是企业平台化。借助于互联网络、电子支付技术和现代物流服务，各类平台服务越来越深入地融入工作生活的方方面面，改变了企业的营销方式和人们的消费方式。消费者成为生产活动中心，个性化、体验式、互动式消费蓬勃兴起，促进服务内容、业态和商业模式创新。

八是分布集聚化。服务业特别是生产性服务业的大规模发展，促进知识、信息、人力资本等大规模集聚，促进大都市和城市群成为服务功能的主要集聚地。大都市和城市群由制造中心和生产基地转换为服务中心和服务功能区，推进服务业快速发展。

九是结构生态化。信息网络技术与服务业深度融合，促使产业发展从传统的劳动密集型、资本密集型为主，向以技术密集型、知识密集型为主转换，低能耗和低排放成为主要特征，使轻型化、生态化成为服务业的突出优势和结构特征。

十是发展离岸化。全球信息网络技术的迅猛发展和经贸制度创新，推动服务的可贸易性大幅增强，服务贸易流量占世界贸易总额的比重日益提高，服务外包迅猛发展，服务业跨国投资份额大幅提高，服务业跨境转移成为全球产业转移的重点，服务业离岸化发展成为全球化新特征。

与服务经济发展的新趋势、新特征相适应，国际经贸规则关注的焦点逐步向服务经济领域转移。特别是国际金融危机后，世界贸易组织主导的贸易自由化进程受阻，多哈回合谈判陷入僵局，美欧等发达国家转而推进由其主导的国际服务贸易协定（TISA）等谈判，推动国际经贸规则向服务贸易和跨境投资拓展，对成员国的约束从“边境措施”转向“边境后措施”，意欲强化国际规则制定主导权。国际经贸规则加快重构，将对全球服务经济发展产生广泛、深刻的影响。

二、我国服务业发展进入全面跃升关键期

经过改革开放 30 多年的经济快速发展，我国已基本具备了加快向服务经济转型的经济基础、技术条件和制度环境，服务业发展进入全面跃升关键期。

一是经济发展由中高收入阶段向高收入阶段迈进。国际经验表明，服务经济的形成和发展与收入水平密切相关。当人均国民收入达到中高收入阶段时，服务业比重随人均收入提高大幅上升，服务业进入加速发展期，逐步成为主导性经济形态。2015 年，我国人均国内生产总值接近 8000 美元。按“两个翻一番”目标、“十三五”时期年均增长 6.5% 计算，到 2020 年，我国人均国内生产总值将接近 1.1 万美元，接近高收入经济体的门槛，这个时期正是服务经济大发展时期。特别是 2015 年，我国已有 10 个省（区、市）人均国内生产总值超过 1 万美元，这些省份常住人口数量总和超过 5 亿，为服务业发展提供了巨大的市场需求空间。

二是消费结构加快升级。从生活性服务业看，随着收入水平提高和中等收入群体规模扩大，“住”“行”主导的服务消费结构加快向多样化、个性化、高端化升级，特别是随着恩格尔系数持续下降、居民受教育水平普遍提高和人口老龄化加快，旅游、养老、教育、医疗等服务需求快速增长，在消费需求中的占比明显提高；低端基本性消费品比重将逐渐下降，而医疗保健、交通通信、教育文化等高端享受型和发展型消费比重逐步上升，网络消费、信息消费等新兴消费不断兴起，新型消费业态不断涌现。从生产性服务业看，制造业价值链提升对研发、设计、标准、供应链管理、营销网络、物流配送等生产性服务需求迅速扩大。消费结构加快升级为调整优化供给结构、提升服务业整体水平提供了强劲动力。

三是服务业主导地位逐步确立。近年来，我国服务业发展不断迈上新台阶，2011 年成为吸纳就业最多的产业，2012 年增加值超过第二产业，2016 年增加值占国内生产总值比重达到 51.6%，比第二产业高 11.8 个百分点。物联网、大数据、云计算、虚拟现实（VR）、量子通信等新技术广泛渗透，促进服务领域的新业态、新服务迅速发展，2016 年网上商品零售额突破 4 万亿元，在线医疗、在线教育、网约车等迅猛成长。服务业主导地位的逐步确立和经济服务化趋势加快形成，为服务业发展提供了有力支撑。

四是城镇化水平大幅提升。2015 年我国城镇化率达到 56.1%，按照

“十三五”规划纲要提出的预期目标，2020年我国城镇化率将达到60.0%，“十三五”时期要解决约1亿进城常住的农业转移人口落户城镇，农民工“市民化”进程将明显加快。随着城镇化水平大幅提升，对生活性、生产性和公共服务的需求大量增加，将推动服务业集聚发展，在大中城市率先形成以服务业为主导的产业结构，带动全国加快从工业经济向服务经济转型。

五是人力资本水平明显改善。按照“十三五”规划纲要的总体部署，到2020年我国将基本实现教育现代化，基本形成学习型社会，进入人力资源强国行列。届时，我国劳动年龄人口平均受教育年限将达到10.8年，基本普及高中阶段教育，主要劳动年龄组人口中受过高等教育人数的比例将显著提升。人力资本水平明显改善，将有效支持要素投入和价值创造服务化，促进知识密集型生产性服务业发展，从而大大加快从工业经济向服务经济转型的步伐。

六是改革开放加快推进。“十三五”时期是深化改革开放的攻坚期，要以更大决心和勇气全面推进改革，健全使市场在资源配置中起决定性作用和更好发挥政府作用的制度体系。到2020年，国家治理体系和治理能力现代化取得重大进展，开放型经济新体制基本形成。按照“十三五”规划纲要的总体部署，我国将开展加快发展现代服务业行动，扩大服务业对外开放，优化服务业发展环境。体制和政策环境的不断完善，将为服务业大发展和加快向服务经济转型创造更加有利的体制环境。

综上所述，今后一个时期是我国服务业全面跃升的关键期。同时也要看到，我国服务业发展还面临诸多矛盾和问题，主要表现在以下几点。

一是服务供给难以适应需求变化。随着收入水平提高和城乡居民消费结构升级，人民群众的多样化、个性化、高端化需求与日俱增，医疗保健、信息通信、教育文化、养老休闲、文化娱乐等中高端享受型和发展型服务消费比重逐步上升，但服务供给还难以适应市场需求变化，高品质生活性服务业供给不足，中高端生产性服务业发展滞后，难以满足人民群众服务消费结构升级的需求。

二是服务业整体上处于中低端价值链环节。我国研发、设计、供应链管理、物流配送、人力资源服务等生产性服务在服务业中所占比重总体偏低，服务业发展的质量和效益不高，制约了产业价值链提升，需要加快推进服务业向价值链中高端延伸。

三是服务业国际竞争力不强。我国服务业对外开放水平低，在国际上有竞争力的服务行业和服务企业偏少，知识、技术密集型服务在服务出口总额中所占比重较低，运输、旅游、建筑服务所占比重偏高，服务贸易逆差规模仍在扩大，与货物贸易发展还不平衡。

四是服务业发展仍面临体制机制束缚。服务业发展竞争不充分，电力、民航、铁路、石油、天然气、邮政、市政公用等领域准入限制仍然较多。促进服务业发展的体制和政策环境不完善，发展潜力尚未充分释放。

三、从服务业大国迈向服务业强国

经过过去10年的快速发展，我国服务业规模扩大、结构优化，正在发展成为服务业大国。2016年，我国服务业增加值达38.42万亿元，服务领域不断拓展，服务品种日益丰富，新业态新模式不断涌现，服务业大国地位逐步确立。今后数年，我国服务经济发展仍处于重要战略机遇期。按照《服务业创新发展大纲（2017—2025年）》确定的目标，要在优化结构、提高质量、提升效率的基础上，实现服务业增加值“十年倍增”，到2025年服务业增加值占国内生产总值的比重达60%，就业人口占全社会就业人口比重达55%。要实现这个目标，推进由服务业大国向服务业强国迈进，必须把握战略机遇，深化改革开放，推动服务业创新发展，充分释放服务业巨大发展潜能，促进三次产业融合发展，增强服务业对经济转型升级的带动力。

一是深化改革，充分释放服务业发展活力。服务业对现代市场经济制度具有更高层次的需求，要求建立健全更加公正开放的市场体系，更加健全和透明的信用体系。要进一步放宽服务业市场准入，放开电力、民航、铁路、石油、天然气、邮政、市政公用等行业竞争性业务，扩大金融、教育、医疗、文化、互联网、商贸物流等领域开放，清除各类隐性障碍，形成有效竞争的市场结构。继续推进全国统一市场建设，逐步取消各地方违反规定的税收、土地等优惠政策，禁止设置限制服务企业跨地区发展、服务跨地区供给的规定。推广实施负面清单管理制度，逐步扩大覆盖范围。

二是扩大开放，增强服务业国际竞争力。服务业具有更广的辐射范围和更大尺度的市场边界，具有更强的网络性和渗透性。要鼓励服务企业在全球范围内拓展市场空间，优化资源配置。积极开拓欧美发达国家市场、“一带一路”沿线市场、拉美和非洲等新兴市场。支持企业在境外设立研发中心、分销中心、物流中心、展示中心，构建跨境服务供应链、产业链、价值链。积极参与多边双边、区域服务贸易谈判和全球服务贸易规则制定，积极推进与美国、欧美的投资协定谈判，增强我国在国际服务投资贸易规则制定中的制度性话语权。

三是创新驱动，增强服务业发展内生动力。现代服务业得益于信息网络技术的迅猛发展，也是伴随技术、业态、商业模式创新而发展的。要鼓励技术创新和新技术广泛应用，积极推进“互联网 +”行动计划，在服务业中充分运用大数据、物联网、云计算、移动互联网等信息技术和手段，培育平台经济、分享经济、体验经济等新兴业态。支持发展研发设计、物流配送、采购和营销服务、会展服务、人力资源服务等生产性服务贸易。拓展离岸服务外包业务领域，重点发展软件和信息技术、研发、设计、互联网、医疗等领域服务外包。通过创新发展，推动生产性服务业向专业化和价值链高端延伸、生活性服务业向精细和高品质转变。

四是融合发展，增强服务业转型升级的带动力。发展服务业不仅表现为服务业规模扩展和产业升级，更重要的是支撑现代农业和先进制造业的转型升级，形成相互渗透、融合发展的全产业链生态系统。培育“服务 +农业”新业态，支持发展农业共营制、农业创客空间、农业平台型企业等融合模式。鼓励制造业由生产型向生产服务型转变，促进制造企业向创意孵化、研发设计、供应链管理、营销网络等产业链两端延伸，拓展服务增值空间，提升产业价值链。鼓励服务企业向制造业渗透，开展反向制造和反向整合，促进制造业柔性化改造和个性化定制。发挥平台型、枢纽型服务企业的引领作用，培育“平台 + 模块”产业集群，发展一批产业融合、具有综合服务功能的大型企业集团和产业联盟。

五是优化环境，助推服务业发展迈上新台阶。服务业发展对综合配套环境和基础设施有更高的标准，要求建立严格的知识产权保护、畅通安全的信息传输、充足的人力资本供给、便捷的交通基础设施。要完善互联网、大数据、电子商务等领域知识产权保护规则，加快完善网络安全、个人隐私和商业秘密保护、互联网信息服务等领域法律法规。加大人力资本投资，建设规模宏大的服务业专业技术人才和高技能人才队伍。促进基础设施互联互通和系统功能优化，提升智能化、网络化水平。加强社会信用体系建设，建立健全跨部门合作和协调机制，建立统一的信用信息平台，完善信用激励与联合惩戒机制。

第三节　迈向高质量消费：消费运行、消费升级新特点及促进消费政策

2017 年，消费实现平稳较快增长，最终消费对经济增长的贡献率为 58.8%，但还不能说我国已经实现了消费主导的增长方式，真正实现消费驱动增长还需要付出长期努力。当前，我国私人消费品发展水平同发达国家相比，差距已经明显缩小，但公共消费品的质量、绩效和公平性还不高，下一阶段要注重提供足够优良的公共消费品。

一、近期居民消费运行的基本情况

2017年11月，消费保持平稳较快增长，社会消费品零售总额34108亿元，同比名义增长10.2%，比上月提高0.2个百分点。其中，限额以上单位消费品零售额15779亿元，增长7.8%。1~11月，社会消费品零售总额331528亿元，同比增长10.3%，与上月累计增速持平。其中，限额以上单位消费品零售额145753亿元，增长8.3%。从与上年的对比来看，社会消费品零售总额虽有增幅，但比上年同期仍略有下降，从10.8%下降到10.2%，城镇社会消费品零售总额增幅从上年同期的10.8%下降到9.9%，农村社会消费品零售总额增幅从11.0%上升到11.7%。

网上消费继续保持较快增长。2017年1 ~ 11月，全国网上零售额为64306.5亿元，同比增长32.4%。其中，实物商品网上零售额49143.7亿元，增长27.6%，增速比社会消费品零售总额增速高17.3个百分点。在实物商品网上零售额中，吃、穿和用类商品分别增长29.4%、18.0%和31.1%。

基本生活类商品保持平稳增长。2017年11月，限额以上单位粮油食品类零售额增幅与上年基本保持稳定，服装鞋帽针纺织品类、家具类、通信器

材类都比上年同期有较快上升。服装和日用品类商品同比分别增长10.2%和7.9%，增速分别比上月加快1.3个和0.5个百分点。

与消费升级相关商品增速加快。限额以上单位通信器材、文化办公和化妆品类商品增速分别比上月加快31.8个、3.1个和5.3个百分点；体育娱乐用品类商品仍保持15%以上的较快增长。

消费年轻化趋势推动新业态发展。以汽车消费为例，据汽车零售网站毛豆新车网统计的2017年11月份新车融资租赁行业消费大数据显示，“90后”用户占比35%，“95后”用户占比达6%。其中，26~30岁用户使用融资租赁模式购置新车的比例最高。同时，瓜子二手车发布的11月份全国二手车消费大数据显示，我国二手车购买人群持续趋向年轻化，“80后”占比过半、依旧是主力军且购买力最高；“90后”购买者占比提升幅度最大，在价值20万元以上车辆的购买量中排名第一。

二、真正实现消费驱动增长还需要付出长期努力

近年来，消费增长对 GDP 增长的拉动幅度保持在 60% 以上，但是还不能说我国已经实现了消费主导的增长方式。从社会消费品零售增长的速

度看，当前社会消费品零售总额的增长幅度仍然处在历史上的较低位。从长期历史来看，我国 20 世纪 80 年代以来大部分年份消费对 GDP 增长的贡献也超过 60%，这并不足以说明消费主导型增长方式已经形成。

从我们计算的城镇居民平均消费倾向来看，从 2005 年以来，我国城镇居民的平均消费倾向处于长期缓慢下降的区间。城镇居民的消费收入弹性（消费增长率和可支配收入增长率之比）在 2015 年之后呈现较明显的下降趋势，表明收入增长并未促进消费意愿的同步增长。

从各大类商品的平均消费倾向来看，食品、衣着的平均消费倾向缓慢下降，这是符合消费升级规律的。但标志着消费水平升级的家庭设备用品及服务、教育文化娱乐服务的平均消费倾向也长期保持稳定，甚至略有下降。从 2017 年第一季度开始，居民人均可支配收入的

中位数增速开始低于人均数，2017 年上半年，全国居民人均可支配收入增速的中位数从上年上半年的 8.4% 降至 7.0%，说明贫富差距趋势继续扩大。这些趋势都表明，目前尽管升级类消费的增长幅度较快，但是主要还是由高收入群体拉动的。要真正解决消费领域不平衡不充分的问题，还需要采取相应措施，如通过财政转移支付和“精准赋税”等政策，提高中低收入群体的收入水平，同时提高对高收入阶层在财产性收入方面的税负。降低居民部门在房地产和金融投资领域的杠杆率水平，让经济逐步脱虚入实。完善促进耐用消费品消费的政策，实现更高的供给质量、完善的社会保障和稳定预期、发达的消费信贷、规范的服务等。

三、全面总结我国历史上消费和经济增长的关系

改革开放前期（1980~1998 年）的经济增长，得益于以下三大因素。一是改革开放前积累资产的市场化。改革开放前，国有经济主要集中在基础性、战略性领域，消费工业发育不足；改革开放后，大量资本转入民用消费领域，过去积累的大量非商品资产开始进入市场，成为改革开放前期供给迅速扩张的物质基础。改革开放初期之所以能够“一放就灵”“一包就灵”，一个重要原因是改革开放之前积累了大量国有资产。二是西方“滞涨”带来的国际需求和产业转移需求。我国改革开放恰逢西方国家开始出现产能过剩、资本过剩、需求不足，需要向海外转移过剩资本和产能。这适应了中国引进技术和外资的需要。同时，西方劳动力成本上升，中国出口产品具备价格优势，开拓了巨大的出口市场。三是公平的收入分配所带来的旺盛国内需求。由于改革开放之前具有公平的社会基础，这一时期改革措施能够惠及绝大部分社会成员，收入增长又快、又比较公平。20 世纪 80 年代初期的基尼系数只有 0.3 左右，这些条件有利于消费迅速增长，消费在国民收入中的比重由 1978 年 63.5% 上升到 1981 年 70%，20 世纪 80 年代居民消费年均增长 15.3%，与 GDP 增长保持同步，一直保持着强劲内需。

上述三大动力，到了 20 世纪 90 年代中期，已经逐渐削弱。

四、以人民为中心促进消费健康集约发展

近年以来，我国社会的主要矛盾已经发生了变化：生产力经过多年发展，我国已经成为世界第一制造业大国，大量产品不仅满足国内外需求，而且出现产能过剩。群众的基本生活和功能性需求已经在总体上得到满足，但还需要进一步满足人民对于公平、安全、健康、文化、全面发展等方面

的需要。国家发展的目标从“站起来、富起来”转变为“强起来”，人民的需要从“吃饱穿暖、富裕殷实”到“人的全面发展和社会的全面进步”。当前，在物质财富极大增长的同时，地区差距、阶层差距还普遍存在，人的自身发展和物质资料的发展不平衡，这些问题都可以归结为生产方式违背社会主义生产目的，如收入差距、产能过剩、环境污染、文化道德失范、公共物品提供不足等。回归社会主义生产目的，就是要落实以人民为中心的发展思想，让人回到发展的中心，让资本、技术、制度等一切要素都为全体人民的自由全面发展服务。

2016年以来，习近平多次提出和强调关于“社会主义生产目的”的思想。这一思想的实质就是，社会主义国家的经济，应该而且能够更好地以人民为中心，满足人民的真实需要。2016年初，习近平在省部级主要领导干部学习贯彻十八届五中全会精神专题研讨班上第一次提出，供给侧结构性改革的根本目的是“使我国供给能力更好满足广大人民日益增长、不断升级和个性化的物质文化和生态环境需要，从而实现社会主义生产目的”。

我国社会生产和人民真实需要的偏离，表现在许多方面。例如，当前人民对一般竞争领域的消费品的需要已经在总体上得到了比较充分的满足，而对于医疗、教育、养老、社会公平、生态环境等市场难以提供的公共产品，需求却日益增加，供需缺口还很大，这是由于政府提供公共产品的职责还不到位造成的。又如，我国消费需求特征的阶层分化突出：高收入群体有超强购买能力，追求高品质的消费品，但无法在国内充分满足。而中低收入群体还有大量的基本需求、公共消费需求尚未满足，但购买力有限。这是同我国经济供给侧的质量和档次参差不齐相关的。再如，我国经济也出现了典型的“金融化”趋势。2015年中国企业500强中，制造业企业占261家，但净利润仅占17.1%，而33家金融机构的净利润则占56.8%。国家统计局公布的2015年全国19个重点行业非私营单位职工的平均年收入显示，年收入最高的是金融业，最低的是农林牧副渔，制造业排行第14位，实体经济的员工收入普遍低下，导致在人才流向、职业选择上，实体经济处于绝对劣势。解决上述问题，最根本的就是要共同发挥国家、社会和市场的作用，回归社会主义的生产目的，特别是要补上战略性投资、公共消费品、人力资本、实体经济等方面的短板。在补充这些短板的过程中，就将产生经济发展的巨大动力。而要补上这些短板，就需要在生产关系方面进行调整，以便使得生产行为更加适应社会的真实需要。

当前，我国既存在消费的短板，也存在不理性的消费泡沫。西方国家19世纪起就开始对“消费主义”（consumerism）进行反思，我国近年来也开始了对消费主义的反思。消费本身是人们满足自身需要的一种手段，但是在资本主义社会，消费也发生了异化。特别是当生产过剩的危机出现之后，资本以及资本主义国家总会设法扩大国民的消费需求，以便维护资本主义的正常运行。其中，扩大国民消费的一个重要手段就是制造消费主义的文化，通过影响公众的偏好来扩大消费。这种情况下，许多消费的目的就不是为了满足实际需要，而是为了满足被社会氛围刺激起的欲望，通过奢侈品的攀比性消费，来证明社会地位和个人成功。“我们把购买和使用商品变为仪式，我们追求我们的精神上的满足和消费的自我满足。我们需要消费产品，将其烧毁、耗尽并日益加快丢弃它的速度。”这种消费，不仅没有增加人的幸福感，反而加剧了人的异化，让人成为金钱和消费的奴隶。

实际上，只要下决心解决当前存在的法定收入过低和超时劳动的状况，就能够起到同时解决内需不足、产能过剩和劳动者素质提高的效果，从长远来看是对劳资双方都有利的。有人担心这样做会导致劳动力成本上升过快，使中低端产业转移到周边国家。这种担心并不全面，只要通过细致的工作是可以避免的。首先，我国劳动力的素质和质量在发展中国家仍是领先的，还有一定上升空间。其次，长期依靠低成本劳动力不可能维持我国经济的长期可持续增长，如果现在还过度依赖低成本劳动力，会让经济失衡的问题愈加恶化，让企业丧失转型升级的压力，拖得越久将来解决起来越困难。当然，要实行这样的政策，只能全国一盘棋，而不能各地有所先后，否则就会造成各地之间处于不公平竞争的局面。

消费有个人消费与公共消费之分，公共消费是为满足社会成员共同需要的消费需求，如公共交通、医疗卫生、文化教育、健康健身、环保事业等公共消费品的需求，是城乡居民消费的一个重要组成部分。从满足需求程度的先后顺序看，一般都从个人消费需求的满足开始，然后再根据消费者的客观需要及社会生产力发展水平，逐步扩大对公共消费的需求。

公共消费和私人消费应协调发展，互相促进。如果公共消费发育不足，也会制约私人消费。据研究，美国在 1984~1993 年间，因为美国联邦政府在对中低收入阶层医疗补助开支方面的增加，使得美国低收入人群的储蓄率下降了 17.7%，同时消费增加了 5.2%。美国失业保险每增加 10%，美国家庭的金融资产会相应减少 1.4%~5.6%，当人们对失业造成收入下降的担心降低时，会增加消费和减少存款。我国台湾学者的研究表明，台湾全民健康保险的实施使岛内居民的预防性储蓄下降了 8.6%~13.7%，家庭消费显著增加。还有研究表明，1980~2005 年，我国社会保障开支每增加 1%，人均居民消费就增加 1199 元；在其他条件相同的情况下，参加城镇居民基本医疗保险的家庭总消费比没有参加的家庭增加约 10.2%。

改革开放 30 多年来，我国私人消费品发展水平同发达国家相比，差距已经明显缩小，但当前一个突出矛盾是，公共消费的质量、绩效和公平性还不高，成为制约经济社会全面发展的一个瓶颈。主要表现在公共消费方面存在两个不平衡的现象。

一是公共消费和私人消费不平衡。我国财政政策性投入主要集中在生产性领域，对消费性公共品投入不足。对物质资本投入较为重视，对人力资本投入不足。我国除了教育支出较高之外，在一般公共服务、医疗卫生、社会保障方面支出占财政总支出的比例，同发达国家和俄罗斯等发展中大国相比都还有一定差距。支持消费的政策也主要集中在支持私人消费 . 或者民生领域消费的个人支出部分。

二是公共投资和公共消费不平衡。政府投资的方向依然集中于传统基建领域，边际收益率已经显著降低，很难直接转化为公共消费。在医疗等民生领域，政府投入的主要方向仍然是硬件建设、设备购置等投资领域，而不是直接通过人员费用、事业费等项目，这就导致居民在享受服务时个人支出比例仍然较高，政府对硬件的投入反而成为公共服务机构盈利创收的工具，加重了居民的负担，公共投资反而对消费形成挤压。

从国内外的经验教训来看，我国要跨越中等收入陷阱，一个重要因素是下一阶段能否像过去发展私人消费品一样，成功地提供足够优良的公共消费品。

首先，要从思想上认识公共物品和私人物品消费的不同规律，公共物品的需求不像私人物品那样明显，仅仅靠价格机制不可能实现资源的优化配置，而是要发挥政府在资源配置、布局规划以及运营监管方面的主导作用。要认识到通过完善社会保障，降低医疗、教育、养老的费用，让群众放心消费和创业，不是政府的负担，而是经济增长的动力，有利于提高人力资本，实现转型升级。

其次，要深化财政体制改革，在经济下行的情况下，要进一步保障对公共部门的投入不降低，不宜过度依赖压缩社会保障支出来刺激经济增长，否则就可能进一步加剧居民消费的不确定性。降低医疗、教育、住房三座大山给人民带来的负担和心理压力，就能释放经济发展的巨大动力，也将有助于全体人民的团结和全面发展。

参 考 文 献

[1] 卫志民 . 宏观经济理论与政策 [M]. 北京：中国经济出版社，2020.

[2] 陈浩 . 宏观经济不确定性与货币政策有效性 [M]. 北京：人民日报出版社，2020.

[3] 陈小亮 . 宏观经济政策研究报告 [M]. 北京：科学出版社，2020.

[4] 龙小燕 . 中国宏观经济政策协调与配合 [M]. 北京：中国财政经济出版社，2020.

[5] 毛振华 . 双底线思维 中国宏观经济政策的实践和探索 [M]. 北京：中国人民大学出版社，2020.

[6] 崔琪涌 . 二十国集团宏观经济政策的国际协调研究 [M]. 北京：经济科学出版社，2020.

[7] 郭杰等 . 稳增长、调结构的中国宏观经济政策研究 [M]. 北京：中国社会科学出版社，2020.

[8] 牛永青 . 我国宏观经济政策动态产业效应的统计测度 [M]. 北京：经济管理出版社，2020.

[9] 解瑶姝 . 通货膨胀经济增长与宏观经济政策的关联机制研究 [M]. 北京：中国社会科学出版社，2021.

[10] 袁晨 . 我国经济社会因素、政府宏观政策与住房市场演化 [M]. 北京：经济科学出版社，2020.

[11] 唐吉洪 . 宏观经济与货币政策冲击对我国国债期限溢价影响 [M]. 长春：吉林大学出版社，2020.

[12] 吴光华 . 宏观经济学基础 [M]. 武汉：华中科学技术大学出版社，2020.

[13] 张明 . 中国宏观经济分析 [M]. 北京：东方出版社，2020.

[14] 蒋长流 . 管理者的应用宏观经济学 [M]. 合肥：中国科学技术大学出版社，2020.

[15] 王阳 . 经济转型与就业优先政策 [M]. 北京：中国工人出版社，2020.

[16] 洪银兴 . 经济运行的均衡与非均衡分析 [M]. 上海：格致出版社，2020.

[17] 张军 . 我的经济学思维课 [M]. 北京：东方出版社，2020.

[18] 程大中 . 世界经济周期调整与重新繁荣 [M]. 上海：格致出版社，2020.

[19] 马永仁 . 图解经济学 [M]. 北京：机械工业出版社，2020.

[20] 马宏梅，刘翠玲，郭艳菲 . 宏观经济政策与发展规划 [M]. 北京：机械工业出版社，2019.

[21] 罗融 . 开放经济下宏观经济政策研究 [M]. 北京：中国财政经济出版社，2019.

[22] 董永祥 . 经济虚拟化下的流动性陷阱与宏观经济政策 [M]. 北京：经济科学出版社，2019.

[23] 吕风勇 . 房地产与中国宏观经济 历史与未来 [M]. 广州：广东经济出版社，2019.

[24] 王弟海 . 宏观经济学数理模型基础 [M]. 上海：格致出版社，2019.

[25] 朱玉璋 . 宏观经济的唯物主义亚宏观方法论 [M]. 北京：经济日报出版社，2019.

[26] 单飞 . 我国国债对宏观经济影响及风险预警实证分析 [M]. 沈阳：东北财经大学出版社，2019.

[27] 陈承明，苑睿钊，王金霞 . 经济学概论 [M]. 上海：上海财经大学出版社，2019.

[28] 张红智 . 经济学基础 [M]. 北京：对外经济贸易大学出版社，2019.

[29] 刘强 . 中国区域经济增长差异性的演进机理与政策选择 [M]. 北京：中国经济出版社，2019.

[30] 戴文标，孙家良 . 经济学 [M]. 杭州：浙江大学出版社，2019.

[31] 姜欣 . 宏观经济政策效应分析 [M]. 太原：山西经济出版社，2018.

[32] 苗文龙 . 中国金融周期与宏观经济政策效应 [M]. 北京：中国社会科学出版社，2018.

[33] 王一鸣，陈昌盛 . 转型期宏观经济政策框架与模型构建 [M]. 北京：中国发展出版社，2018.

[34] 张成思 . 财政金融政策与中国宏观经济波动 [M]. 北京：经济科学出版社，2018.

[35] 王春丽 . 货币政策视域下我国房地产价格与宏观经济互动性研究 [M]. 长春：吉林大学出版社，2018.